#489

$ 7.50

A3P1

2031-0074

# La fine cuisine chinoise

**Couverture**
- Photo:
  THIERRY O.M. DEBEUR
- Maquette:
  GAÉTAN FORCILLO

**Maquette intérieure**
- Conception graphique:
  JEAN-GUY FOURNIER

DISTRIBUTEURS EXCLUSIFS:

- Pour le Canada:
  AGENCE DE DISTRIBUTION POPULAIRE INC.*
  955, rue Amherst, Montréal H2L 3K4 (tél.: 514-523-1182)
  *Filiale de Sogides Ltée

- Pour la France et l'Afrique:
  INTER-FORUM
  13, rue de la Glacière, 75013 Paris (tél.: 570-1180)

- Pour la Belgique, la Suisse, le Portugal, les pays de l'Est:
  S.A. VANDER
  Avenue des Volontaires 321, 1150 Bruxelles (tél.: 02-762-0662)

Hsiang Ju Lin et Tsuifeng Lin

# La fine cuisine chinoise

traduit de l'américain
par
Paul Paré

**LES ÉDITIONS DE L'HOMME**\*

CANADA: 955, rue Amherst, Montréal H2L 3K4

\*Division de Sogides Ltée

© 1983 LES ÉDITIONS DE L'HOMME,
DIVISION DE SOGIDES LTÉE

Ce livre a été publié en américain sous le titre
*Chinese Gastronomy*
chez Harcourt Brace Jovanovich

*Bibliothèque nationale du Québec*
*Dépôt légal — 2e trimestre 1983*

ISBN 2-7619-0270-X

# Table des matières

# Les recettes

Les recettes relativement simples et faciles à préparer sont marquées d'un astérisque.
On se référera aux recettes par leur numéro et non par la pagination.
En règle générale, chaque recette convient pour 2 ou 3 personnes. Le repas standard, composé de quatre plats et d'une soupe, convient à 6 ou 8 personnes.

## L'utilisation du glutamate de monosodium

Ceux qui préfèrent ne pas utiliser le glutamate de monosodium peuvent l'omettre dans les recettes où il apparaît comme ingrédient. Puisque le glutamate sert à peine à rehausser la saveur, son omission ne changera pas le goût fondamental du plat.

# Avant-propos

*Il y a trente ans, j'écrivais dans mon livre* Mon pays et mon peuple *que "s'il y a quelque chose qu'ils (les Chinois) prennent au sérieux, ce n'est ni la religion ni l'apprentissage, mais la nourriture", et j'ajoutais que "les prédicateurs ne devraient pas être effrayés de condamner un mauvais steak du haut de leur chaire et que les érudits devraient écrire des essais sur l'art culinaire comme le font les érudits chinois". Mon avis n'a pas changé depuis. Je suppose qu'on pourrait qualifier de "charnels" les plaisirs de la table et, avec sa philosophie pragmatique, le peuple chinois a toujours considéré l'alimentation comme l'une des choses qui s'accorde bien à cette vie terrestre. C'est cette philosophie qui permet au Chinois de discuter de porc et de philosophie sous le même angle et de louanger la philosophie d'un homme tout en dénonçant son filet de porc. Il faut un tempérament latin pour apprécier cette nuance.*

*Ce génie culinaire chinois est souvent apprécié plutôt que compris. J'ai été témoin de la conquête de l'Ouest de la cuisine chinoise au cours des dernières décennies. Cependant, la nourriture chinoise est demeurée un mystère. À mesure que l'occidental moyen explore les plats plus rares, il a la sensation d'arriver dans un continent inconnu, avec de nouvelles saveurs, de nouvelles textures, de nouvelles sauces excitantes. À mesure qu'il passe du chop suey au poulet au canard de Pékin, il devient conscient de tout un champ d'expériences gustatives du monde chinois, vaste et inconnu.*

*Le marché est inondé de livres de cuisine chinoise, mais il n'y a jamais eu en anglais ni en français d'équivalent du Savarin chinois. On peut suivre les recettes, mais les pourquoi ne s'y trouvent pas. On peut faire directement l'expérience des sensations gustatives et tactiles, mais la* raison d'être\* *et les standards les plus importants demeurent inconnus. Je crois que vous trouverez ici le premier livre de gastronomie chinoise qui présente un large survol du développement de l'art culinaire chinois. Il ne s'agit pas seulement d'un survol historique et géographique, mais aussi de propos sur*

---

\* En français dans le texte. (*N.d.T.*)

la différence de goût des cuisines régionales, sur les cuisines classiques et la cuisine de tous les jours à la maison, sur les snobs de l'alimentation, et parfois sur des circonstances où les Chinois oublient la différence entre le bon et le mauvais goût. Je suis particulièrement intéressé par l'opinion des auteurs sur ces points. Le goût peut être bon ou mauvais, instinctif ou cultivé, prétentieux ou sophistiqué et réservé. Ainsi y a-t-il un caractère propre à chaque type de cuisine, à certaines sortes de préférences. Cela varie comme la musique des compositeurs. Se confrontant à l'art et la science des goûts, ce livre est à juste titre intitulé La gastronomie chinoise. Il contient un grand nombre de recettes qui constituent plutôt des illustrations de certains principes culinaires, qui proposent les buts, les motifs et les méthodes de la cuisine chinoise.

Pendant environ deux ans, une recherche et une expérimentation uniques ont eu lieu chez moi; j'en ai été le partenaire involontaire, heureux témoin des résultats. Je me souviens de la perfection du porc Su Tungpo ou des boulettes de poisson croustillantes de Singapore; la découverte sensationnelle avait lieu après toute une série de jugements et d'expérimentations. Il s'agissait d'une recherche de la perfection. Il doit en être de la cuisine comme de la musique: le dénommé coq-au-vin peut être recommandable, mais pas seulement "à peu près correct", à peu près comme il faut*. À mesure qu'avançait cette recherche de la perfection, semaine après semaine, on me proposait des plats exotiques dont je ne connaissais que vaguement les noms. Cette expérience de cuisine à la maison devint de plus en plus recherchée, et au plaisir de goûter de nouvelles concoctions s'ajoutait la connaissance de ce qui se faisait des siècles auparavant. Les auteurs affirmaient qu'ils ne fixeraient aucune recette avant d'en avoir, au sens scientifique du terme, vérifié à maintes reprises les mesures exactes et le processus.

Le travail a impliqué une grande quantité de lectures et beaucoup de recherche. Le livre de cuisine chinoise le plus ancien comportant des mesures, attribué à une dame Wu de Kiangsu, provient de la dynastie Sung (du 10e au 13e siècle). Le meilleur livre s'adressant aux gourmets est incontestablement celui de Yuan Mei, poète du dix-huitième siècle. Hsiang Ju a systématiquement vérifié chaque recette mentionnée par Yuan Mei, et en cours de route, elle a eu l'occasion d'admirer l'orthodoxie du goût de Yuan, alors qu'elle avait une moins bonne opinion de Li Liweng, cet épicurien du dix-septième siècle. On trouve la contribution historique la plus ancienne dans le chapitre traitant de la cuisine domestique (Neitseh) du Li Ki, un des classiques confucianistes. On a trouvé une autre bonne méthode philologique dans le Shuowen, une étude faisant autorité sur l'évolution de l'écriture chinoise au deuxième siècle, étude qui examine plus de 9000 caractères donnant de l'information sur les

---

* En français dans le texte. (N.d.T.)

10

*aliments chinois, les boissons et les méthodes de cuisson. (Le* Shuowen *est important dans l'établissement des dates; par exemple, au moment où le livre fut écrit, le thé n'était pas connu en tant que boisson.) On y trouve divers mots pour griller, cuire à la vapeur, casserole à double fond, herbes émincées, sauces, riz grillé, etc. On a trouvé d'autres références sur la cuisine, les aliments et les boissons dans la poésie de diverses époques, et dans certains livres spéciaux comme ce livre sur l'alimentation écrit par un médecin à la cour à l'intention de l'empereur du quatorzième siècle (*Yinshan Cengyao*) et le livre sur les coutumes saisonnières de Soochow (*Chingchialu*), compilé en 1831. Le livre que vous avez maintenant en main est le résultat d'années de recherche, d'expérience et de réflexion sur le sujet, et je suis heureux d'ajouter ces quelques mots alors que je vois le travail consciencieux de ma fille et de mon épouse mené à bonne fin.*

*Hsiang Ju a une prodigieuse mémoire des papilles. Des années après ce dîner que nous avions fait dans un restaurant provençal renommé de Les Baux, elle se souvient encore des ingrédients et des goûts des plats. Elle est une gastronome née. Elle a effectué la majeure partie de la recherche pendant que mon épouse apportait sa connaissance d'experte, son habileté et ses conseils. Ayant été témoin de cette expérience excitante qui s'est déroulée dans notre cuisine pendant deux ans, je crois que ce livre contribuera à une compréhension plus profonde et véritable de la cuisine chinoise. Grâce à cette connaissance accrue, on peut non seulement jouir de la cuisine chinoise, mais aussi la discuter et être plus critique quand ça ne va pas. Et si certains plats servis dans les restaurants vous déplaisent, vous pourrez vous plaindre à bon escient.*

*Le livre précédent des auteurs,* The Secrets of Chinese Cooking *(les Secrets de la cuisine chinoise), s'est mérité en 1960 une récompense de la Gastronomische Akademic Deutschlands à Francfort. Il est à espérer que nous pouvons tous mieux manger et en jouir de façon plus critique.*

LIN YUTANG

# Introduction

*Si quelque chose n'est pas bon, c'est dû à la négligence, et c'est la faute du cuisinier. Si quelque chose est bon, dites pourquoi, et lorsque c'est mauvais, désignez ses fautes. Si quelqu'un ne maintient pas de discipline avec son cuisinier, ce dernier devient insolent. Avant que le repas soit servi, envoyez-lui un mot lui disant que ça doit être meilleur demain.*

YUAN MEI

## Le cuisinier en tant que gastronome

La cuisine chinoise est un univers en soi. Nous avons fait le pari difficile de montrer à quoi ça ressemble. Nous avons essayé de montrer par des exemples et des explications de quelle façon l'artiste, le paysan, le gourmet et le snob ont apporté leur contribution respective, et en ont fait une chose composite. Ses qualités ne se résument pas facilement en quelques généralisations; elles s'apprennent une à une.

Pourquoi mangeons-nous? Afin de savourer les mets. Le mot *gastronomie* a maintenant une sorte de connotation sensuelle, mais ce mot tire sa source de *estomac* et *règle*: des règles pour l'estomac. L'art de manger a toujours été une habitude disciplinée. Bien manger exige le sens de la justesse (le goût) et l'esprit d'aventure. Comme dans le cas des bons explorateurs, nous devons savoir que nous avons fait une découverte, puis y retourner, en baliser les approches de sorte que cette découverte soit connue par les autres. Chacun peut voyager seul dans cette joyeuse aventure, mais la meilleure équipe est celle composée du gastronome et de son cuisinier. Nous avons fait remarquer plus loin dans ce livre que la cuisine n'est pas apparue d'elle-même avant que les critiques n'aient été articulées. Les gastronomes trouvaient que quelque chose n'allait pas dans la nourriture: ils ont développé des idées et harcelé leurs cuisiniers. Ils ont apporté

13

l'esthétique à la cuisine. Leur incitation a rendu les cuisiniers maîtres des saveurs et des textures.

Nous avons dû apprendre à manger avant de pouvoir apprendre à cuisiner, et c'est pour cette raison que nous avons traité les arts de manger et de cuisiner comme des sujets spécifiques, l'un soutenant l'autre. Nous avons mis l'accent sur le goût parfaitement défini, la texture et l'apparence de chaque plat, le lien créatif entre le cuisinier et le gourmet, afin que les jugements subtils du cuisinier intelligent puissent entrer en jeu.

## *Caractère de la cuisine*

On connaît la cuisine chinoise surtout sous l'angle de ses curiosités, mais elle diffère en réalité de la cuisine occidentale sous plusieurs aspects fondamentaux. Son caractère bizarre vient de la prise de conscience que cuisiner est une sorte d'artifice. Cette attitude explique ses triomphes, ses erreurs et ses sophistications. À cause de la supercherie impliquée, la psychologie de l'art de manger est différente. Les critères d'excellence en cuisine sont quelque peu différents et sont discutés comme une leçon en chinois. La découverte de la saveur a été obtenue le plus souvent du mélange des saveurs, parfois avec succès, souvent dans le gâchis. La cuisine chinoise se distingue spécifiquement par la variation des textures, ce qui a aussi conduit à l'usage des parties d'aliments. Et c'est l'une des cuisines où certaines sortes de gras sont traitées comme des friandises.

L'art de cuisiner est une sorte d'artifice parce que le goût de la nourriture est à la fois bon et mauvais. Le bon goût ne peut s'obtenir à moins de connaître précisément ce qu'il y a de mauvais dans chaque ingrédient et de savoir comment procéder pour le corriger. Le cuisinier curieux, omnivore, sait que le goût d'un fruit cru est assez délicieux tel quel et qu'il ne peut pas l'améliorer. Le poisson cru est insipide, le poulet cru a un goût de métal, le boeuf cru est mangeable mais c'est dû à la saveur du sang. Inutile de parler du goût naturel de ces choses comme plusieurs aiment le faire. Nous voulons souligner la saveur caractéristique de chaque chose, laquelle se trouve principalement dans les gras et les jus. C'est un effet de l'artifice culinaire et il est connu comme étant le *hsien* et le *hsiang*, la saveur et l'arôme. Ils sont à la nourriture ce que l'âme est à l'homme. L'art de cuisiner consiste essentiellement à saisir ces qualités, et la gastronomie est l'art de les apprécier. Le *hsien* et le *hsiang* ne sont associés à aucune forme de cuisson. Il s'agit du point central où la cuisine chinoise se distingue des autres et prend sa propre voie. Notons que la pâtisserie occidentale est une entorse à la forme naturelle et peut-être au "goût naturel" de la nourriture. Le *pâtissier* travaille uniquement avec du beurre, des oeufs, de la farine et du sucre. Mais parce qu'il ne se sent pas contraint de préserver la forme première et de proposer la saveur de chaque ingrédient individuellement, il est souvent capable de réaliser quelque chose de mieux. Le palais peut alors percevoir le goût des ingrédients entremêlés dans ses inventions. Le cuisinier chinois a fait la même chose pour la nourriture en général. (Mais la pâtisserie chinoise est déplorablement lourde et monotone, souvent à base de riz glutineux, de gras de porc et de pâte de haricots sucrée.) On peut discerner le *hsien* et le *hsiang* de chaque ingrédient dans des plats dont l'apparence et la texture sont nouvelles, ces qualités résultant de l'artifice.

## Critères d'excellence

Les qualités uniques de la cuisine sont contenues dans quelques mots presque intraduisibles. Les mots *hsien, hsiang, nung* et *yu-er-pu-ni* constituent les critères de l'excellence de la saveur. "Les saveurs doivent être riches et robustes, jamais graisseuses, ou bien elles doivent être délicates et fraîches sans être trop minces. Une saveur *nung* signifie que les essences sont concentrées et que l'écume a été enlevée. Ceux qui préfèrent les aliments graisseux n'ont qu'à se contenter de manger du lard. Lorsqu'un plat est *hsien*, sa vraie saveur est présente. Vous ne pouvez tolérer la moindre erreur, sinon vous aurez manqué votre coup." (Yuan Mei)

*Hsien* ( 鮮 ). Saveur douce naturelle. *Usage:* il décrit le goût délicat du gras de porc ou le goût du beurre; le goût du poisson frais, des pousses de bambou et des crevettes. Il peut être stimulé par un mélange d'assaisonnements contenant principalement du sucre. Dans un cas exceptionnel, le *hsien* du poisson est fortifié par un mélange d'assaisonnements et de porc (Poisson moqueur, 66).

*Hsiang* ( 香 ). Fragrance caractéristique: son arôme. *Usage:* il s'applique à ces plats attirants tant par leur odeur que leur goût; c'est l'odeur caractéristique du gras de poulet, des viandes rôties, des champignons, des oignons sautés, etc. Il est presque impossible de produire le *hsiang* artificiellement parce qu'il dépend principalement des huiles présentes dans chaque ingrédient.

*Nung* ( 濃 ). Riche, capiteux, concentré. *Usage:* contrairement aux plats *hsien* qui doivent toujours sembler naturels et dénués d'efforts, les plats *nung* sont fortement relevés avec des essences de viande ou des épices. Il s'applique aux mets très aromatisés (Canard laqué, 121), au bouillon à la crème (16) composé de trois sortes de viande. Le goût *nung* n'est pas toujours utilisé avec bonheur; il peut être trop riche, comme un fromage trop fait.

*Yu-er-pu-ni* (油 而 不 膩). Le goût du gras sans qu'il soit huileux. *Usage:* il s'applique aux jaunes des oeufs en conserve, aux oeufs de poisson, à la panse de porc bien cuite. Comparez ces goûts: le caviar, le beurre frais non salé (beurre doux) ou l'avocat. Ce type de comparaison apparaît souvent à cause de l'importance du gras solide en cuisine. Il est toujours utilisé comme un hommage.

15

Les deux mots suivants décrivent la texture. Ils sont intéressants parce que les cuisiniers essaient d'obtenir le *tsuei* et le *nun* avec des aliments qui n'ont pas ces textures naturellement.

*Tsuei* ( 脆 ). Croquant, croustillant. C'est une texture souvent fabriquée ou concoctée. *Usage:* il s'applique aux escargots sautés en trempette, aux tripes, aux calmars, aux escargots-trempette (93), aux rognons blanchis (124), aux crevettes (règle pour les crevettes, 25) et aux boulettes de poisson (31), à la couenne de porc, à la peau des volailles rôties (Canard de Pékin, 57).

*Nun* ( 嫩 ). Doux, tendre, non fibreux. Il s'agit d'une texture redevable à l'habileté culinaire, qui se distingue d'un autre mot, *ruan* ( 軟 ) signifiant doux et lisse. *Usage:* il s'applique à la texture d'un parfait oeuf mollet, au velouté de poulet (29), aux quenelles de brochet.

Ces mots sont loin d'être suffisants pour décrire l'étendue des saveurs et des textures, mais ils sont les plus importants et les plus intéressants, ceux qui ont engendré beaucoup de réflexion. Ils englobent les qualités recherchées en cuisine. Les plats les plus fameux de la cuisine chinoise réunissent plusieurs de ces qualités. La peau du canard de Pékin est odorante, croustillante et riche sans être huileuse (*hsiang, tsuei, yu-er-pu-ni*). Les boulettes de poisson sont à la fois fraîches, croustillantes et tendres (*hsien, tsuei, nun*). La réunion de ces qualités dans un même plat laisse supposer la complexité de la cuisine chinoise classique. Remarquez qu'aucune de ces qualités n'en contredit une autre.

## Le mélange des saveurs

*Saveur nature.* La saveur nature semble simple parce qu'il est impossible d'y détecter les assaisonnements mélangés qui s'y trouvent. Les cuisiniers sont satisfaits lorsque les gens apprécient la fragrance "naturelle" et le goût des mets sans avoir conscience de l'assaisonnement. Ils demeurent parfaitement ignorants de la quantité d'art qu'il a fallu pour obtenir ce goût "naturel". L'arôme et le goût (*hsiang, hsien*) de plusieurs mets sont obtenus par l'utilisation d'ingrédients de soutien qui se combineront en une saveur unique. On a déjà suggéré de faire sauter des pousses de bambou avec du porc entrelardé pour en extraire les jus *hsien*, puis de jeter le porc avant de servir (Li Liweng). C'est un cas extrême pour illustrer l'importance d'un assaisonnement imperceptible.

Une fois que les ingrédients de soutien ont fait leur travail, ils devraient être éliminés. Si on ajoute du vin ou du vinaigre à la préparation, on fait cuire jusqu'à l'évaporation. Si la recette comprend du gingembre et des oignons verts, il est préférable de les enlever avant de servir le plat. La sauce soya légère peut être utilisée pour assaisonner les crevettes ou les légumes. Le sel et le sucre doivent être entièrement dissous à moins qu'ils soient servis séparément. Les aliments peuvent être servis avec ou sans sauce. Ce que vous faites doit être très évident.

16

*Saveurs complémentaires.* La cuisine chinoise a été désignée comme étant "le mariage des saveurs". Ceci est très juste, car les ingrédients doivent conserver leur identité lorsqu'ils sont combinés les uns aux autres. Ce principe est traité plus à fond au chapitre 2. Contrairement aux modifications subtiles de saveur dont il est question ci-dessus, le second type de mélange repose sur les saveurs propres aux ingrédients combinés à des ingrédients semblables ou totalement différents. Le goût délicat du nid d'hirondelle se marie avec du melon d'hiver finement émincé (saveurs semblables) ou avec du jambon émincé (mariage de saveurs contrastées). Ceci est comparable à la combinaison de plusieurs nuances de blanc l'une avec l'autre, ou au contraste du noir et du blanc. La combinaison du fromage à d'autres ingrédients en cuisine française s'approche de cette idée de soutien mutuel.

## Variation de textures

Le raffinement de la cuisine devient encore plus évident dans le contrôle des textures. La cuisine classique est exigeante parce que, pour créer des textures croustillantes ou tendres, elle requiert du cuisinier un certain degré de virtuosité. Fondamentalement, le changement des textures constitue un effort pour améliorer la nature. Par exemple, tout morceau de viande comporte des membranes invisibles, des tendons et des ligaments. Même après que toutes ces matières ont été enlevées, la texture de la viande demeure un problème. Le débutant sait bien qu'il est difficile de garder la viande tendre pendant qu'elle cuit. Toute erreur de cuisson rendra la viande sèche et fibreuse et tous les trucs utilisés en cuisine ont pour but de la conserver tendre.

Les variations de textures constituent un thème courant à travers toute la gastronomie chinoise. Cela devient une fin en soi aux tables les plus sophistiquées. Cela a conduit à la recherche sur la texture des aliments, c'est-à-dire ce qui a trait aux textures mais non au goût. Aujourd'hui, il n'y a pas de banquet sans nids d'hirondelle ou ailerons de requins, deux aliments à texture. Ces types d'ingrédients ont amené un autre développement en cuisine. Le cuisinier devait faire face au problème de la création de saveurs sur des choses qui n'en ont pas en elles-mêmes. Dans la cuisine chinoise la plus raffinée, des substances à texture mais sans saveur étaient combinées à des bouillons de grande saveur mais sans substance.

## L'utilisation des parties d'ingrédients

La recherche de nouvelles saveurs et de nouvelles textures a conduit naturellement à l'utilisation de toutes les parties des ingrédients. Jusqu'à l'extrême. Les gens faisaient une distinction entre les bajoues du poisson, son ventre tendre et le tissu gélatineux qui se trouve à la base des nageoires. La cuisine de style paysan était par nécessité une cuisine de parties, assez éloignés de l'art de manger. Les variations de textures propres aux entrailles sont intéressantes pour les gourmets. La langue et les dents des Chinois sont peut-être plutôt inhabituelles. Plusieurs personnes sont capables de séparer une graine de melon, d'en extraire la chair et de poursuivre une conversation animée en même temps, déposant en toute simplicité ce qui reste. Avec un peu d'exercice, d'autres sont capables de dénouer avec la langue et les dents un ou deux noeuds dans une tige de cerises. La langue chinoise est une chose sensible. Ainsi, la texture granuleuse du foie, l'intestin onctueux, le gésier fibreux, le jabot spongieux et la tripe croustillante sont tous différenciés les uns des autres, afin d'être appréciés comme friandises, chacun ayant sa texture propre.

Le cuisinier favorise également l'utilisation des parties d'aliments, sachant que la partie blanche du poulet cuit plus vite que la partie brune, que les ailes doivent êtres sautées, les pilons frits, la peau rôtie ou frite, la viande de la poitrine sautée ou hachée. Pour en tirer le meilleur parti, chaque partie doit être cuite différemment, et en séparant les parties, on peut tirer le meilleur de chacune.

### L'utilisation du gras

Le gras est une friandise. Malgré le terme *yu-er-pu-ni* (goût du gras non huileux), terme qui appartient davantage à la gastronomie qu'au goût commun, toute huile est considérée comme bonne. On peut utiliser le gras de porc pour absorber les jus, le gras de poulet et de canard pour donner de la saveur aux légumes. L'huile de sésame sert à supprimer l'odeur de poisson des fruits de mer, à frire les friandises et à assaisonner. Les huiles de sésame, d'arachide et les huiles végétales sont utilisées en cuisine végétarienne. La saveur de la viande et du poisson réside dans leur gras. À cause de cela, la cuisson des gras comme tels s'est développée en même temps que les techniques de cuisson des viandes. L'utilisation du gras est particulièrement appréciée lorsque la substance principale est du riz ou du blé. La maigre nourriture des paysans s'enrichissait de gras. "Le gras de la viande, du poisson, du canard et du poulet doit être conservé dans la viande; il ne doit pas se perdre; ainsi la saveur est toute dans les jus." (Yuan Mei)

## 做法 Les trucs culinaires

Vous trouverez dans les quatre tableaux suivants plusieurs méthodes visant à obtenir ces goûts et textures particuliers dont nous venons de parler sommairement. Il ne s'agit de rien d'autre que de trucs culinaires, mais sans eux, le cuisinier le plus patient et le plus énergique disperserait ses efforts sans arriver au meilleur résultat. D'un autre côté, s'il ne connaît que ces techniques mais qu'il n'a pas de goût, le résultat sera tout aussi triste. L'application de chacune de ces méthodes est limitée à certains types d'ingrédients, tel qu'indiqué dans la deuxième colonne de chaque tableau. Il ne serait pas sage d'utiliser certains de ces processus plutôt sévères pour des ingrédients non spécifiés. Vous trouverez les détails de ces méthodes dans les recettes qui servent d'illustration.

Remarquez le nombre d'opérations qu'implique le fait de débarrasser les aliments d'odeurs fortes, de leur écume ou d'autres mauvaises qualités. C'est une chose aussi importante que la création de nouvelles saveurs et de nouvelles textures.

## Pratiques courantes pour le contrôle des saveurs

| Méthode | Ingrédients | But | Recette |
|---|---|---|---|
| Coupage d'os à moelle suivi d'une cuisson rapide à l'eau bouillante | côtes de porc (spare ribs), canard, os de poulet | Faire sortir la moelle pour enrichir bouillon et jus | Bouillon de canard (16) |
| Blanchissage | poisson, volailles, abats, pied de porc | Débarrasser l'ingrédient de ses saveurs déplaisantes | Poisson à la vapeur (133) |
| Blanchissage répété dans du bouillon ou de l'eau | ailerons de requin | Débarrasser les ailerons de leur goût de poisson. Il est préférable d'utiliser du bouillon afin d'ajouter de la saveur aux ailerons | Ailerons de requin à la sauce au crabe (125) |
| Faire bouillir rapidement dans de l'eau ou du bouillon | tête de poisson, courge | Extraire des goutelettes de gras | Tête de poisson en casserole (9) |
| Sautage ou extraction dans l'huile bouillante | gingembre, oignons verts, ail, piment | Faire ressortir les saveurs caractéristiques | Sauce économique (23) |
| Cuisson à la vapeur | poisson, volailles panse de porc, légumes | Faire ressortir et préserver la douceur du goût (*hien*), en conservant le caractère original de l'ingrédient | Concombres à la vapeur (107) |

20

## Ingrédients ajoutés pour modifier la saveur

| Ingrédient(s) | ajouté(s) à | But | Recette |
|---|---|---|---|
| Sucre | poisson, crevettes, légumes, champignons, volailles | Restaurer ou améliorer la saveur *hsien*. Il doit être utilisé modérément et ne jamais goûter comme tel | Champignons au bouillon (98) |
| Glutamate de monosodium | tous les ingrédients sauf les friandises et les fruits | Intensifier la saveur. L'utiliser avec modération parce qu'il laisse un arrière-goût caractéristique | Oeufs frais et en conserve (123) |
| Vinaigre | piments rouges forts | Intensifier le goût piquant | Poulet épicé à la tangerine (62) |
| Gingembre, oignons verts, etc. | soupes, ragoûts, viande, fruits de mer | Supprimer les saveurs désagréables | Canard frit aux oignons (106) |
| Vin et alcools | fruits de mer, volailles, viande | Supprimer les saveurs rances | Carpe au bouillon d'agneau (13) |
| Poivre noir, poivre sauvage | tripes, fruits de mer, cartilages de porc, abats | Supprimer les saveurs rances | Pieds de porc en gelée (103 |
| Huile de sésame | fruits de mer, spécialement les crevettes et le crabe | Ajoutée avant la cuisson, elle enlève l'odeur de poisson | Faux caviar de crabe (136) |

| Ingrédient(s) | ajouté(s) à | But | Recette |
|---|---|---|---|
| Huile de sésame | agneau, soupes, sauces, méduse, légumes marinés | Ajoutée après la cuisson, elle donne une saveur aromatisée si on l'utilise modérément | Méduse (44) |
| Sauce soya | toutes les viandes, les soupes et les sauces | Fait ressortir le goût de la viande, sa couleur et sa saveur | Sauce brune (77) |
| Graines de sésame | fruits de mer, sauces, pâtisserie | Les graines grillées dans une casserole non graissée et ensuite broyées font ressortir la saveur | Sauce d'arachides et de sésame (24) |
| Gras de poulet, de canard ou de porc | poulet émincé ou crevettes, boulettes de viande | Donne une saveur bien définie aux ingrédients douceureux | Chou au poulet (104) |
| Haricots noirs marinés | fruits de mer, viande, légumes | Ajoute une saveur piquante. Faire cuire à la vapeur avec du vin pendant 5 minutes. Émincer finement | Poivrons rôtis (67) |
| Sauce de haricots bruns | viande | Fait ressortir le goût *hsien* | Poisson moqueur (66) |
| Sauce aux huîtres | viande, légumes, fruits de mer, abats | Enrichit le goût *hsien* | Foie sauté (110) |

## Pratiques courantes pour le contrôle des textures

| Méthode | But | Ingrédients | Recette |
|---|---|---|---|
| Enlever les tendons, membranes, ligaments et enveloppes des aliments | Rendre la texture homogène | poisson, volailles, porc, boeuf | Velouté de poulet (29) |
| Enlever la peau et les os | Faire en sorte que les textures n'interfèrent pas l'une contre l'autre | volailles | Canard au vin (128) |
| Enlever le gras | Il s'agit principalement d'enlever les membranes qui sont sous le gras afin que le bouillon soit clair | boeuf, porc | Boeuf Yuan Mei (7) |
| Couper dans le sens contraire du grain | Les tranches sont plus tendres | boeuf, escargots | Boeuf minute (132) |
| Couper dans le sens du grain | Diminuer le rétrécissement et conserver l'apparence | poulet, porc | Tranches frites (61) |
| Trempage dans le sel et le vin | Extraire le jus qui formerait autrement de l'écume | rognons | Rognons blanchis (124) |
| Faire mariner dans le sel ou le sucre | Extraire efficacement l'eau | volailles, viande, légumes | Fleurs de radis (28) |

| Méthode | Ingrédients | But | Recette |
| --- | --- | --- | --- |
| Ajouter du sel | poisson émincé, poulet, crevettes | Donner de la consistance, rendre plus croustillant | Règle de base pour les croquettes de poisson (31) |
| Faire blanchir dans de l'eau acidulée | tripes, poisson poché, escargots, poulet | Enlever le dépôt visqueux des tripes. Rendre le porc plus tendre. Conserver la tendreté des escargots et du poisson | Escargots (93) |
| Trempage dans de l'eau légèrement salée (1 litre d'eau avec 1/2 cuiller à café de sel par livre [environ 500 g]) | crevettes, poulet, poisson | Enlever l'écume, rendre la viande plus tendre et juteuse (Ne pas utiliser cette méthode pour le porc et le boeuf, car leur saveur disparaîtrait dans l'eau) | Règle de base pour les crevettes (25) |
| Saler et faire blanchir | volailles, viande, tripes | Essentiel pour conserver la douceur des jus | Porc Tungpo (8) |
| Blanchissage | volailles avec leurs os | Garder la forme de la volaille | Canard farci (127) |
| Blanchissage | légumes | Fixer la couleur et conserver la texture. Ils doivent être ensuite rincés à l'eau froide et égouttés | Épinards au bouillon (20) |
| Laisser sécher à l'air | volailles | Faire sécher la peau pour la rendre plus croustillante | Canard de Pékin (57) |

## Ingrédients ajoutés pour le contrôle des textures

| Ingrédient(s) | ajouté(s) à | But | Recette |
| --- | --- | --- | --- |
| Eau | viande hachée, fruits de mer, légumes | Rendre les ingrédients humides et légers | Boulettes de viande (76) |
| Vinaigre | viande émincée, pousses de bambou | Dans un sauté, conserver les lamelles de viande plus tendres | Porc sauté (11) |
| Saumure | viande, volailles | Extraire l'eau, rendre la viande et le gras plus fermes | Canard salé (119) |
| Liqueur forte | volailles | Séchage de la peau | Canard de Pékin (57) |
| Fécule | boeuf, porc, poulet | Lier les jus de viande aux assaisonnements. Il est essentiel d'ajouter le liquide à la dernière étape de cuisson | Dés de poulet en sauce (68) |
| Fécule et blanc d'oeuf (1 blanc d'oeuf avec 1 cuiller à soupe de fécule) | fruits de mer, poulet, agneau | Préserver la texture délicate naturelle. Former une barrière impénétrable entre la viande et l'huile bouillante | Filet de poisson à la sauce tartare (59) |

| Ingrédient(s) | Ajouté(s) à | But | Recette |
|---|---|---|---|
| Poudre de marron | poulet émincé, soupes, sauces | Semblable à la fécule mais de texture plus douce. On l'utilise pour épaissir | Poulet émincé (70) |
| Gras de porc | crevettes émincées, porc | Conserver aux ingrédients leur légèreté | Boulettes de crevettes (131) |

# Les ustensiles

*Le couperet.* Il y a deux sortes de couperet. Le couperet léger tranche, émince et coupe entre les os et jointures; il sert à enlever les membranes recouvrant les viandes. Le couperet lourd sert à couper les viandes avec leurs os et la viande cuite, ou à aplatir la viande crue. Couper les os avec un couperet léger abîme son tranchant.

Le rythme et la relaxation sont des habitudes importantes à prendre dans l'utilisation du couperet. En développant le rythme, les tranches sont uniformes et tombent l'une après l'autre avec une précision géométrique. Ce rythme provient de la détente de la main et du poignet, et avec la pratique, la précision rythmique se développe. Ne vous concentrez pas sur l'épaisseur de chaque tranche ou lamelle mais plutôt sur le mouvement rythmique répétitif. Ne considérez pas chaque geste comme individuel, n'y pensez pas et faites aller votre poignet de haut en bas. Les tranches tomberont avec une précision et une facilité étonnantes.

On utilise les couperets de différentes façons selon les aliments à trancher.

| Couperet | Ingrédient(s) | Mouvement | Résultat |
|---|---|---|---|
| léger | pousses de bambou, légumes | droit de haut en bas | tranches |
| léger | racines de légumes, pousses de bambou | droit de haut en bas mais en en exerçant une rotation de la racine ou de la pousse | morceaux |
| léger | champignons, petits morceaux de viande | appuyer fermement vers l'intérieur et vers l'extérieur | lamelles |
| léger | porc, poulet | appuyer fermement vers l'intérieur | tranches |
| léger | boeuf | appuyer fermement vers l'extérieur | tranches |
| léger | peau et gras | mouvement de scie | morceaux |
| léger | viande hachée | en faire une poignée et couper de haut en bas | pâte |

| Couperet | Ingrédient(s) | Mouvement | Résultat |
|---|---|---|---|
| lourd | viande crue avec os | faites un mouve-ment puissant et bref, en forme d'arc | morceaux |
| lourd | volailles cuites | mouvement d'arc large et bien rythmé | morceaux |

Pour faire des tranches uniformes, maintenez la portion non coupée d'une main et tranchez avec le couperet de l'autre main. Le couperet descend à un rythme uniforme, et l'ingrédient s'avance vers son tranchant plus ou moins rapidement selon l'épaisseur désirée. Si l'ingrédient avance lentement sous la lame, les tranches sont minces; si le mouvement est plus rapide, les tranches sont plus épaisses. L'épaisseur des tranches dépend du mouvement des doigts qui maintiennent la portion non coupée. Les tranches tombent parallèlement l'une sur l'autre. Pour faire des lamelles, aplatissez les tranches parallèles avec la paume ou le côté de la main et tranchez dans le même sens. Pour obtenir des dés, aplatissez les lamelles avec la main, tournez d'un quart de tour et coupez encore.

On trouve la meilleure description de l'utilisation du couperet chez Chuangtse (4e siècle av. J.-C.)

*Le cuisinier du prince Huei était en train de dépecer un bouvillon. Chaque mouvement de sa main, de ses épaules, de ses pieds, de ses genoux, chaque coup dans la chair, la portée du couperet, tout était en parfaite coordination, comme dans une danse, comme dans les accords harmonieux de Ching Shou.*

*"Très bien!" s'écria le prince. "Vous êtes l'habileté même!"*

*"Sire, répliqua le cuisinier en déposant son couperet, je me suis toujours voué au Tao, ce qui est plus grand que la moindre habileté. Lorsque j'ai commencé à dépecer des boeufs, je voyais devant moi des boeufs entiers. Après trois ans de pratique, je ne voyais plus des animaux entiers. Et maintenant, je travaille avec mon esprit et non avec mes yeux. Mon esprit travaille sans le contrôle des sens. En suivant des principes éternels, je me glisse à travers les grandes jointures ou les cavités telles qu'elles sont, selon la constitution naturelle de l'animal. Je ne touche même pas la conformation des muscles et tendons, je tente encore moins de couper les gros os.*

*"Un bon cuisinier change son couperet une fois l'an, parce qu'il s'en sert pour couper. Un cuisinier ordinaire le change une fois par mois, parce qu'il hache. Mais moi, j'ai ce couperet depuis dix-neuf ans, et bien que j'aie dépecé plusieurs milliers de boeufs, son tranchant est comme s'il venait d'être passé à la pierre à aiguiser. Parce qu'il y a toujours des interstices*

*entre les jointures, et comme le tranchant du couperet n'a pas d'épaisseur, il n'y a qu'à insérer ce qui est sans épaisseur dans un tel interstice. En fait la lame a toute la place qu'il lui faut. C'est ainsi que j'ai gardé mon couperet depuis dix-neuf ans comme s'il venait d'être aiguisé.*

*"Néanmoins, lorsque j'arrive devant une partie noueuse difficile à attaquer, je prends des précautions. Je fixe le morceau des yeux, je lève ma main, et j'applique doucement ma lame jusqu'à ce que dans un* tchak, *la partie cède comme de la terre qui s'effrite du sol. J'enlève alors mon couperet, je me lève et je regarde autour de moi d'un air triomphant. Puis, j'essuie mon couperet et je le range soigneusement."*

*"Bravo! s'écria le prince. Les paroles de ce cuisinier m'ont appris comment prendre soin de ma vie."*

*Le wo.* Cette casserole circulaire à fond arrondi est communément appelée *wok*, mais la véritable prononciation cantonaise a été faussée par les occidentaux. Le wo offre plusieurs avantages par rapport à une poêle à frire. La chaleur se diffuse sur une plus grande surface. Il requiert très peu d'huile pour faire sauter ou frire. Un seul oeuf ou un grand volume de légumes feuillus, quelques tranches de viandes ou une volaille entière peuvent être cuits dans le même ustensile. Les bords recourbés réduisent les éclaboussures et constituent un berceau au poisson ou à la volaille pendant qu'ils cuisent. Bien qu'il soit utile, le wo n'est pas absolument essentiel pour la préparation des recettes de ce livre.

Dans un wo neuf, les aliments ont tendance à coller. Traitez le wo comme vous le feriez d'une poêle à frire en fonte. Faites-y chauffer une petite quantité d'huile que vous étendez sur toute la surface. Enlevez l'huile et asséchez la surface, mais sans la laver. Il n'est pas recommandable de nettoyer la surface intérieure avec des abrasifs ou des détergents puissants; il est préférable de simplement assécher la surface.

Pour faire sauter ou frire, faites d'abord chauffer le wo sans huile, puis ajoutez l'huile. Comme le métal est toujours plus chaud que l'huile, les aliments ne colleront pas à la surface. Cette pratique est connue sous l'appellation "casserole brûlante, huile chaude".

*Le contenant à vapeur.* Un contenant à vapeur est difficilement remplaçable par un autre ustensile de cuisine. On peut y faire cuire un repas complet en n'utilisant qu'un seul feu. Il conserve les aliments au chaud sans qu'ils sèchent et il prend très peu de place.

Les plats cuits dans le contenant à vapeur doivent être recouverts de cellophane, de papier aluminium ou d'une assiette les enveloppant.

Le riz cuit et les nouilles peuvent être déposés sur des supports recouverts de coton à fromage.

Les brioches et rouleaux à base de levure seront mis en forme et placés sur des morceaux de papier ciré ou de papier aluminium, bien séparés les uns des autres sur les supports, attendant là qu'ils soient levés, puis cuits à la vapeur lorsqu'ils ont atteint la taille requise.

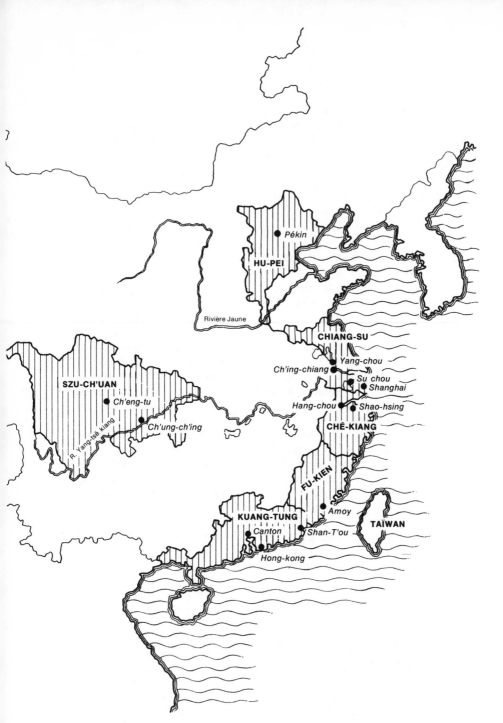

Carte gastronomique de la Chine montrant les spécialités régionales. Remarquez combien la géographie de telle ou telle région influence sa cuisine.

*Szu-ch'uan*
beignets au sésame
poulet épicé à la tangerine
patates douces, maïs
piments rouges forts
soupe épicée et aigre
piment sauvage
pousses de bambou sautées

*Kuang-tung*
viandes rôties
soupe au melon d'hiver
cuisses de grenouille
petits oiseaux frits
poulet
escargots

*Fu-kien*
porc haché
popia, crêpes minces
calmar
soupes claires
melon confit
arachides

*Hu-pei*
chiaotse
paotse
millet
thé aux amandes
patates rôties
chou
agneau cuit en sauce
jus de prunes noires
carpe
canard de Pékin

*Chiang-su—Chê-kiang*
nouilles délicates
pâtisseries fines et chaudes
rouget, mulet, brème, crevettes
vinaigre
langues de canard fumées
sauce brune

fèves duvetées
brioches juteuses

# 1

# *La cuisine ancienne*

飴 : *le parfum de la nourriture.*

Autrefois, les gens s'assoyaient sur des nattes (et non sur des chaises), ils mangeaient sur des tables basses, ils pinçaient des instruments à cordes, ils conduisaient soigneusement des chars sculptés, ils chassaient, ils chantaient, ils tuaient le chevreuil à l'arc, ils coulaient des bronzes dans des moules de terre cuite, ils lisaient l'avenir dans les fissures des écailles de tortue chauffées, ils écrivaient de la poésie. "À cinquante ans, un homme était supposé commencer à se détériorer. À soixante ans, il ne se sentait pas satisfait à moins de manger de la viande. À soixante-dix ans, on pensait qu'il exigeait de la soie afin de se garder au chaud; à quatre-vingts, qu'il avait besoin de quelqu'un (pour dormir) pour se garder au chaud; et à quatre-vingt-dix, qu'il ne se sentait pas au chaud même avec tout cela." (*Neitseh, Li Ki*) Que mangeaient-ils?

On a une certaine idée de ce qu'était la cuisine des temps anciens. À travers les siècles, les textes classiques, souvent sybillins, ont été annotés par des érudits et leurs commentaires excèdent en longueur les textes eux-mêmes. Ces commentaires ont été plus tard annotés par d'autres. Chaque phrase nous parvient à la fois amplifiée et bloquée par les interprétations successives. Peut-être le message original a-t-il été un peu dévié, mais c'est mieux que rien du tout. La description suivante de la cuisine ancienne a été reconstituée principalement à partir de textes anciens: 1) *I-li* (儀禮), les archives historiques de la dynastie Chou (1122-225 av. J.-C.) pour la descriptions des sacrifices. 2) *Li Ki*, une collection de manuscrits de diverses époques, de date imprécise mais sûrement pas plus

33

tard que la fin de la dynastie Chou (2e siècle av. J.-C.). Le *Neitseh* (內 則) ou "Règles régissant la tenue de maison" qui en fait partie est particulièrement intéressant en regard de la cuisine quotidienne des temps anciens. 3) *Shuowen* (說 文), une collection de 9000 caractères anciens; il est daté de l'an 191 de notre ère. Les érudits se sont servis du dictionnaire pour prouver l'existence d'idées ou d'objets anciens; de même (bien qu'avec moins de justesse) ils ont déduit de l'absence de certains mots dans le *Shuowen* que tel objet, pratique ou idée n'existait pas avant l'an 191. 4) Le *Shih Ching* (詩 經), le *Livre de la poésie* ou *Livre de chansons*, dont Confucius (6e siècle av. J.-C.) fut l'éditeur.

La cuisine ancienne n'était pas spécifiquement "chinoise". On a l'impression qu'elle émergeait tout juste de la cuisine primitive, car bien qu'il y ait trois mots archaïques (烝 烰 煦) pour désigner la cuisson à la vapeur, des mots pour "griller", "rôtir", "fumer" et "fermenter", il n'y en a pas pour "sauter", "blanchir" et aucune autre des méthodes plus raffinées de cuisson. Il y a un mot qui désigne la fragrance de la nourriture (飶) et son odeur (餯), et aussi des mots pour "putride" (餧), pour la nourriture qui a "tourné" (餲) et pour les aliments insuffisamment cuits (饑). On connaissait la viande hachée et les sauces fermentées et l'ancienne saveur de l'antiquité est toujours présente dans les descriptions de sacrifices et dans la pratique du *mao pao* (毛 包), un porc "écorché" rôti sans avoir été éviscéré. Cela se pratique apparemment encore chez certaines tribus sauvages du Pacifique Sud. L'appréciation du gras dont nous avons parlé plus haut comme étant spécifiquement chinois, existait, mais cet aliment ne connaissait pas les subtilités de textures actuelles. Comme on le verra plus loin, le mélange des saveurs étaient obtenu de façon remarquable.

Les anciens ustensiles de cuisine étaient robustes et ingénieux; ils étaient en métal, en argile ou en bambou. On fabriquait, probablement mieux que n'importe quel ustensile moderne, un bain-marie à l'aide d'un tripode (*ting* 鼎) placé dans un pot à fond arrondi (*ho* 鑊) contenant de l'eau bouillante. L'eau bouillait entre les pattes du tripode et la vapeur entourait et passait par-dessus le vaisseau. Une recette plutôt compliquée exige l'utilisation de cet ustensile. On entourait un cochon de lait farci de dattes de chanvre et d'une sorte de menthe, on l'enveloppait d'une mince couche de glaise et on le faisait cuire. La glaise cuite se brisait proprement ayant durci par-dessus le chanvre et l'herbe. Puis on enrobait la peau, libre de glaise, de farine de riz et on faisait cuire le cochon tout entier en friture profonde, le rendant ainsi croustillant et odorant. On plaçait ensuite le cochon dans le *ting* avec des herbes reliées à la menthe et on le faisait cuire à la vapeur pendant trois jours et trois nuits "en prenant soin que l'eau n'entre pas dans le vaisseau intérieur". On peut imaginer que le cochon ainsi cuit était odorant grâce aux dattes et à la menthe et que le gras tendre du porc avait fondu pour laisser une couche claire d'une huile délicate. On préparait ce plat pour les gens plus âgés à qui on donnait autrefois à manger des friandises à base de substances grasses, comme par exemple du riz sur lequel on versait une louche de gras, et du foie de chien grillé dans du gras de chien (*Neitseh*).

Le millet et le riz étaient cuits à la vapeur dans un *ching* ( 甑 ) et on arrêtait la cuisson par un rinçage à l'eau froide de sorte que chaque grain soit bien séparé. Le contenant à cuire le riz était fait d'un vaisseau de terre cuite comportant dans le fond sept trous; il était entouré d'un treillis de bambou.

Le poisson, difficile à faire cuire dans une casserole ordinaire, était cuit à la vapeur dans un tube de bambou, les divisions naturelles de son intérieur constituant un *poissonnier* parfait.

Certains ustensiles de cuisson étaient assez vastes pour contenir des quartiers entiers de porc ou de boeuf, comme nous pouvons le voir dans ce passage du *I-li*, concernant des sacrifices faits en l'honneur d'un personnage important.

*"Le célébrant mettait l'épaule droite de l'animal mais pas la croupe, dans le chaudron, de même que le tibia et le jarret des pattes de devant, le filet, la longe et la surlonge, les côtes, trois intestins, trois estomacs et un poumon." Une offrande à un personnage encore plus important différait par l'addition de deux autres poumons; il fallait alors vraiment un énorme chaudron. Ces énormes pots de bronze qu'on voit maintenant dans les musées étaient probablement d'excellents ustensiles de cuisine. Naturel-lement, ces sacrifices servaient ensuite de nourriture, car "lorsqu'un gentleman fait présent des restes d'un sacrifice, il doit les goûter le premier". (Confucius)*

D'un air révérent, habillés correctement,
Avec des agneaux et des boeufs purs et choisis,
Lorsqu'arrive l'automne et le froid de l'hiver
Nous allons dans notre temple
Pour offrir le sacrifice.
On s'empresse d'écorcher les victimes tuées;
Quelqu'un fait bouillir la chair;
On dispose les morceaux bouillis
Dans un ordre formel, exact et précis,
Selon leur dimension.
Tandis qu'à l'intérieur
Le prêtre craint que les invités tardent,
Nos seigneurs demandent à entrer.
Nos rites sont entiers et brillants;
Magnifiquement ils entrent, à mesure qu'il les invite.
Même s'ils sont cachés derrière un voile,
Ils acclament avec délice nos offrandes
Et ils attendent nos prières. (...)

*Quelqu'un se tient avec révérence devant les feux;*
*Quelqu'un prend les grandioses plateaux;*
*Ceux qui contiennent la chair rôtie,*
*Ceux qui contiennent les foies grillés. Puis,*
*Toujours, avec révérence, la reine préside*
*Et chaque plat plus petit amène*
*La fête pieuse vers la grâce.*
*Les invités et les visiteurs s'approchent.*
*Tel que prévu, ils apparaissent maintenant tous*
*Et prennent une place d'honneur.*

*Le Livre de la poésie* (SHIH CHING)

Le ton sauvage de l'ancienne cuisine ne vient pas seulement du mode de préparation mais aussi du choix des ingrédients. Comme nous le verrons plus loin, une bonne partie de la nourriture venait de la chasse et de la prédation. Les animaux domestiques étaient de grande valeur, car on sait qu'ils servaient aux sacrifices offerts en hommage à un personnage important ou aux ancêtres de quelqu'un, des animaux tels que le mouton, le boeuf, le porc, les volailles, le cheval et le chien. On mentionne aussi souvent comme faisant partie de la nourriture ordinaire l'élan, le chevreuil, les cailles et le faisan, le sanglier et le loup.

*Nous avons tendus nos arcs; nous avons empoigné*
*nos flèches;*
*Voici l'énorme animal*
*Et les sangliers sont transpercés — gaspillés pour les*
*invités,*
*Pendant qu'à la cour les coupes de vin débordent.*

*Le Livre de la poésie* (SHIH CHING)

On servait aux gens assez âgés les viandes les plus tendres, comme du boeuf mariné dans du bon vin toute une nuit et des boulettes de viandes faites de boeuf, de mouton et de porc avec six portions de riz cuit, d'abord frit puis servi dans la soupe (*Neitseh, Li Ki*).

On cueillait probablement beaucoup de légumes et de fruits. La fougère royale (*Osmunda regalis*), le *Poly gonum* et une variété feuillue du *Sonchus* servaient à farcir et à donner de la saveur. Les deux premiers croissent à l'état sauvage dans les marécages. Comme épices, on utilisait le gingembre, la cannelle, une variété de hyssop, la cardamome, les oignons, la ciboulette et le mugwort (sorte d'estragon). On faisait des confitures et des gelées avec des pêches, des coings, des prunes et des snelles (fruit de l'aubépine), ce dernier étant d'une belle couleur rouge. On mentionne les pousses de bambou dans le *Livre de la poésie*:

36

## EN HOMMAGE AU MARQUIS DE HAN

*La cour envoit plusieurs seigneurs*
*Pour goûter la bonne chère que peut se permettre le roi,*
*Il y a tout autour une centaine de vases*
*Contenant des liqueurs choisies par le roi.*
*Sur les nappes, il y a de la tortue rôtie, du poisson frais*
*et plusieurs plats royaux.*
*Et des germes de bambou et des pousses tendres,*
*Et des sauces raffinées et des fruits odorants,*
*L'air est rempli de leur riche parfum.*
*Oh! quel rare banquet!*

*Le Livre de la poésie* (SHIH CHING)

Il y avait trois façons de conserver la viande. De celles-ci, le *fu* (viande en saumure) était la plus facile d'adaptation. On le servait simplement avec une sauce, on en mettait dans la soupe ou on le faisait frire et on le servait avec du millet ou du riz. Une autre méthode consistait à faire macérer la viande avec du gingembre et de la cannelle et à la faire griller. La troisième méthode consistait à en faire une pâte par fermentation. On coupait les os de viande ou de poisson, on les faisait sécher et on les émincait, on les mélangeait avec du sel, du millet, de la levure et on les laissait tremper dans le vin. On les conservait dans des jarres de terre cuite bien fermées pendant une centaine de jours. La sauce de venaison était confectionnée avec les os. On utilisait des guêpes, du chevreuil, du lapin et de l'oie pour faire ce type de sauce. À remarquer que cette méthode de conservation ressemble à celle qu'on utilise de nos jours, pour confectionner la sauce au poisson décrite au chapitre 6. Le *Fu* ressemble beaucoup au *bah-koa* de Fu-kien; il s'agit de tranches de viande très minces traitées en les faisant griller et en les enduisant de sauce soya, de sucre et d'épices. Le *Bah-koa* est un bon cadeau à offrir à ceux qui partent pour de longs voyages, parce qu'il se conserve pendant des mois en gardant "le goût de la maison". La principale différence, c'est que ces marinades, sauces et viandes traitées sont maintenant reléguées à un niveau inférieur, au rôle d'*amuse-gueule\**, alors qu'ils étaient autrefois des plats principaux. Ils faisaient tout naturellement partie d'une table de banquet d'autrefois, consistant en vingt plats servis en cinq étapes (*Neitseh, Li Ki*).

---

\* En français dans le texte. (*N.d.T.*).

| bouillon de boeuf | bouillon de mouton | bouillon de porc | boeuf rôti |
| --- | --- | --- | --- |
| sauce | boeuf *fu* | sauce | boeuf haché |
| agneau rôti | agneau *fu* | sauce | porc rôti |
| sauce | porc *fu* | sauce à la moutarde | hachis de poisson |
| faisan | cailles | lièvre | perdrix |

La cuisine ancienne devait devenir quelque chose d'opulent, d'élégant et de varié. Mais comment cela pourrait-il arriver à partir de produits marinés et de viandes traitées pour se conserver? Deux moyens nouveaux ont amené une certaine variété dans l'alimentation. On faisait frire la viande dans la graisse d'un animal différent: de l'agneau dans du suif de boeuf, du poisson frit dans du gras de chèvre, du *fu* de faisan frit dans du gras de chien. Puisque le gras a tendance à révéler le *hsiang* (arôme) caractéristique, sinon le *hsien* (saveur) de chaque aliment, on obtenait ainsi un contraste des saveurs. Une alimentation plus raffinée consistait à servir de la viande avec des sauces contrastantes, par exemple du *fu* salé avec de la sauce de poisson, une viande épicée avec une marinade salée de larves de fourmis. On servait une soupe *fu* avec une sauce à base de lièvre, d'autres viandes avec des fruits macérés ou des gelées.

Toutes ces choses étaient arrosées de vin qu'on buvait autrefois pur et doux. L'arrivée inopinée d'un invité "ne laissait pas le temps de préparer le vin". Le processus prenait habituellement toute une nuit. "Le vin trop frais rend malade", écrivait Su Tungpo plusieurs siècles plus tard. Son argument était convaincant. Il y avait cinq mots, signifiant: 1) "étourdi" ( 醺 ), 2) ivre sans être confus ( 醉 ), 3) ivre et belligérant ( 酌 ou 營 ), 4) ivre et joyeux ( 酣 ), 5) malade d'avoir trop bu (avoir la gueule de bois) ( 醒 ). La boisson habituelle était le *liao*, qu'on servait dans des tasses avec une louche pour ne pas remuer la lie, ou filtré à travers des herbes. Les vins étaient à base de blé, de millet et de riz mélangés les uns aux autres, dilués d'eau et renforcés avec du vieux vin. Une fermentation prolongée donnait un vin plus clair, dû au rétrécissement de la lie, ce qui était un indice de qualité, selon les occasions où le vin était servi.

### LA FÊTE DU CLAN

*"Oh hisse", s'écrient les bûcherons.*
*J'ai filtré mon vin, il est si clair,*
*J'ai préparé un agneau bien gras*
*Et je les ai tous invités (mes oncles).*
*Même s'ils choisissent de ne pas venir*
*Ils ne pourront pas dire que je les ai négligés.*

J'ai balayé et lavé impeccablement,
J'ai préparé les viandes, les huit plats de grain.
J'ai un boeuf bien gras
Pour lequel j'invite tous mes oncles,
Et même s'ils choisissent de ne pas venir
Ils ne pourront pas me blâmer.

Ils coupent du bois sur la rive.
J'ai beaucoup de bon vin filtré;
Les plats et plateaux sont tous en rangée.
Frères aînés et cadets, ne restez pas au loin!
Si les gens perdent les vertus qui se trouvent en eux
C'est leur gorge sèche qui les a conduit à s'égarer.

Quand nous avons fait le vin, nous le filtrons, nous!
Quand nous n'en avons pas, nous en achetons, nous!
Frappons, frappons le tambour
Dansons, dansons lestement,
et profitons de cette chance
de boire du bon vin.

*Le livre des chansons* (SHIH CHING)

On doit différencier deux occasions de boire: les occasions officielles, en compagnie de parents distingués et de personnages importants (*yao* 餥), ce qui se fait durant le jour, et boire de façon ordinaire, ce qui a lieu le soir (*yu* 醧). Au cours d'un banquet, on garde ses chaussures mais on les enlève lorsqu'on est bien détendu.

Le raffinement du goût en alimentation s'est produit graduellement à mesure que l'agriculture s'établissait plus solidement; on pouvait alors obtenir des aliments frais en abondance, du moins en certaines saisons. Le jeu des textures, si important en cuisine moderne, pouvait difficilement se réaliser avec des viandes durcies par le sel ou rendues informes par leur mode de conservation. La cuisine chinoise a trouvé sa voie vers l'époque de Confucius. "Pour lui, le riz ne pouvait jamais être assez blanc et la viande hachée n'était jamais assez finement hachée. Si le mets n'était pas bien cuit, il n'en mangeait pas. Lorsqu'un aliment n'était pas bien assaisonné, il n'en mangeait pas. Lorsque la viande n'était pas coupée correctement, il ne la mangeait pas. Lorsque la nourriture n'était pas présentée avec sa sauce appropriée, il n'en mangeait pas." La préoccupation nationale a des origines lointaines.

Lorsque les critiques ont commencé à parler, l'alimentation s'est améliorée. Dans le poème de Ch'ü Yuan (3e siècle av. J.-C.), la nourriture devient un plaisir terrestre, et l'extrait suivant des *Grandes Sommations* donne une idée d'une fête qu'on pourrait encore apprécier de nos jours. Ch'ü Yuan était au bord du suicide pour des raisons politiques, et il a écrit les *Grandes Sommations* pour se convaincre lui-même de s'accrocher à la vie. Il s'est toutefois quand même suicidé et sa mort est célébrée par une fête (*voir chapitre 8*).

*Ô mon âme, reviens aux indicibles plaisirs!*
*Où au temps des récoltes*
*Trente meules de maïs sont empilées*
*Où on fait cuire les pâtés de millet et de maïs.*
*Les invités surveillent les bols fumants*
*Et respirent l'odeur piquante des herbes poivrées.*
*L'habile cuisinier ajoute des tranches de volaille,*
*Du pigeon, du héron jaune et de la grue.*
*Ils goûtent ce bon ragoût.*
*Ô mon âme, reviens te nourrir de ce que tu aimes!*

*On apporte ensuite*
*De la tortue fraîche et du poulet doux cuit au fromage*
*préparé par les hommes de Ch'ü.*
*Et des petits morceaux de viande flottant dans la sauce au*
*foie*
*Avec une salade de radis hachés dans la saumure;*
*Tout est servi avec cette épice*
*Qui nous vient de la terre de Wu.*
*Ô mon âme, reviens et choisis les viandes que tu aimes!*

*Dindonneau rôti, canard à la vapeur et cailles grillées*
*Il ont réussi chaque volaille.*
*Perche bouillie et bouillon de poulet*
*Chaque chose a gardé sa saveur propre.*
*Ô mon âme, reviens à ces douceurs qui t'attendent!*

On peut à peine reconnaître dans les plats décrits l'alimentation chinoise, car les anciennes concoctions ne peuvent être décrites de cette façon. L'utilisation des épices, des petits morceaux de viande (probablement du chien) et le gibier rappellent les festins de l'Antiquité. Ce qu'il y a de nouveau, c'est le mode de préparation. Les tranches de volaille sont ajoutées au dernier moment pour qu'elles ne soient pas trop cuites et dures (comparez à la recette de poulet Congee, 2). La qualité du poisson bouilli et du bouillon de poulet repose sur le fait que "chaque chose a gardé sa saveur propre". Autrefois, on reconnaissait ces saveurs dans les gras relevés des animaux. Ça demeure une tâche difficile de faire cuire du poisson tout en lui conservant sa saveur douce (*hsien*) et de conserver au gibier sa saveur propre sans assaisonnement. Le goût antique était encore dans l'air mais la saveur de la nourriture devenait plus sophistiquée.

La cuisine moderne reflète le goût d'une classe raffinée et oisive et n'est pas arrivée à sa forme actuelle (chapitre 7) avant l'existence d'une classe fortunée. Vers la fin de l'époque Han (2e siècle de notre ère), la cour brillait de splendeur. Le damasquinage, les laques et la soie faisaient partie de leur art. Au cours de cette période luxuriante, et au cours des dynasties de Sui et de Tang, un profond changement a eu lieu. "De nos jours, les gens ont tendance à trop manger. En plus de se nourrir, ils prennent plaisir à regarder des masses de nourriture. Comment peuvent-ils se complaire à attendre à longueur de journée pour le plaisir de quelques friandises, souillant leur bouche de viandes rôties et fumées?" (4e siècle). Les indications suivantes apparaissent plusieurs centaines d'années plus tard alors que la cuisine chinoise a commencé à trouver une personnalité distincte, différente de la cuisine semi-barbare de l'ancienne Chine. Les raffinements se sont développés. On ne peut la confondre en aucun cas avec les cuisines occidentales, sauvages ou tribales. C'était une cuisine civilisée.

Le poète Tu Fu (712-770) parlait ainsi des soeurs de l'Impératrice Yang Kweifei à la cour:

*Les duchesses au visage doux,*
*Les traits fermes, rondes de figure*
*Habillées de toges ornées de perles*
*Exhibent leur beauté.*

*Étincelantes, tintantes, bouclées*
*Elles ornent leur chevelure brillante*
*De gouttes d'argent, de morceaux de corne, de plumes de paon*
*Tout frémit parmi les fleurs de soie et les joyaux.*

*Elles sont à l'aise à la cour.*
*Avec des bâtonnets d'ivoire à bout doré*
*Elles prennent le poisson dans un plat de cristal,*
*Quand elles en ont assez, elles boivent.*
*On fournit sans arrêt la table royale*
*De mets comme des boucles et des écheveaux de soie emmêlés.*
*Des eunuques se tiennent à la porte du palais:*
*Les chevaux, bridés, agités, attendent.*

Extrait du *Paradis des Beautés*


L'impératrice qui aimait le luxe fut accusée d'avoir entraîné la décadence de la dynastie Tang. Elle adorait les lychees frais qui lui parvenaient par courrier express du sud de Changan, capital de Tang au centre de la Chine. Ses extravagances lui ont coûté cher, elle a été obligée de se pendre au cours d'une révolution. Il existe un plat qui porte son nom, le poulet kweifei. Cette impératrice blanche, grassouillette et voluptueuse, aimait boire. Le mets à son nom est fait d'un poulet blanc dodu mariné dans beaucoup d'alcool, frit, cuit au vin puis sauté avec encore plus de vin. Quelle femme voudrait être ainsi représentée? Subtile insulte. Nous disons que cette suggestion de banquet impérial ressemble à la cuisine chinoise moderne à cause de la finesse exquise de la préparation et de la nouveauté dans le domaine des textures, soit la bosse de chameau qui est encore occasionnellement présentée. Un autre fragment d'un manuscrit laisse aussi supposer le raffinement extrême de la cuisine à la cour:

Je cherchais dans une vieille valise et je tombai sur certains menus servis chez le Prince et notés par le cuisinier du palais. Parmi les choix, il y avait:

*rognons, blanchis et cuits au vin et au vinaigre*
*cailles sautées avec des pousses de bambou*
*pigeon grillé garni*
*sauce de serpent frit*
*sauce mixte frite*
*hachis de poisson de lac*
*cuisses de grenouilles sautées*
*rognons hachés grillés*
*poisson braisé*
*pattes de crabes avec de la venaison*
*crevettes de rivière vivantes*
*poisson grillé*
*pieds de porc, croustillants, au vin et vinaigre*
*oeufs de poisson grillés avec des rognons frits*
*cervelle à la vinaigrette*
*consommé*
*cartilage de poisson en bouillon*
*poisson blanc Huai à la vapeur au vin*

YUSHIHPI ( 玉 食 批 )
*probablement de la dynastie Sung*
*(960-1279)*

Le raffinement est excessif, au bord de la décadence. Notons le type d'ingrédients: rognons, pieds de porc, cervelle, l'usage des ingrédients à texture, le cartilage de poisson. L'utilisation des pattes de crabe, non pas la partie la plus charnue du crabe mais la plus délicate, redonne à la venaison sa douceur (*hsien*). Dans la cuisine moderne Chê-kiang — Chiang-su, on utilise le crabe aux mêmes fins. La cuisine moderne est basée sur l'extraction dans chaque ingrédient de sa meilleure qualité alors que d'autres qualités peuvent être modifiées selon le bon vouloir du cuisinier.

Les sauvages mangent aussi toutes les parties des animaux, mais seul l'homme civilisé écrira sur la question ou *choisira* de manger ces parties.

42

La gastronomie est une question de mots et de goût aussi bien que d'alimentation. Il y a une différence entre le sauvage qui gruge un os et l'homme civilisé qui mange. "Ronger les os" (*keng kutou*) ne relève pas de la faim mais du raffinement, un peu comme la mastication des mots de quelques lignes d'un poème. Le quasi-illettré rumine les mots comme s'ils étaient de grandes curiosités, mais l'homme lettré fait de même. Il en est ainsi de la nourriture. La saveur des aliments parvient par petits morceaux au palais entraîné, tout comme les mots d'une phrase. La saveur des aliments ne devrait pas être immédiatement apparente mais se développer après quelques instants. Le plaisir de bien manger demande du temps.

De là vient cette tradition de manger comme passe-temps. Les olives, noix et autres douceurs que nous savourions avaient pour but de nous faire passer l'après-midi. Un plat de graines de pastèque signifiait un après-midi bien passé (ou peut-être perdu?). "Je mâche quelque chose à longueur de journée, essayant d'avoir tous les petits morceaux entre les articulations", écrivait Su Tungpo (1036-1101). Lorsqu'il fut exilé au sud de la Chine, il se contentait de l'épine dorsale de l'agneau tué chaque jour, ne souhaitant pas se battre contre les familles riches pour obtenir les meilleurs morceaux. "Je la fais bouillir dans du vin et la saupoudre d'un peu de sel avant de la faire griller. Tu as mangé des mets cuits par des cuisiniers professionnels depuis les trois dernières années, et je ne pense pas que tu (son frère) aies jamais touché un os. Penses-tu que tu peux encore jouir de cette sorte de saveur? J'en fais mes délices. C'est comme aller chercher la chair des pinces de crabe."

Au onzième siècle, la gastronomie était déjà l'affaire des artistes, des érudits, des puristes, des parvenus et des snobs, et même les apprentis cuisiniers essayaient d'être des gourmets. "Hélas! les dons de la terre sont contrebalancés par les peines de ce monde. Il n'y a pas que les riches qui jettent la nourriture. On n'utilise que les joues de la tête de mouton, que les bajoues du poisson, que les pattes du crabe et pour la soupe wonton seulement ses pinces. Le reste est jeté en disant que ça ne convient pas à la table d'un homme riche. Si quelqu'un ramasse cette nourriture, on le traite de chien." (Yushihpi)

La haute cuisine a subi de profonds changements, mais la cuisine quotidienne a gardé quelque chose de l'ancienne. La cuisine a accumulé mais n'a jamais mis de côté les bonnes méthodes, de sorte qu'à notre époque elle ressemble à une vieille maison pleine de choses nouvelles pour certains et assez bien connues des autres. Il n'y a là rien de surprenant. Nous avons accumulé tout le savoir de ceux qui ont existé avant nous et nous l'avons appliqué. Un vieux livre de recette nous rappelle ce fait. Il s'agit probablement du premier livre de cuisine chinoise indiquant les mesures dans les recettes, écrit par une madame Wu, vraisemblablement à l'époque Sung (10e au 13e siècle).

## Notes extraites du livres de recettes de madame Wu

*Poisson grillé.* Nettoyez le poisson frais et faites-le griller au-dessus des cendres jusqu'à ce qu'il soit séché, puis remisez-le. Ou bien enlevez la tête et la queue et faites griller le poisson en le nappant d'huile. Une fois cuits, placez les poissons dans une jarre de terre cuite que vous scellerez avec de la glaise.

*Viande séchée.* Tranchez du porc ou de l'agneau fraîchement rôti et attendrissez chaque tranche en la frappant deux ou trois fois avec le dos du couteau. Coupez la viande en morceaux plus petits et mettez-les dans l'eau bouillante. Ressortez-les immédiatement et asséchez-les bien avec une serviette. Pour chaque livre (454 g) de viande, utilisez une mesure de bon vinaigre, 4 pincées de sel, du poivre, de l'huile et de la cardamome finement moulue. On peut aussi utiliser cette viande pour les sacrifices.

*Comment conserver la viande en été.* Frottez la viande avec du sel séché à la casserole. Mettez la viande au fond d'une cruche, déposez une grosse pierre par-dessus et laissez-la ainsi toute une nuit. Suspendez ensuite la viande dans un endroit frais et aéré et elle ne se gâtera pas.

*Jarrets et tête pressés.* Faites cuire la tête et les jarrets d'un porc jusqu'à ce qu'ils soient tendres, enlevez les os et enveloppez-les dans un linge propre; exercez un poids sur les os avec une grosse pierre. Le liquide en sortira pendant toute la nuit. Le résidu est très goûteux.

*Crevettes marinées.* Ne lavez pas les crevettes. Choisissez de grosses crevettes. Enlevez la queue et les antennes. Pour chaque livre (454 g), ajoutez 5 pincées de sel. Laissez reposer les crevettes une demi-journée. Égouttez-les et déposez-les dans une jarre de terre cuite. Entre chaque couche de crevettes, mettez 30 grains de poivre sauvage afin de rendre la saveur intéressante. Puis ajoutez 3 onces (74 g) de sel dissous dans du bon vin pour chaque livre (454 g) de crevettes et versez le tout dans la jarre. Scellez-la avec de la glaise. Au printemps et en automne, le processus demande de 5 à 7 jours, et en hiver, 10 jours.

*Galettes.* Mélangez 4 onces (112 g) de beurre, 1 à 2 onces (28 à 56 g) de miel et 1 livre (454 g) de farine. Formez des gâteaux et faites-les cuire sur le dessus du poêle.

*Divers.* Si le vin sûrit, placez un petit sachet de pois carbonisés dans la cruche.

Frottez le poisson avec une ou deux gouttes d'huile pendant que vous le lavez. Le poisson n'éclaboussera pas en cuisant et il ne dégagera pas d'odeur désagréable.

En faisant cuire diverses viandes séchées, couvrez fermement le pot et ajoutez une ou deux grosses pierres; ceci rendra la viande plus tendre et plus odorante.

En été, la viande cuite seulement dans le vinaigre se conservera pendant 10 jours.

En se diversifiant dans plusieurs domaines, la cuisine chinoise a trouvé son caractère vers le dixième ou onzième siècle. On y trouvait les délicatesses exquises et les artifices de la cuisine luxueuse, la simple cuisine domestique des paysans, les aliments à texture sophistiqués, le goût pour les parties d'aliments et le concept de manger pour s'amuser. Les époques subséquentes n'ont pas beaucoup changé la cuisine. En fait, elles ont eu pour effet de renforcer ses caractéristiques. Il s'est développé une gastronomie consciemment "chinoise" comme par opposition à la cuisine des Mongols et aux Mandchous qui croissaient et prospéraient au cours de cette époque de domination étrangère.

Les Mongols qui ont fondé la dynastie Yuan (1279-1356) venaient des régions désertiques du nord de la Chine. Ils vivaient là dans des tentes et se vêtaient de fourrures; leurs goûts étaient passablement différents, car ils se nourrisaient surtout de lait, de beurre et d'agneau, un régime presque européen. Si l'on s'en tient à un livre de cuisine extrêmement long et intéressant de cette dynastie, le *Yinshan Chengyao* (飲 膳 正 要), rédigé par le médecin de l'Empereur, leur cuisine n'était pas du tout chinoise. Ils fabriquaient toute une gamme de confitures avec des coings, des pêches, des grenades et du citron en se servant de sucre blanc raffiné, ce qui n'était pas connu en cuisine chinoise. Ils produisaient une liqueur distillée à partir de la digitale; ils se servaient de noix et d'écorce de pin et de tremble pour donner de la saveur aux vins; ils fabriquaient de l'eau de rose et de l'huile d'amandes. Ils consommaient abondamment de beurre, solide ou clarifié. Ils buvaient du beurre clarifié mélangé à du vin chaud, du beurre frit, et du thé avec du lait. Ils préparaient un autre grog avec de la moelle.

*Grog mongolien.* Pour faire la pâte de moelle, mélangez 5 onces (140 g) de safran (ou curcuma), 3 onces (84 mL) d'essence de digitale, 1 once (28 mL) d'essence d'asperge et 2 onces (56 g) de moelle de boeuf. Mélangez le tout avec une cuiller d'argent. Laissez reposer. Faites-en dissoudre une pleine cuillerée dans du vin chaud. Ce grog fortifie la moelle, renforce les muscles, reconstitue le sang et assure une longue vie.

Les Mongols faisaient aussi de la pâte wonton, mais avec de la pâte de haricots et non de la farine de blé. La garniture était faite de mouton haché et de zeste de tangerine râpé; le wonton était servi dans un bouillon d'agneau. Cette version ressemble à l'agneau *chiaotse* de Pékin mentionné dans la recette 54. Le livre de cuisine mongolien rend évident le fait que les Mongols pratiquaient une cuisine d'un style complètement différent de celui des Chinois. C'était une cuisine semi-barbare, et leurs friandises semblent très compliquées.

*Gâteaux mongoliens à la viande.* Faites cuire de l'agneau avec des haricots. Égouttez. Émincez l'agneau très finement en ajoutant le coeur, le foie, le poumon, l'estomac, du gingembre frais, du concombre mariné, 10 gourdes d'eau, des patates douces, 10 oeufs. Faites frire les gâteaux avec de la pâte de sésame. Assaisonnez avec du sel, du vinaigre et de l'oignon.

*Poulet mongolien.* Faites cuire les ingrédients suivants ensemble dans un bon bouillon: 10 poulets, un estomac de mouton, un poumon de mouton, du gingembre en tranches, 10 gourdes d'eau, 20 oeufs préalablement modelés en forme de fleur, des graines de gardenia pour son colorant jaune, de la coriandre moulue et de la pâte d'amandes. Assaisonnez avec de l'oignon et du vinaigre.

Un cuisinier raffiné chinois n'aurait probablement pas accepté cette méthode rudimentaire de faire cuire un agneau entier: "Creusez un trou de trois pieds (1 mètre) de profondeur, tapissez-le de pierres que vous faites chauffer à blanc. Placez l'agneau entier avec sa peau dans le trou sur une grille de fer, ajoutez des herbes odorantes, couvrez le tout de branches de saule et scellez avec de la glaise."

Le développement de la gastronomie chinoise continua de se développer en dépit de la présence de ces Mongols qui ne réussirent pas à modifier le goût chinois, malgré leur pouvoir militaire et leur vitalité. Le grand courant de la gastronomie chinoise continua de déferler, se rendant partout où il n'avait pas encore pénétré. Des confluents se rencontrèrent pour former le delta de ce fleuve. Il y eut un mélange de différentes origines puisant toutes leur énergie du grand courant. Il se produisit des turbulences aux points de rencontre, et l'énergie jaillissant de ces tourbillons alimenta le flot du grand courant.

Par exemple, un homme riche pouvait manger la nourriture du paysan le plus pauvre. Cela signifiait simplement que l'homme riche prenait occasionnellement des repas identiques à ceux du paysan. C'était délicieux et ça amenait une plus grande variété. Marinades et arachides, tofu fermenté et congee, un peu de poisson frit avec de la sauce soya: on servait ces mets sans s'excuser. Ainsi le riche avait tout ce qu'il y a de meilleur au monde. Les aristocrates se plaisent davantage à la simplicité rustique, et l'opulence est davantage appréciée par les pauvres. De nos jours, les personnages officiels importants s'excuseront de ne pas participer à un banquet pour avoir "un petit repas à la maison" fait de tofu et de gruau. Ceci a deux significations. En premier lieu, ils ne peuvent vraiment pas suivre la fréquence terrible de tous ces banquets, et en second lieu, ils font montre d'une certaine élégance en voulant se tenir loin de tout ça. Là repose la double nature du goût chinois.

### LE VIEIL HOMME DU DÉTROIT

*Le coeur des hommes aime l'or et le jade;*
*La bouche des hommes convoite le vin et la chair.*
*Pas le vieil homme du détroit;*
*Il boit à même sa gourde et ne demande rien d'autre.*

*Au sud du détroit il coupe du petit bois et des herbes;*
*Au nord du détroit il a bâti des murs et un toit.*
*Chaque année il laboure seulement une acre de terre;*
*Au printemps il conduit deux veaux jaunes;*
*Il trouve dans ces choses un grand repos;*
*Derrière cela il n'a aucun souhait, aucun besoin.*
*Je l'ai rencontré par hasard en marchant au bord de l'eau;*
*Il m'a conduit chez lui et m'a hébergé dans sa hutte de chaume.*
*Lorsque je suis parti pour aller au marché et à la Cour,*
*Ce vieil homme m'a demandé quelle était ma situation et ma fortune.*
*Doutant de mon histoire, il a ri fort et longtemps:*
*"Les conseillers privés ne dorment pas dans des granges."*

PO CHU-I
(820 ap. J.-C.)

Au moment où la société était complexe et où l'homme était écrasé par le poids de son nom, de ses obligations et de sa situation, doit-on s'étonner que les symboles de la vie rustique aient été magnifiés par l'art et la poésie? Lorsque la gastronomie commença à capter l'intérêt des artistes et des érudits, ils mirent l'accent sur ces éléments de vie rustique. D'une certaine façon, c'était un peu exagéré.

Li Liweng ("Le pêcheur", 1611-1676) fut un représentant de cette élégance rustique dans le domaine culinaire. Ses goûts allaient de pair avec ce qui était associé à la réclusion et l'érudition. "La voix humaine est supérieure à la flûte, et meilleure que les instruments à cordes, car elle est plus près de la nature." Il aimait les choses douces mais exotiques. Il était opposé à l'utilisation de l'ail, de l'oignon et de la ciboulette dans la préparation des baies de genièvre. Peu de personnes ont goûté des baies de genièvre. Elles constituent un raffinement excentrique alors que l'ail et l'oignon exhalent des odeurs lourdes, insistantes, communes. Il n'utilisait jamais d'ail, jamais d'oignon, et il cuisinait uniquement avec les bouts de la ciboulette, et jamais leurs tiges dont le goût est plus prononcé.

"On doit servir aux invités quelque chose de spécial. Je suggère souvent à la jeune femme de recueillir la rosée des fleurs. Lorsque le riz est cuit juste à point, incorporez-y un peu de rosée et laissez-le reposer pendant un certain temps, bien couvert. Les invités pensaient alors que je leur servais un riz à grain spécial mais ce n'était que du riz ordinaire. J'ai gardé ce secret longtemps. La meilleure rosée est celle des roses sauvages, des fleurs de cassia et de citronnier parce qu'on ne peut facilement discer-

47

ner ces parfums de celui du riz. La rosée des roses cultivées est trop facilement décelable."

Les commentaires de Li sur la nourriture sont intéressants par leurs omissions. Il évite scrupuleusement tout ce qui est grossier et commun, préférant ce qui est associé au raffinement des gens lettrés: bambou, crabe, champignon et poisson cuit à la vapeur dans un vase d'étain. Il était très exigeant quant à la cuisson du riz et du congee, le premier étant davantage en usage chez les gens pauvres. D'une certaine façon, il donne l'impression d'une rare sophistication. Il y avait peut-être quelque chose de *poseur** chez Li.

Il est vrai que ses descriptions peuvent rappeler un cadre charmant où l'on mange du bambou: on peut penser à quelque petit bosquet de verdure, isolé et calme.

### EN PLANTANT DES BAMBOUS

*Ma volonté de servir l'État n'attendait pas de*
*récompense;*
*Devant ma porte fermée, les herbes automnales*
*croissaient.*
*Que pouvais-je faire pour contenter un coeur rustique?*
*J'ai planté des bambous, plus d'une centaine de pousses.*
*Quand je vois leur beauté à mesure qu'ils poussent au*
*bord de l'eau,*
*Je me sens encore comme lorsque je vivais dans les*
*collines.*
*Et souvent les jours de fête officielle*
*Je marche jusqu'à la nuit autour des clôtures.*
*Ne dites pas que leurs racines sont encore faibles,*
*Ne dites pas que leur ombre est encore petite;*
*Je sens déjà que dans le jardin et dans la maison*
*Jour après jour survient un air plus frais.*
*Mais ce que j'aime le plus, reposant près de la fenêtre,*
*C'est d'entendre dans leurs branches le son du vent*
*d'automne.*

PO CHU-I

Personne ne peut goûter les champignons sans aimer ces lieux isolés où ils croissent en silence. Les connotations poétiques sont réelles et elles comptent pour beaucoup en cuisine. "Je m'abstiendrais plutôt de viande que de bambou. Sans viande, on demeure mince, sans bambou on devient commun. Il y a des cures d'amaigrissement mais il n'en existe pas pour soigner la vulgarité", écrivait Su Tungpo.

---

* En français dans le texte. (*N.d.T.*)

Nous avons une certaine idée de la "vulgarité". Ce n'est pas tant de la vulgarité que du manque de contrôle, ce désir d'avoir toutes les meilleures choses en même temps. "Je suis allé un jour chez un marchand", écrivait le grand gourmet Yuan Mei (1716-1799). "Il y avait trois tables séparées, seize sortes de pâtisseries et au total une quarantaine de plats. L'hôte était très content de lui. Lorsque je suis revenu chez moi, je me suis fait cuire du congee pour calmer ma faim." Le goût du commun favorisait l'opulence, l'apparence, la variété, les ingrédients exotiques et coûteux. Un hôte pouvait exiger de son chef qu'il prépare le plat le plus dispendieux, le plus nouveau pour épater ses invités. L'étendue de la gastronomie chinoise fut élargie par ces ambitieux et ces snobs qui avaient peu de goût mais s'intéressaient à la gastronomie parce que c'était un indice de culture. C'est un autre exemple où on voit comment les arts sont encouragés par des hommes riches communs. Les absurdités de la cuisine se sont développées dans une atmosphère de grande culture et de richesse.

Yuan Mei a vécu sous la dynastie Ching. La tenue de maison était alors mandchou et non chinoise. C'était l'époque des vases polychromes, des paravents ornementés et sculptés, des chaises froides incrustées de marbre. Les cuisines produisaient une alimentation correspondant à ce style. La cuisine de ce temps reflète très précisément les goûts compliqués et opulents de l'époque. "De nos jours, le menu a à peu près cent pieds de long et il y a de nombreux plats et bols sur la table. C'est de la parade et non pas de la gastronomie. Les milieux officiels préfèrent le menu 16-8-4 (probablement 16 hors-d'oeuvre, 8 entrées, 4 plats de résistance) ou le Grand Banquet Chinois, fait de huit petits plats et de dix grandes spécialités et d'autres vulgarités. Des pratiques infectes et de la mauvaise cuisine ne servent qu'à accueillir l'arrivée d'un parent ou d'un personnage officiel."

On a récemment repris ce Grand Banquet Chinois récemment à Hong Kong. Au dix-huitième siècle, c'était déjà considéré comme prétentieux et vulgaire, puisque ce banquet était en réalité une série de festins qui duraient environ deux jours.


## LE GRAND BANQUET CHINOIS

*Soupe de nids d'hirondelles*
*Tranches de licorne*
*Fleurs de cassia sur un bateau au clair de lune*
*Cochon de lait entier rôti*
*Coeur de chevreuil aux prunes*
*Charme des dames*

*Cartilage de poisson aux six épices*
  *Queue de chevreuil avec des moules et du canard*
    *Foie de dragon et moelle de phoenix (foie de poulet*
      *et cervelle)*
        *Testicules de poulet*
          *Pigeonneaux garnis*
            *Phoque*
              *Gâteaux de moules*

*Félicité harmonieuse (hors-d'oeuvre assortis)*
  *Pattes d'ours et perdrix*
    *Perles imparfaites*
      *Pigeonneau à votre goût*
        *Langues d'oiseaux*
          *Raton-laveur rôti*
            *Honneurs et récompenses*

*Phoenix sortant des nuages (plat froid)*
  *Friandises de la rivière Sung*
    *Jade dans un champ bleu*
      *Ailerons de requin sautés*
        *Un couple de canards de Nanking*
          *Petits oiseaux et noix de pin*
            *Boulettes de homard frites*
              *Grenouilles*

*etc.*

Le monde de la gastronomie est né aussi bien des gens riches et vulgaires que des bons cuisiniers et des personnes de bon goût. Les aventures ne relèvent pas seulement de l'exploration des beaux sites mais aussi de rues encombrées fourmillant de gens où chacun jette un regard autour de lui pour voir si les autres l'approuvent. La saveur de la cuisine a également été découverte à travers ses erreurs et ses excès. Le bien-manger est la recherche de la saveur, et le vrai connaisseur peut se délecter même d'aliments de mauvais goût, car la mauvaise nourriture a souvent son histoire et son origine. On n'a qu'à regarder ces gens au savoir superficiel qui ne connaissent que les noms des bons vins et des plats élégants. Le bon goût est le résultat d'un choix personnel et on ne peut vraiment pas faire un choix sans une certaine quantité de connaissances générales. C'est pourquoi il est important de goûter à tout. Si quelqu'un arrive à se souvenir du goût de chaque chose qu'il a déjà mangé, il est susceptible de devenir un gourmet. Cette qualité est fondamentale, car la conscience de quelqu'un repose d'abord sur un jugement, puis un choix et ensuite un goût.

Chez Yan Mei, le goût se distinguait par la précision de la saveur et de la présentation. Malgré le milieu opulent où il vivait, il simplifiait les plats. "Je commence d'abord par voir un plat avant d'y goûter, qu'il soit clair comme un ciel d'automne ou sombre comme l'ambre. Son parfum rejoint mes narines, mais seul mon palais peut apprécier ses subtilités. Les odeurs peuvent être simulées et l'apparence n'est pas tellement importante. Ce qui importe, c'est le goût unique de chaque chose." Son goût a si bien guidé la conduite de sa cuisine que ses recettes sont presque des classiques. Qu'il s'agisse de ses crevettes, de son boeuf, de son porc, chaque chose garde sa propre saveur.

"Ne déformez pas l'état naturel de l'ingrédient juste pour montrer que vous êtes un habile cuisinier. Le nid d'hirondelle est beau, pourquoi en faire des boulettes? La bêche-de-mer ne devrait pas être transformée en gelée ou en pâte. Le pudding de magnolia de Li Liweng est une création artificielle." Il s'offensait du fait que les cuisiniers mandchous avait corrompu la cuisine chinoise. "La cuisine mandchou se compose principalement de rôtis et de ragoûts, et la cuisine chinoise est à base de bouillons et de soupes. Lorsque les Mandchous invitaient des Chinois et vice versa, nous nous servions les uns les autres ce que nous faisions de mieux; aussi nous ne nous sommes pas imités les uns les autres et nous n'avons pas perdu notre originalité. Maintenant, les gens ont oublié cette règle et ils essaient d'en mettre plein la vue les uns aux autres. Les Mandchous servent des dîners chinois et les Chinois servent des mets mandchous. Si vous faites un croquis selon une obligation, le dessin peut bien porter un nom mais il ne devient pas vivant pour autant. Un tigre mal dessiné peut ressembler à une sorte de chien."

Les recettes de Yuan-Mei étaient originales, souvent élégantes et pleines d'humour.

*Tortue dans la demi-carapace* (recette du lieutenant-colonel Yang, Shantung). Enlevez la tête et la queue. Faites braiser la viande avec des assaisonnements et recouvrez-la de la carapace. Disposez-en une devant chaque invité. Comme ils auront peur qu'elle se lève sur ses pattes et qu'elle s'en aille! Je pensais que cette recette valait la peine d'être transmise.

Dans la tradition des gourmets chinois, on aimait mastiquer et mâcher de petits morceaux curieux. On se les procurait parfois à grand frais.

*Porc entrecroisé.* Préparez-le uniquement avec du porc élevé sur la ferme. Après avoir abattu le porc, faites-le cuire jusqu'à ce qu'il soit cuit à 80 pour cent. Fermez le feu et laissez reposer dans l'eau pendant un certain temps. Enlevez ensuite le porc et dépecez-le aux articulations (jointures, cou, épaules, jambes, jarrets et pieds). Tranchez ces morceaux très finement. Lorsque vous le servez, le porc doit être tiède, ni chaud ni froid. Les pauvres érudits feraient mieux d'inviter leurs amis à manger des nids d'hirondelle que ce plat de porc, car il doit être proposé en grande quantité. On doit le couper avec un petit couteau bien aiguisé de sorte que le gras, le maigre et les cartilages forment une mosaïque, les uns entremêlés aux autres. Confucius ne mangeait pas de viande si elle n'était pas coupée correctement. Il n'aurait pas aimé ce plat.

Yuan-Mei avait beaucoup de curiosité au sujet des aliments et il collectionnait les recettes de ses connaissances. "En l'an 33 de la dynastie Chien-lung, j'étais allé à Kuang-tung avec monsieur Cheng. Nous avons mangé du tofu chez lui. Il était doré et lisse des deux côtés. La sauce avait un goût d'escargot mais il n'y avait pas d'escargots dedans. Le jour suivant, j'ai interrogé monsieur Cheng et il a dit: "Oh, je peux bien vous le dire. J'utilise du poulet et des cervelles d'oiseaux au lieu du tofu qui coûte dix fois plus cher et ne goûte pas aussi bon." "Malheureusement, ma soeur est morte à ce moment-là et j'ai dû m'en aller sans avoir pu demander sa recette à monsieur Cheng. Monsieur Cheng est mort l'année suivante. Je le regrette depuis ce jour. J'attends le jour où je pourrai le rencontrer à nouveau."

Vers le dix-huitième siècle, la gastronomie chinoise avait déjà développé toutes ses gloires et toutes ses embûches, incluant les goûts du snob, du gourmet, du paysan et de l'artiste. C'est encore beaucoup ainsi de nos jours. Rien d'ancien n'a été rejeté ou oublié. C'est une curiosité exceptionnelle qui a conduit les Chinois à rechercher partout et à essayer toutes les combinaisons possibles dans leur quête de goûts nouveaux. Suivant leur vocation, les cuisiniers et gourmets sont allés loin et en profondeur. Certains semblent avoir oublié ce qu'ils cherchaient et se sont perdus. On peut supposer que les lieux étranges où ils ont échoué ont pu leur plaire. D'autres étaient doués d'habileté technique, créaient de nouvelles saveurs ou innovaient dans le domaine des textures. Et d'autres encore exploraient la mer ou les forêts et ils découvraient occasionnellement un minuscule champignon comestible, ou une nouvelle partie du poisson qui était alors déclarée mangeable. Les produits locaux, l'excentricité de certains cuisiniers, les tempéraments des gens du Nord ou du Sud, les gens vivant à l'intérieur du pays ou près de la mer, tout cela se reflète dans la gastronomie de la Chine. Le résultat est une telle quantité d'habiletés et de styles en alimentation qu'elle comporte les principales variations sur certains thèmes de base, et même des contradictions dans les techniques d'une région à l'autre. Elle est composée de saveurs prononcées, mais aussi de plats plus doux dont la saveur est subtile, ou encore de plats qui constituent des casse-tête pour les gourmets.

Du point de vue chinois, le plaisir de la table est un aspect de l'art de vivre. Le gourmet a pratiqué sa vocation presque partout. Voici les lieux où il circule: dans les collines et les champs en culture où se trouvait une simple ferme où on avait préparé un simple repas; dans les montagnes escarpées parsemées de sentiers abrupts près desquels les porteurs (de chaise-à-porteurs) faisaient une pause en buvant du thé fort et amer; dans une charmante cour où un érudit était en train de cueillir de l'eau de pluie pour préparer le thé; chez des campagnardes à l'époque du Nouvel An, modelant des boulettes de riz entre leurs paumes; lors des festins de crabe au clair de lune; dans les temples, chez les moines, dans la nourriture végétarienne, et dans les odeurs mélangées des rues grouillantes de monde. C'était les lieux de la vie elle-même, où manger était un des plaisirs les mieux assurés.

# 2

# *Les saveurs*

*De nos jours, des cuisiniers vulgaires mettront les poulets, les oies, les canards et le porc dans le même chaudron, de sorte que tout goûte la même chose. Je suis effrayé à l'idée que leurs fantômes puissent remplir de leurs plaintes la cité des morts.*

YUAN-MEI

La cuisine est l'art de capter les saveurs. Mais encore faut-il décider quelles saveurs. La cuisine ancienne se caractérisait toujours par l'usage d'ingrédients naturels qui laissent un arrière-goût. D'autres niveaux de cuisine reposent davantage sur l'assaisonnement, alors que la cuisine de plus basse qualité n'est qu'un mélange d'assaisonnements. Une véritable saveur peut être savourée et revenir dans la bouche. Puisque la saveur est composée d'ingrédients naturels trop complexes pour être recréés, tout ce que nous pouvons faire, c'est d'apprendre à nous en servir. Les mélanges d'assaisonnement sont des contrefaçons des saveurs. Un mélange de six assaisonnements a autant de goûts, et rien de plus. Il arrive soudainement, révèle ses origines trop clairement, puis disparaît brusquement. Personne ne peut louanger ces saveurs superficielles et fugitives, bien qu'elles soient si souvent proposées.

Ce chapitre est divisé en trois parties. Premièrement, nous traiterons des saveurs naturelles du riz, du poulet, du boeuf, du porc, du poisson et du bambou, proposant pour chacun une recette où certains problèmes soulevés par la cuisson de ces substances peuvent être surmontés. Nous avons soigneusement choisi la recette qui représente pour nous la meilleure saveur de l'aliment.

En second lieu, nous traiterons d'une technique exclusivement chinoise, le mélange de saveurs complémentaires, et nous proposerons quatre recettes pour l'illustrer.

Enfin, nous traiterons des saveurs créées, soit un bouillon copieux fait de trois sortes de viandes et deux sauces ordinaires pour les nouilles. Le bouillon fait ressortir la saveur profonde des ingrédients naturels; cette saveur est extraite par le cuisinier et on peut la savourer lentement. Les deux sauces, amusantes, sont utilisées dans les restaurants de basse catégorie de type "quick lunch" ou dans les boutiques de marchés; elles montrent ce qu'on peut faire avec seulement des assaisonnements.

## 滋 *Saveurs nature*

### 味 *La saveur du riz: riz bouilli, poulet au congee*

Les vraies saveurs sont celles qui ne peuvent pas être contrefaites. Aucun cuisinier n'a jamais été assez fou pour tenter de re-créer la saveur du riz. Pour cette raison, si jamais quelqu'un doute de la saveur réelle des choses, laissez-le manger du riz nature. "Un gourmet mangera du riz nature sans demander autre chose."

Le riz a sa saveur *hsien* (goût naturel doux). Le *hsien* est enfermé dans les grains et ressort petit à petit dans son arrière-goût. La double nature du goût du riz (goût immédiat et arrière-goût) est ce qui le rend impossible à imiter. Il est également difficile de le décrire; on doit se contenter d'attirer l'attention sur lui. Yuan Mei parlait des "jus" du riz. On peut les goûter si on mâche du riz nature bien cuit. L'eau dilue les "jus", le trempage les enlève; aussi ne peut-on tolérer un excès d'eau pour la cuisson du riz.

*Les essences du riz se trouvent dans l'eau de cuisson. Si le riz manque de saveur, c'est parce que l'eau n'avait pas été mesurée correctement. Ajoutez la même quantité de riz que d'eau, comme le médecin prépare ses médicaments. Mesurez l'eau à une cuillerée près. Vous n'imaginez pas quelle différence ça peut faire.*

LI LIWENG

### *1. Riz bouilli* ( 白 飯 )

Utilisez exactement des volumes égaux de riz et d'eau [2 tasses (500 mL, 454 g) de riz plus 2 tasses (500 mL) d'eau donnent 6 tasses (1 litre et demi, 1,36 kg) de riz cuit ]. Lavez le riz et remuez-le avec les doigts. Rincez-le bien et égouttez-le soigneusement. Ajoutez l'eau. Mettez-les dans un chaudron avec un bon couvercle. Amenez à ébullition à feu vif et remuez immédiatement pour détacher les grains du fond. Replacez le couvercle, réduisez la chaleur à feu très doux et n'ouvrez pas le chaudron avant 15-20 minutes, jusqu'à ce que toute l'eau soit absorbée. Chaque grain doit être bien séparé, blanc et tendre.

Les grandes lignes de la gastronomie ne sont jamais si clairement établies que par la cuisson du riz, et aussi du congee, un gruau de riz. Le congee est fait à partir d'un riz de rivière à grain court alors que le riz bouilli est du riz à long grain. Le congee doit être légèrement glutineux, le riz doit être granuleux. Dans le congee, "le riz et l'eau doivent s'entremêler pour former un mélange riche et doux". La saveur *hsien* doit se répartir dans tout le gruau. Il y a une légère distinction entre les proportions solides et liquides du congee. "Un congee qui est tout en eau n'est pas correct; il ne doit pas non plus avoir l'apparence du riz." "Le congee ne devrait jamais être pâteux; il ne doit pas y avoir non plus d'eau au-dessus des grains."

Les gens de la campagne aiment manger du riz, et les riches aiment le congee. Les médecins le recommandent aux convalescents parce qu'il est très facile à digérer. Les femmes au régime en mangent parce qu'il remplit bien l'estomac mais comporte peu de substance. Les érudits en particulier aiment en parler. Il a des connotations campagnardes. Du congee et des légumes marinés constituent l'alimentation des petites maisons en montagne qu'on voit sur les paysages peints; cela va de pair avec l'air que respirent ceux qui se retirent de la société. Un artiste du seizième siècle (Kao Lien) disait: "Préparez un riz doux et terminez sa cuisson dans un bouillon de poulet, de viande ou de crevettes. Ajoutez de la viande cuite coupée en dés, du bambou, des champignons ou des noix de pin coupés très finement. Au dernier moment, incorporez des légumes marinés." Remarquez l'utilisation du bambou, des champignons et des noix de pin, sujets favoris des peintres. Si la cuisine nature a trouvé son chemin vers la table du riche, on peut supposer que c'est aussi bien dû à une simplicité affectée qu'à la gastronomie.

## *2. Poulet au congee (鸡 粥)

*1/2 tasse (125 mL, 125 g) de riz*
*6 tasses (1 litre et demi) de bouillon de poulet*
*1 poitrine de poulet*
*1/4 de c. à café de sel*
*2 c. à soupe d'eau*

Lavez le riz de rivière. Amenez-le à ébullition dans du bouillon de poulet; réduisez la chaleur à feu très doux et laissez mijoter pendant 2 heures.

Pendant ce temps, enlevez les os et la peau de la poitrine de poulet et tranchez la chair dans le sens du grain. Aplatissez les tranches de quelques coups du plat du couperet. Ajoutez le sel et l'eau.

Lorsque le congee est prêt à servir, fermez le feu. Incorporez les tranches de poulet au congee et laissez reposer de 3 à 4 minutes. Servez dans des bols.

On peut utiliser de l'eau au lieu du bouillon de poulet pour préparer du congee nature. Les cantonais ajoutaient au congee des oeufs en conserve tranchés ou ils y incorporaient du poisson frais. La chaleur du gruau est suffisante pour faire cuire de fines tranches de poulet ou de poisson. On peut ajouter un peu de liquide de congee en faisant sauter des légumes pour améliorer leur saveur.

En dehors des connotations artistiques du congee, sa popularité a réellement des raisons physiologiques. Quiconque a participé à trois ou quatre banquets de suite sait que la dégustation des fines nourritures peut avoir des conséquences fâcheuses pour l'estomac. Les banquets somptueux satisfont les yeux, le nez et le palais mais affectent le reste du système. Mangez du congee pour le bien-être de l'estomac et de l'intestin.

*La meilleure saveur du poulet:*
*poulet nature avec trois sauces:*
   *sauce sésame soya*
   *sauce aux huîtres*
   *sauce au gingembre frais*

La cuisson du poulet est une opération si délicate qu'elle exige beaucoup de réflexion. À son meilleur, la saveur *hsien* (saveur douce) n'existe pas seulement dans la peau, mais aussi dans la chair et dans la moelle. Le gras doit être odorant mais ferme, la chair tendre et juteuse, les os succulents. Cette possibilité de saveur se trouve à un point précis de cuisson, entre le goût métallique et inmangeable du poulet cru et la texture sèche du poulet trop cuit. Comment capter ce maximum de saveur? Dans les recettes suivantes, on prend ces précautions:

*Scellez la peau pour garder les jus à l'intérieur du poulet.* La méthode cantonaise indiquée ci-dessous demande de plonger le poulet dans le bouillon bouillant pour raffermir la peau instantanément.

*Faites pocher mais ne faites jamais bouillir le poulet.* La viande blanche du poulet devient facilement trop cuite. Elle devient fibreuse, la viande rétrécit et perd ses jus. Ceci ne devrait pas arriver. Garder la chaleur du poulet sous le point d'ébullition durant toute la cuisson. Le poulet qui a été plongé dans le bouillon bouillant peut refroidir à la température de la pièce, toujours immergé dans le bouillon. Le poulet cuit au cours de son lent refroidissement.

*Mesurez avec précision.* Puisque le poulet cuit grâce à la chaleur du liquide qui le contient, le volume de liquide devrait être tel que lorsqu'il atteint la température de la pièce, la viande est juste tendre mais la moelle encore un peu crue. On peut prolonger la durée de la cuisson en augmentant la quantité de liquide. Si vous faites cuire de gros poulets, augmentez en conséquence la quantité de liquide.

*Les ingrédients de soutien:* on ajoute du gingembre et des oignons verts au liquide pour supprimer des saveurs rances. Ce sont des ingrédients essentiels. Le bouillon de poulet est préférable à l'eau, car l'eau dilue la saveur. Le poulet est servi froid, coupé en morceaux, avec une des sauces proposées. Si on fait cuire un poulet tendre et dodu à la peau épaisse, aucune sauce n'est vraiment nécessaire.

## *3. Poulet nature ( 白 切 鷄 )

*6 tasses (1 litre et demi) d'eau*
*6 tasses (1 litre et demi) de consommé de poulet en boîte*
*2 oignons verts*
*3 tranches de gingembre frais ou 1 c. à café de poudre*
*1 poulet de 3 livres (1,25 kg), ficelé*

Amenez à ébullition l'eau et le consommé de poulet auxquels vous aurez incorporé les oignons verts et le gingembre ou la poudre de gingembre. Immergez la poitrine de poulet de façon à ce que la partie la plus épaisse soit au centre du chaudron. Ramenez rapidement à ébullition et couvrez immédiatement; fermez le feu et enlevez le chaudron du feu. Laissez refroidir, couvert, à la température de la pièce, soit de 5 à 6 heures ou toute une nuit.

Retirez le poulet du chaudron, enlever les oignons verts et le gingembre et égouttez bien le poulet. Frottez-le légèrement avec de l'huile. Si possible, mettez-le au réfrigérateur afin de fixer les jus. Coupez-le en petits morceaux. Il est préférable de le couper juste avant de servir de sorte que les jus restent dans la viande.

Servez le poulet froid avec l'une des sauces suivantes:

## *4. Sauce sésame soya ( 醤 油 調 蔴 油 )

*5 c. à soupe (75 mL) de sauce soya*
*1 c. à soupe d'huile de sésame*
*1/2 c. à café de glutamate de monosodium*

Mélangez les ingrédients et versez sur le poulet.

## *5. Sauce aux huîtres ( 蠔 油 汁 )

4 c. à soupe (60 mL) de sauce aux huîtres
3 c. à soupe (45 mL) de bouillon de poulet
2 1/2 c. à café de sucre

Mélangez les ingrédients jusqu'à ce que le sucre soit dissous et versez sur le poulet.

## *6. Sauce au gingembre frais ( 生 薑 汁 )

2 c. à soupe rases (30 mL, 30 g) d'oignon vert émincé
2 c. à soupe rases (30 mL, 30 g) de gingembre frais pelé
et très finement émincé
1 c. à café rase de sel
4 c. à soupe d'huile

N'essayez pas cette recette à moins d'avoir du gingembre frais très jeune et tendre, et libre de fibres.

Mettez les oignons verts, le gingembre et le sel dans une cruche ou un contenant de pyrex d'un litre. Faites chauffer l'huile au point où elle dégage de la fumée et versez-la sur le mélange en un mince filet. Remuez bien et laissez reposer au moins 15 minutes. Versez des cuillerées de ce mélange sur les morceaux de poulet.

### La saveur manifeste du boeuf: le boeuf Yuan Mei

Alors que la saveur du poulet repose dans ses gras, la meilleure saveur du boeuf tient à sa chair, particulièrement à ses jus. Pour cette raison, on apprécie aisément la saveur du boeuf dans le steak saignant ou dans les ragoûts. Dans la viande saignante, les jus n'ont pas encore été solidifiés; dans les ragoûts, ils sont resolidifiés. Dans un steak trop cuit ou dans un ragoût pas assez cuit, les jus sont piégés à l'état solide et la viande semble n'avoir aucune saveur.

Les deux problèmes de la cuisson du boeuf sont le sang et la texture. Le sang rend les ragoûts troubles, forme de l'écume et il est généralement d'apparence désagréable. On doit supprimer son goût rance et inmangeable et d'une certaine façon faire face à ses solides. Les Cantonais font un ragoût ou une soupe riche et cordiale avec du flanc de boeuf et des oignons (*ngao-nam-ngao-yok tong*); dans ce ragoût franchement trouble et épais, les jus du boeuf sont bien coagulés. La saveur est excellente mais l'apparence laisse à désirer. Dans la recette suivante, le vin supprime le goût rance du sang et empêche aussi les jus de se coaguler dans le bouillon. La proportion d'alcool dans le mélange (environ 12 pour cent) a probablement pour effet d'empêcher le sang de sortir de la viande. Au cours de la cuisson, la majeure partie de l'alcool s'évapore; voilà un ingrédient de soutien qui s'en va de lui-même lorsque son travail est fait. Le produit final ne goûte pas l'alcool.

On rencontre le problème de la texture dans le choix de la bonne coupe de viande et dans la façon de la préparer. Les pattes avant du bouillon sont pleines de tendons et moins charnues que les pattes arrière. La viande des pattes arrière est tendre mais trop maigre pour ce type de recette. La meilleure partie est le jarret. L'os, les membranes blanchâtres et le gras solide doivent être enlevés avant la cuisson. C'est une opération essentielle à la qualité finale du bouillon qui doit être parfaitement clair, libre de tout gras et avoir la couleur du brandy. La saveur est manifestement celle du boeuf, une saveur *hsien* (douce et naturelle) et *nung* (riche). Il n'est presque pas nécessaire d'ajouter du sel.

## 7. Boeuf Yuan Mei ( 清 煨 牛 肉 )

*3 lb (1,5 kg) de flanc de boeuf d'une seule pièce*
*1 1/2 tasse (275 mL) de sherry sec*

Enlevez soigneusement les membranes et tout le gras du boeuf, de sorte que la texture soit homogène sauf pour ce qui est des tendons qui traversent la viande. Coupez le boeuf en gros morceaux. Faites-le cuire dans une casserole couverte en ajoutant au sherry de l'eau pour obtenir environ 2 1/2 tasses (625 mL); faites cuire pendant 3 1/2 heures, ou jusqu'à ce que la viande soit très tendre.
"N'ajoutez aucun autre ingrédient dans l'intention de rehausser la saveur."

En cuisine occidentale, on contourne ces deux problèmes du sang et de la texture en servant des coupes tendres de boeuf presque cru. Dans le steak saignant, le sang fait partie des jus; ça semble brut, rance et barbare pour le goût chinois.

## Le parfum du porc: porc tungpo

Il fut une époque où les étals de Soochow portaient des noms comme "À l'authentique tapis de paille", "Le tapis de paille original", "Au vieux tapis de paille", etc., à cause d'une histoire au sujet d'un Immortel déguisé qui aurait lancé un peu de paille dans une jarre de panse de porc pour lui donner un parfum spécial. Le parfum est assez facile à produire. Ce qui importe, c'est qu'il soit bien défini. Le porc doit être d'apparence légère plutôt que lourde, nette plutôt que désordonnée, lisse plutôt que grumeleuse. La saveur du porc est expansive. Alors que la cuisson du poulet et du boeuf demande beaucoup de soin pour extraire le maximum de saveur de la viande crue, les saveurs du porc doivent être retenues. À son meilleur, le porc est tendre, doux, odorant, goûteux, riche sans être graisseux (en d'autres termes, *nun, hsien, hsiang, nung, yu-er-pu-ni*).

On fait cuire, d'abord en casserole puis à la vapeur, un carré exactement géométrique de flanc de porc et on le sert avec une couche de gras fondu absolument claire flottant sur une sauce brune lisse. La surface de la viande est d'une riche couleur brune, le gras est doux comme de la costarde, la viande est brune et tendre. Le carré de gras tire son nom de Su Tungpo, le poète, pour des raisons inconnues. Peut-être simplement parce qu'il aimait ce plat. Le carré de gras est considéré avec beaucoup de passion, de tendresse et d'attente. Il en existe partout des variantes de seconde catégorie, différant de la recette ici proposée par leur incapacité à obtenir la délicatesse précise du gras du porc qui, s'il est bien préparé, goûte frais et net comme du bon beurre frais. Afin de conserver une saveur précise, la viande est d'abord salée pour en extraire les jus saignants, elle est ensuite blanchie pour en extraire l'écume, puis cuite en casserole très lentement, et finalement cuite à la vapeur pendant des heures pour attendrir lentement le gras. On prépare des variantes inférieures de cette recette en faisant cuire le porc en casserole pendant quelques heures sans le faire ensuite cuire à la vapeur (flanc de porc en sauce brune, 78). Le résultat donne un gras grumeleux. Si on omet de frotter la viande avec du sel et de la faire blanchir, le jus devient brouillé et grumeleux. La simplicité de l'apparence, la douceur et la précision de la saveur doivent être tirées des multiples saveurs du porc.

Le porc tungpo est traditionnellement servi à la fin du repas avec un bol de riz. Les gens soupirent, s'exclament et grognent de plaisir en voyant arriver ce plat. C'est un des sommets de la gastronomie qui manifeste bien l'appréciation du gras en cuisine chinoise.

## 8. Porc Tungpo ( 東 坡 肉 )

*1,25 lb (565 g) de flanc de porc*
*d'une seule pièce*
*2 c. à soupe de sel*
*2 c. à soupe de sauce soya*

*1 c. à soupe de vin*
*2 oignons verts*
*2 tranches de gingembre*

Coupez le porc pour obtenir un carré précis. Lavez-le et asséchez-le avec une serviette. Frottez-le avec du sel et laissez reposer environ 2 heures. Jetez le liquide sanguignolant.

Amenez 12 tasses (3 L) d'eau à ébullition et faites blanchir la viande. Rincez-la pour la débarrasser de l'écume et répétez le blanchissage dans de l'eau fraîche amenée à ébullition. Placez le porc dans une casserole, la peau vers le haut, ajoutez la sauce soya, le vin, les oignons verts, le gingembre et 2 c. à table (30 mL) d'eau. Couvrez bien la casserole. Amenez à ébullition, puis réduisez la chaleur à feu très doux et faites mijoter pendant deux heures, en ajoutant un peu d'eau si nécessaire. Gardez la quantité de liquide au minimum possible et ne laissez pas la casserole découverte pour voir la progression de la cuisson. Laissez-le cuire dans ses propres jus.

Jetez les oignons et le gingembre. Placez le carré la peau vers le bas sur une assiette à soupe, ajoutez les jus et couvrez le tout très fermement avec du papier aluminium, du cellophane ou une autre assiette. Faites cuire à la vapeur pendant 4 heures, jusqu'à ce que le gras soit tendre et se tranche à la cuiller. Renversez le carré dans un plat de service de sorte que le gras soit sur le dessus et versez le jus tout autour soigneusement.

## Capter la saveur du poisson: tête de poisson en casserole

De toutes les parties du poisson, ce sont la cervelle et la peau qui sont les plus savoureuses. C'est parce que ce sont les parties qui contiennent le plus de gras. La recherche de la saveur du poisson s'est développée par la cuisson uniquement des têtes de poisson, les grosses têtes de brême et de mulet (poisson d'eau douce) convenant particulièrement bien à cette pratique. Le goût de la bouillabaisse vient en majeure partie de cet absurde poisson méditerranéen à grosse tête. Pour préparer la tête de poisson, observez les règles suivantes:

*Utilisez du poisson fraîchement pêché.* Les Romains s'assuraient que le poisson était frais en le voyant pêcher sous leurs yeux. Lorsque le poisson dodu croissait dans la Rivière Jaune, c'était la coutume de fréquenter les restaurants de la rive et de faire venir à la table le poisson vivant et grouillant qu'on assommait et qu'on rapportait à la cuisine. Inutile d'insister sur ce point.

*Ne faites pas trop cuire le poisson.* Le poisson le plus frais perd sa douceur s'il est trop cuit, même de quelques minutes.

*Faites bouillir la tête de poisson rapidement avec du bouillon pour extraire les huiles.* Ces huiles sont volatiles, elles sont facilement détruites. Les huiles se combineront au bouillon s'ils bouillent vigoureusement ensemble. La saveur du poisson sera alors captée dans le bouillon. La même méthode sert à extraire l'huile des os à moelle (Bouillon, 16). Au lieu de flotter séparément à la surface, l'huile s'incorpore au bouillon sous forme de fines goutelettes. Dans la recette suivante, les saveurs sont recueillies par l'addition de tofu, de sorte qu'elles puissent être perçues à la mastication.

La tête de poisson est traditionnellement cuite dans un *shakuo*, une sorte de casserole couverte.

## 9. Tête de poisson en casserole (砂鍋魚頭)

1 tête de poisson de
1 1/2 livre (750 g)
1 oignon vert
2 tranches de gingembre
1/4 de c. à café de vinaigre
1 c. à soupe de sauce soya légère
1 3/4 tasse (425 mL) de bouillon

1/2 tasse (125 mL) de vin
1/4 de c. à café de sel
1/2 c. à café de sucre
Quelques grains de poivre sauvage
ou ordinaire
6 onces (185 g) de tofu coupé en
cubes (1 tasse de cubes)
1/4 de c. à café (1 mL) de poivre
noir

Enlevez les ouies et branchies de la tête du poisson et grattez pour la débarrasser de tout sang. Mettez-la dans une casserole et ajouter l'oignon vert, le gingembre, la sauce soya, le bouillon, le vin, le sel, le sucre et quelques grains de poivre. Amenez rapidement à ébullition et faites bouillir pendant environ 15 minutes. Ajoutez le tofu et laissez mijoter encore 5 à 10 minutes. Ajoutez le poivre noir juste avant de servir.

"Lorsque les invités sont en retard, les autres plats peuvent attendre, mais le poisson doit être gardé vivant et être tué seulement après l'arrivée des invités. Il faut peu de temps pour tuer et faire cuire le poisson, et il est alors à son meilleur. S'il a été cuit d'avance, le meilleur de sa "saveur de poisson" s'est envolé, il flotte dans l'air et personne ne peut l'apprécier."

LI LIWENG

"Lorsque je suis allé dans l'est à Kuang-tung, j'ai goûté la soupe à l'anguille chez monsieur Yang. C'était délicieux. J'ai appris que la raison en était simple. Elle venait d'être tuée, aussitôt cuite, servie immédiatement et consommée tout de suite, sans aucun délai."

YUAN MEI

## Enrichir la saveur des légumes: sauté de bambou

Le gastronome est peut-être une sorte de fou qui s'excite avec des choses sans importance. Pourquoi ne pas se contenter de manger sans plus? La vie serait si simple si nous ne goûtions pas. Mais c'est impossible. Bon ou mauvais, les goûts sont des choses importantes, tout comme ce qu'on voit et ce qu'on entend. Comment goûter les légumes sans les trouver doux, doucereux, acides, fades ou acres? Des légumes cuits simplement constituent une sorte de soulagement, comme un verre d'eau. Mais, comme quelqu'un a déjà dit, il y a vingt sortes d'eau.

Ce qu'on voit et ce qu'on entend comporte une profondeur; il en est ainsi du goût. Il ne suffit pas de manger des friandises comme les enfants, oubliées aussitôt qu'avalées. Le palais aime les goûts "compliqués", l'un conduisant à l'autre de façon inattendue. Bref, la saveur doit être *nung*, riche. Ce qui n'existe pas habituellement dans la nature (bien que les bananes mûres soient *nung*) et le goût naturel doit être entouré d'un assaisonnement approprié destiné à faire ressortir toute sa saveur. L'objectif de l'assaisonnement n'est pas de masquer le goût naturel mais de rehausser la saveur. La saveur doit être spécifique, pas nécessairement simple.

La méthode proposée ci-dessous est celle du "sauté à sec" qu'on peut appliquer aux légumes, au poisson, aux champignons et à la viande. L'assaisonnement se dissout et au cours de la cuisson, l'eau s'évapore. N'ayant nulle part où aller à mesure que l'eau s'évapore, l'assaisonnement pénètre dans le bambou. C'est un truc d'incorporer l'assaisonnement aux ingrédients sans trop dévoiler son jeu. Le plat est servi sans sauce.

### *10. Pousses de bambou sautées ( 乾 炒 冬 筍 )

*12 oz (375 g) de pousses de bambou en tranches (3 tasses de tranches) 2 c. à soupe d'huile 1 1/2 c. à café de sauce soya légère 5 c. à soupe de bouillon*

*1/2 c. à café de sel 2 c. à soupe de vin 1/2 c. à café de glutamate de monosodium 1/2 c. à café de sucre*

Faites sauter le bambou dans l'huile et la sauce soya jusqu'à évaporation complète du liquide. Pendant ce temps, mélangez les autres ingrédients et remuez jusqu'à ce qu'ils soient dissous. Ajoutez-les au bambou et faites sauter jusqu'à évaporation du liquide; réduisez la chaleur à feu doux, couvrez la poêle et servez après 2-3 minutes en remuant une ou deux fois.

## Saveurs complémentaires

Le principe des saveurs complémentaires est fondamental. Il est difficile à mettre en pratique et il est difficile d'innover dans ce domaine. La fréquentation de trop de mauvaise cuisine peut laisser l'impression qu'en cuisine chinoise tous les ingrédients peuvent être mélangés sans discrimination. Ils le sont parfois mais la confusion qui en résulte n'est pas le but visé. L'agencement des saveurs suit un modèle établi et est formel; il n'est pas laissé au hasard, bien que les gens n'ont pas tous la même opinion sur cet agencement. Les cuisiniers cantonais aiment mélanger des couleurs contrastées et des textures non reliées les unes aux autres. Leurs plats sont plutôt criards pour les gens de Pékin qui préfèrent agencer des ingrédients se ressemblant. Certains souhaitent que la saveur de chaque ingrédient soit distincte, mais la *pièce de résistance* de la cuisine de Amoy (*popia*, 81) dépend de la fusion des saveurs. Souvent, les contrastes sont très subtils mais ils sont parfaitement définis. Dans d'autres cas, les contrastes sont brusques. L'amer est agencé avec le doux, le fade avec le piquant, l'âcre avec l'onctueux. L'agencement des diverses saveurs (*tiaowei*) est un art en lui-même. C'est un peu comme en musique où on crée des accords dont l'harmonie comporte des différences précises.

## Sautés mixtes: porc sauté, bambou avec de la moutarde verte marinée

Une forme qui est commune à toutes les cuisines régionales est le sauté mixte. C'est une forme standard, facilement adaptable à une grande quantité d'ingrédients courants. Pour réussir la complémentarité des saveurs, chaque ingrédient doit goûter par lui-même mais être agencé aux autres ingrédients de telle façon que toutes les saveurs ressortent simultanément. Considérons les points suivants:

*La coupe des ingrédients est importante pour obtenir l'effet recherché.* Les tranches vont avec les tranches, les lamelles avec les lamelles, les dés avec les dés, les morceaux en bouchées avec les bouchées de même type. Ceci rend le plat plus facile à manger (*shuang-kou*).

*Les quantités doivent être équilibrées.* Généralement, on utilise un volume égal de chaque ingrédient.

*La chaleur au cours du sautage.* Il y a deux façons de faire sauter la viande, soit à feu vif, soit à feu modéré. À *feu vif*, la viande se resserre et les jus sont scellés à l'intérieur. La viande est plus tendre et plus savoureuse mais les autres ingrédients n'ont pas autant de goût. Si on fait sauter à *feu modéré*, les jus ont tendance à sortir de la viande et sont captés par les autres ingrédients; la saveur du plat en son entier est alors meilleure mais la viande a tendance à devenir un peu dure.

*Texture.* La texture repose sur la coupe, la température et l'addition ou l'omission de fécule de maïs. Rappelez-vous toujours de bien débarrasser la viande de ses tendons, membranes, etc., de couper le porc et le poulet dans le sens du grain de la viande, et le boeuf dans le sens contraire au grain. Si on saupoudre la viande avec de la fécule, elle conserve ses jus, mais cela empêche ces mêmes jus de pénétrer dans les autres ingrédients. Une viande entrelardée est plus tendre qu'une viande maigre; une viande bien "faisandée" est meilleure que celle de l'animal fraîchement abattu.

## *11.  Porc sauté ( 炒 豬 肉 絲 )

| | |
|---|---|
| 1 lb (500 g) de porc | 1 c. à café de vinaigre |
| Un choix de légumes | 1 c. à café de sauce soya |
| (voir méthode) | 1/2 c. à café de sucre |
| 3 c. à soupe d'huile | 1/2 c. à café de sel |

Nettoyez le porc et tranchez-le dans le sens du grain. Tranchez un ou deux des légumes suivants pour obtenir un volume équivalent de légumes: bambou, oignon espagnol, céleri, champignons, légumes marinés, ciboulette, asperges.

Faites chauffer l'huile dans un wo (wok). Ajoutez le porc et faites-le sauter jusqu'à ce qu'il soit blanchi. Arrosez avec le vinaigre et laissez-le s'évaporer. Ajoutez la sauce soya et le sucre et faites sauter encore quelques minutes. Finalement, ajoutez les légumes, saupoudrez le sel et continuer la cuisson en remuant constamment les ingrédients pour qu'ils soient poussés vers les côtés du wo et retombent au centre. La durée de cuisson varie selon la dimension des tranches de porc et la tendreté des légumes.

C'est une combinaison classique de simples saveurs campagnardes.

## *12.  Bambou sauté avec de la moutarde verte marinée ( 鹹 菜 炒 笋 )

| | |
|---|---|
| Environ 9 oz (275 g) de moutarde | 7 c. à café d'huile |
| verte marinée ou de légumes | 1/2 c. à café de sucre |
| marinés (117) émincés | 1/4 de c. à café de glutamate |
| Environ 6 oz (185 g) de pousses de | de monosodium |
| bambou émincées | 3 c. à soupe de bouillon |

Faites sauter les légumes dans un wo en même temps que les autres ingrédients jusqu'à ce que le bouillon soit absorbé. Réduisez la chaleur à feu très doux, couvrez et laissez les saveurs se mélanger pendant environ 5 minutes en remuant une ou deux fois. Ce plat peut se garder chaud sous un feu doux sans perdre sa saveur.

## Associations étranges: carpe au bouillon d'agneau, crevettes frites et navets

Nous dégageons le plein sens du principe commun par voie d'exagération. La saveur de l'agneau est très douce quoique rance. Ce goût rance peut être supprimé par la cuisson au vin. La carpe est le plus riche et le plus charnu de tous les poissons et elle demande le soutien d'un bouillon de viande. Le poisson et le bouillon d'agneau se mangent ensemble à la cuiller. Chacun goûte par lui-même, mais à leur point de rencontre les saveurs ne sont pas différentes. L'effet est très complexe, nouveau et amusant. La délicatesse de cette recette est typique de la gastronomie de Soochow dont nous traitons plus à fond au chapitre 4. Le terme *hsien* (doux 鮮), est composé du poisson( 魚 ) et de l'agneau ( 羊 ). Ils se sont rencontrés.

## 13. Carpe au bouillon d'agneau ( 羊 肉 湯 川 鯉 魚 )

Bouillon d'agneau:

*2 lb (1 kg) d'agneau à ragoût*
*(soit environ 1 lb ou 454 g*
*de viande et 1 lb d'os)*
*1/2 lb (250 g) d'oignons blancs*
*2 1/2 tasse (625 mL) d'eau*

*1/2 tasse (125 mL) de sherry sec*
*1 c. à café de sauce soya légère*
*3/4 de c. à café de sel*
*1/2 c. à café de sucre*

Carpe:

*1 carpe de 3 lb (1,5 kg)*
*12 tasses (1 litre et demi) d'eau*
*2 c. à café de vinaigre*

Pour préparer le bouillon d'agneau, faites mijoter tous les ingrédients pendant 3 heures. Mettez de côté les éléments solides et laissez refroidir le liquide. Lorsqu'il a pris en gelée, enlevez le gras blanc figé à sa surface et ajoutez de l'eau pour obtenir environ 1 1/2 tasse (375 mL) de liquide. Gardez de côté.

Pour préparer la carpe, enlevez soigneusement toute trace de sang et rincez bien le poisson. Coupez la tête et la queue et n'utilisez que la section du milieu, soit environ 1 1/2 lb (750 g). Enveloppez le poisson de coton à fromage. Amenez l'eau à ébullition et ajoutez le vinaigre. Plongez la carpe dans le liquide que vous maintiendrez sous le point d'ébullition. Faites pocher le poisson environ 12 minutes, en le retournant une fois. Laissez-le refroidir, puis séparez-les en deux morceaux ou plus, en ayant enlevé l'arête centrale.

Amenez le bouillon d'agneau à ébullition. Placez-y les morceaux de carpe pour que la chaleur les traverse et servez immédiatement.

L'agencement des saveurs va au-delà du contraste entre le doux et l'aigre ou quelque autre combinaison évidente. À son meilleur, l'assemblage des ingrédients devient une composition. Les saveurs ont du poids, et les compositions doivent être équilibrées. La plupart des gens pensent que dans la recette suivante, il n'y a que deux ingrédients principaux, les crevettes et les navets. En réalité, il y en a trois, et le troisième est le sel. Il s'agit d'un équilibre des saveurs reposant sur trois points. À mesure qu'on mord dedans, les jus très doux de la crevette et du navet se marient. Notez que ces saveurs s'envoleraient dans des directions différentes s'il n'y avait pas de sel. "De tous les aliments savoureux, le sel est le plus important", dit un texte ancien. C'est une combinaison très amusante pour ceux qui savent goûter. Les crevettes doivent être tendres et petites, et leur écaille mince. Les navets doivent être jeunes et juteux.

## *14 et 15. Crevettes frites et navets (鹹 酥 蝦 拌 蘿 蔔)

Navets marinés:
1/4 lb (125 g) de navet
1 cube de glace ou 2 c. à café
d'eau glacée
1/2 c. à café de vinaigre
1 c. à café de sucre

1/4 de c. à café de sel
Crevettes frites:
1/2 lb (250 g) de crevettes
Huile à friture
Sel

Pour préparer les navets, pelez-les et tranchez-les avec un couperet ou un pèle-légumes. Les tranches doivent être assez minces pour être pliables. Faites-les mariner dans les autres ingrédients pendant 2 heures, puis pressez-les pour les assécher.

Pour préparer les crevettes, enlevez les pattes et les antennes des crevettes et asséchez-les individuellement. Faites-les frire en friture profonde et égouttez-les bien. Saupoudrez les crevettes frites généreusement avec du sel pendant qu'elles sont encore très chaudes.

Juste avant de servir, mélangez délicatement les crevettes aux tranches de navet.

Les saveurs ne se soutiennent pas mutuellement à moins qu'à un certain moment, elles semblent se fusionner. Ce point de rencontre délicieux a lieu au moment où la carpe et le bouillon d'agneau sont goûtés ensemble, lorsque les jus de porc et du bambou se mélangent, ou au moment où les papilles prennent la saveur *hsien* du navet pour celle de la crevette. Manger est un jeu, une sorte d'amusement pour grandes personnes, et ce sont là ses moments les plus divertissants. Le concept des saveurs complémentaires ne fut inventé que pour diversifier l'art de manger.

## Saveurs inventées

La création de saveurs destinées à des choses sans goût a donné un groupe particulier de recettes. Chose curieuse, elles sont nées des milieux les plus riches et des plus pauvres. Lorsque vous êtes pauvre, vous n'avez rien avec quoi cuisiner, aucun ingrédient à mettre sous l'assaisonnement. Si vous êtes très riche, votre goût vous porte vers vos plats favoris et le cuisinier doit passer un jour ou deux à travailler sur un bouillon pour suppléer à ce qui manque. Dans les deux cas, il s'agit de faire quelque chose à partir de rien.

*Une saveur riche et subtile: le velouté de canard, incluant des recettes corollaires pour la tête de poisson, la bêche-de-mer, les ailerons de requin, les épinards et le chou au bouillon*

La meilleure solution du problème consiste à faire un bon bouillon de base. La recette est compliquée mais elle vaut le temps qu'on y met. Ce bouillon versatile enrichit un grand nombre d'ingrédients, et il est de loin la plus douce et la plus subtile des soupes que vous ayez jamais mangée. Il est satiné; son brillant lui vient de ses minuscules gouttelettes de gras. Impossible de simuler sa saveur. Pas besoin d'assaisonnement accessoire, sauf un peu de sel à la fin de l'opération. Certains le préfèrent sans sel, laissant dans ce petit défaut se manifester sa quasi-perfection. Une simple cuillerée dit au cuisinier que ses efforts en valaient la peine. Le processus consiste en ces étapes:

*Briser les os.* L'essence de la soupe est la moelle. Encastrée dans l'os, la saveur n'en sortira jamais à moins de briser les os. Les côtes, les fémurs et les pilons sont les plus riches en moelle. Servez-vous du plat d'un couperet lourd pour briser les os en morceaux d'environ 2 pouces (5 cm).

*Ouvrir la viande.* Ceci permet aux jus de la viande et à la moelle de pénétrer dans le bouillon. Ouvrez la chair jusqu'à l'os avec le tranchant d'un couperet léger.

*Écumer.* C'est l'essentiel de la texture douce du bouillon. Après que l'eau a été portée au point d'ébullition, laissez bouillir doucement et commencez à enlever l'écume qui se ramasse comme de la mousse.

*Rincer.* L'eau de rinçage est mesurée et réservée. Les jus de la viande se coagulent et obstruent la viande, empêchant d'autres jus de pénétrer dans le bouillon. Le rinçage et le frottage de la viande dans l'eau froide l'ouvre et permet à ces jus de s'échapper. Ce processus permet à une seconde portion de jus de se former et de sortir de la viande. Remarquez que la saveur du porc sort avant toutes les autres dans l'eau de rinçage.

*Faire mijoter.* La saveur de la soupe vient des jus de la viande, extraits par mijotage. On jette la viande sans regret car elle est absolument sans goût après cette opération.

*Enlever le gras de surface.* La richesse de la soupe vient du gras en suspension. L'excès de gras est enlevé à mesure qu'il flotte à la surface.

*Faire bouillir rapidement.* C'est ce qui donne au bouillon son velouté. On fait bouillir vivement les os afin d'en extraire la moelle et pour former l'émulsion des jus doux des os et du bouillon. Le bouillon n'est pas blanchâtre, mais riche, doré et trouble, de sorte qu'on l'appelle la crème de tout ce qu'on y met. Au cours de l'ébullition rapide, l'eau qui s'est évaporée est remplacée par l'eau de rinçage.

*Finition du bouillon.* Les quelques tasses de bouillon sont filtrées dans du coton à fromage. On remet une fois seulement les os dans une petite portion d'eau pour extraire tout le résidu et finalement les deux portions sont mises ensemble.

*Utilisation du bouillon.* Le bouillon repose jusqu'à refroidissement. On peut le garder quelques jours au réfrigérateur. Il est préférable de l'utiliser le jour suivant sa préparation, car son goût riche et doux s'atténue graduellement.

## 16. Bouillon velouté (奶 湯)

*1 1/4 lb (625 g) de canard*
*(le quart d'un canard)*
*1 poulet de 4 lb (2 kg)*
*1/2 lb (500 g) de travers de porc*
*(rib)*

*3/4 lb (375 g) de filet de porc*
*3 oignons verts*
*4 tranches de gingembre*

Séparez toutes les jointures du canard et du poulet pour que les os ne flottent pas au-dessus pendant l'ébullition. Brisez les ailes et les pilons. Brisez les travers de porc. Ouvrez la viande qui recouvre ces os pour bien les exposer. Placez le canard, le poulet, les travers et le filet de porc dans une grande casserole avec 6 tasses (1 1/2 L) d'eau, les oignons verts et le gingembre. Amenez à ébullition et enlevez l'écume à mesure qu'elle arrive à la surface. Faites mijoter pendant 15 minutes en enlevant la mousse à mesure qu'elle se forme.

Mettez 6 tasses (1 1/2 L) d'eau froide dans un grand bol. Retirez le bouillon du feu et mettez quelques morceaux de viande et d'os à la fois dans l'eau froide. Frottez la viande et les os avec vos doigts pour en déloger les jus coagulés. Continuez jusqu'à ce que toute la viande et les os aient été rincés. Ne jetez pas l'eau de rinçage; réservez-la.

Ramenez les morceaux de viande et les os dans la première casserole, amenez à ébullition et réduisez la chaleur. Faites mijoter pendant 1 1/2 heure. Pendant ce temps, amenez lentement l'eau de rinçage à ébullition, écumez-la et laissez refroidir.

Sortez la viande et les os du bouillon et laissez-les refroidir. Enlevez la majeure partie de la viande recouvrant les os et jetez-la. Enlevez le gras flottant à la surface du bouillon et ramenez les os dans le bouillon. Amenez le bouillon à ébullition rapide et faites bouillir sous couvert pour réduire l'évaporation pendant 2 1/2 heures. Ajoutez des portions de l'eau de rinçage toutes les demi-heures.

Placez une couche de coton à fromage dans une passoire et passez le bouillon. Le volume sera alors d'environ 2 tasses (500 mL). Ajoutez environ 2 tasses (500 mL) d'eau froide aux os, amenez à ébullition et filtrez le liquide à travers le coton à fromage. Combinez les deux portions de bouillon. Laissez-le refroidir et enlevez soigneusement la fine couche de gras à la surface lorsque le bouillon est figé.

Cette recette donne environ 2 1/2 tasses (750 mL) de bouillon.

Dans les recettes suivantes utilisant le bouillon velouté, aucun assaisonnement autre qu'un peu de sel n'est requis. Utilisez-le à votre discrétion, mais essayez de garder le goût neutre des ingrédients afin que les saveurs subtiles du bouillon puissent être goûtées.

### 17. Cartilage de poisson dans le velouté ( 奶 湯 魚 肚 )

*1 oz (30 g) de cartilage séché, ramolli et coupé*
*en bouchées d'un centimètre (42)*
*12 boulettes de poisson (31) ou 6 boulettes de viande (76)*
*2 tasses (500 mL) de velouté (16)*

Préparez le cartilage de poisson et les boulettes de poisson ou de viande tel qu'indiqué.

Amenez le velouté à ébullition et ajoutez le cartilage et les boulettes de viande. Laissez mijoter pendant 30 minutes. Si vous ajoutez des boulettes de poisson, faites-les pocher 3 minutes dans le velouté juste avant de servir. Servez immédiatement pour que les boulettes de poisson demeurent croustillantes.

### 18. Bêche-de-mer dans le velouté ( 奶 湯 海 參 )

*1/2 lb (250 g) de bêche-de-mer séchée*
*ramollie et coupée en bouchées d'un centimètre (41)*
*4 tasses (1 L) généreuses de velouté (16)*

Préparez la bêche-de-mer tel qu'indiqué et faites-la cuire dans le velouté pendant environ 2 1/2 heures, jusqu'à ce qu'elle soit tendre mais élastique.

### 19. Aileron de requin dans le velouté ( 奶 湯 魚 翅 )

*1/2 lb (250 g) d'aileron de requin séché*
*préparé tel qu'indiqué (43)*
*Environ 3 tasses (750 mL) de velouté (16)*

Préparez l'aileron de requin tel qu'indiqué. Faites-le cuire à la vapeur d'une quantité suffisante de velouté, selon la texture de l'aileron, pendant 1 1/2 à 2 heures. La texture finale doit être tendre et légèrement croustillante, mais pas élastique.

La recette originale du velouté venait de la province nordique de Shantung, région qui fournissait ses ingrédients à la munificente cuisine de Pékin, province voisine. La province de Shantung était renommée pour ses épinards et ses choux, si savoureux qu'on leur accordait parfois le meilleur traitement. La saveur *hsien* des légumes était éveillée par le riche bouillon, un bon exemple de l'agencement de saveurs complémentaires. Les proportions de solide et de liquide sont quelque peu différentes dans les deux plats suivants. Ils appartiennent à la catégorie des potages (*tang-tsai*,湯 菜) où les solides sont en proportion à peu près égale aux jus ou au bouillon. (D'autres exemples de potages *tang-tsai* sont ce mets qu'on appelle la Famille Heureuse (100), la Carpe au bouillon d'agneau (13), ou la bouillabaisse.)

## 20. *Épinards dans le velouté* (奶 湯 菠 菜)

*1/2 lb (250 g) d'épinards*
*12 tasses (3 L) d'eau*
*2 1/2 tasses (625 mL) de velouté (16)*

Faites blanchir les épinards dans l'eau jusqu'à ce que les feuilles deviennent vert foncé. Égouttez immédiatement et rincez sous l'eau du robinet jusqu'à ce qu'ils soient bien refroidis. Essorez bien les feuilles. Vous pouvez les couper en rubans d'environ 1 centimètre de large. Essorez-les à nouveau. Cette opération conserve aux épinards leur couleur verte même si on les fait cuire à nouveau. Faites chauffer le velouté. Ajoutez les épinards pour qu'ils soient bien chauds.

## 21. *Chou dans le velouté* (奶 湯 白 菜)

*1/2 lb (250 g) de chou chinois*
*2 tasses (500 mL) de velouté (16)*

Nettoyez le chou chinois soigneusement et coupez-le en bouts d'environ 3/5 de pouce (1 cm). Faites-le mijoter dans le velouté jusqu'à ce qu'il soit doux et tendre, soit environ 30 minutes.

*Complexité de la saveur par l'usage des assaisonnements:*
*sauce économique, sauce sésame et arachides, incluant*
*les directives pour la préparation des nouilles*
*devant être servies froides*

L'homme pauvre n'avait pas de poulet, de canard ou de porc pour cuisiner, et il ne pouvait pas se permettre de faire du velouté. Avec des ingrédients de quelques sous, il faisait du mieux qu'il pouvait, et d'une certaine façon, c'était apprécié autant. De façon spontanée, il faisait exactement la même chose qu'un cuisinier entraîné, essayant de donner un peu de saveur à certains ingrédients plutôt insipides. Le truc consiste à incorporer les assaisonnements tous ensemble, de sorte qu'ils puissent être goûtés individuellement, créant ainsi un peu d'excitation pour le palais. Parce que la saveur des assaisonnements suivants n'est jamais complète, le goût en appelle davantage. On a vite fait d'avaler un bol entier de nouilles qu'on est déjà en train de préparer un autre repas. Celui qui doit travailler, apprendre à vivre et faire toutes sortes de mondanités est beaucoup mieux de ne pas avoir le palais trop sensible. Un grand bol de nouilles pleines de saveurs mélangées, trop piquant, trop aigre, trop aromatisé, trop salé, trop épicé, ne fait que le remplir pour qu'il ait l'énergie de travailler. Ces nouilles froides sont spécialement appréciées en été. Certains les préfèrent au velouté.

## *22. Préparation des nouilles devant être servies froides ( 冷 拌 麵 )

*3/4 lb (375 g) de nouilles fraîches*
*12 tasses (3 L) d'eau*
*1 c. à soupe d'huile*

Vous pouvez utiliser des nouilles sèches ou fraîches.
Faites-les bouillir dans l'eau jusqu'à ce qu'elles soient tendres. Égouttez-les dans une passoire, rincez-les sous l'eau du robinet jusqu'à ce qu'elles soient froides et secouez pour éliminer le reste de l'eau. Versez l'huile sur les nouilles et mélangez avec des bâtonnets.

Ajoutez l'une des sauces suivantes aux nouilles froides.

## *23. Sauce économique *(經 濟 麵)*

3 oignons verts très finement
émincés
2 c. à café d'huile de piment
rouge (63)
2 c. à café d'huile de sésame
2 c. à soupe de vinaigre
4 c. à café de sucre

1 1/2 c. à café de sel
1/2 c. à café de poivre noir ou
blanc
1/2 c. à café de poivre sauvage
concassé
2 c. à café de glutamate de
monosodium
4 c. à soupe d'huile

Mélangez tous les ingrédients sauf les 4 cuillers à table d'huile dans
un bol de pyrex d'au moins *4 tasses* (908 mL).

Faites chauffer l'huile jusqu'à ce qu'elle commence à fumer.
Versez sur le mélange en un mince filet et remuez immédiatement.
Laissez reposer environ 15 minutes, puis versez sur les nouilles
froides.

L'huile chaude extrait toutes les saveurs des épices sans les brûler.
Dans la recette suivante, la saveur dominante est celle du sésame, saveur
qui n'apparaît pas à moins que les graines n'aient été lentement grillées
dans une lourde poêle à frire non graissée, puis ensuite concassées.

## 24. Sauce sésame-arachides *(芝 蔴 花 生 醬)*

2 c. à soupe ou plus de graines de
sésame
1 lb (500 g) de fèves germées
1 c. à soupe de gingembre frais
pelé et émincé
Huile
3/4 de c. à café de sucre
1 c. à soupe d'huile de sésame
4 c. à café de beurre d'arachide

4 c. à soupe d'eau
2 c. à soupe de sauce soya
2 c. à café de vinaigre
1/2 c. à café d'huile de piment
rouge (63)
2 c. à café de sucre
2 c. à café de glutamate de
monosodium
1/2 c. à café de poivre noir

Faites griller les graines de sésame en les étendant en une couche
très mince au fond d'une poêle à frire non graissée et faites-les
chauffer jusqu'à ce qu'elles soient grillées. Lorsqu'elles ont atteint
une coloration brun doré, retirez les graines du feu, laissez-les refroidir et écrasez-les légèrement jusqu'à ce que la saveur en sorte.
Elles peuvent se conserver dans une jarre bien fermée jusqu'à leur
utilisation.

Faites blanchir les fèves germées dans 12 tasses (3 L) d'eau bouillante pendant environ 30 secondes. Égouttez-les soigneusement dans

une passoire. Faites mariner le gingembre pendant quelque heures dans 1 cuiller à café d'huile et 3/4 de cuiller à café de sucre.

Mélangez 1 cuiller à soupe d'huile avec l'huile de sésame, le beurre d'arachide et 2 cuillers à soupe de graines de sésame, grillées et concassées tel qu'indiqué ci-dessus; incorporez soigneusement. Ajoutez les autres ingrédients et mélangez pour obtenir une texture homogène.

Placez les nouilles froides dans une grande assiette, versez la sauce et mélangez légèrement avec des bâtonnets. Placez ensuite les fèves germées par-dessus les nouilles et saupoudrez de gingembre mariné.

# 3

# *Les textures*

*Les oeufs battus une fois sont fermes; battus un millier de fois, ils sont mous. Les rognons cuits pendant une heure sont durs; après une journée, ils deviennent tendres.*

YUAN MEI

Le mérite de chaque plat repose pour les deux tiers sur la saveur et pour l'autre tiers sur la texture. Ce dernier facteur est un aspect inévitable de la nourriture, qu'elle soit bonne ou mauvaise. Aussi la texture doit-elle être contrôlée. La texture de chaque ingrédient est ressentie par la langue, les dents et la gorge. Elle dépend de la coupe des ingrédients, de l'addition ou de l'omission de sel et d'eau et de la méthode de cuisson.

La texture est une qualité toujours parfaitement définie, d'une certaine façon plus difficile à contrôler que la saveur parce qu'une fois établie, elle ne peut pas être corrigée. Vous ne pouvez pas dé-cuire un oeuf. C'est pourquoi l'oeuf mollet parfait est si rarement réussi. Sa cuisson exige beaucoup d'art et d'expérience.

Les textures peuvent se combiner comme les saveurs. Dans le même ingrédient, il est possible de trouver une texture tendre (*nun*) et une texture croustillante (*tsuei*). Les autres textures sont: gélatineuse, lisse, fondante, spongieuse, juteuse, élastique, croquante, coulante, veloutée, difficile à mastiquer, carrément fibreuse, légère, duveteuse, homogène, douce, non fibreuse.

Dans ce chapitre, nous traiterons des modifications délibérées ou de la conservation de la texture de divers ingrédients: crevettes, poisson, poulet et canard. Dans la seconde partie, nous parlerons des aliments à texture, un trait unique de la cuisine chinoise dont l'existence en elle-même est un indice de sa haute sophistication.

# 火 · *Le contrôle des textures*

## 候

Les principaux ingrédients qui affectent la texture des crevettes, du poulet, du poisson et des légumes sont le sel et l'eau. Leurs textures sont modifiées ou maintenues selon l'utilisation du sel et de l'eau, sans aucun changement de leur saveur. Par contre, le porc et le boeuf ne peuvent jamais être trempés dans l'eau sans y perdre de leur saveur.

L'eau fait gonfler les substances. Des crevettes, du poisson, du poulet et des légumes mis dans de l'eau pure ou légèrement salée absorbent de l'eau. Ceci est extrêmement désirable dans certains cas pour les cuissons à l'eau de longue durée. Les crevettes deviennent dodues presque aussitôt qu'on les plonge dans l'eau et lorsqu'elles sont cuites, elles deviennent en réalité croquantes. Le poisson et le poulet gonflent légèrement et ils demeurent tendres lorsqu'on les fait sauter par la suite. Les légumes retrouvent leur croustillant, tels quels ou gonflés. Le persil flétri retrouve son effet décoratif si on le place dans un verre d'eau comme s'il s'agissait d'un bouquet de fleurs coupées.

Le sel ou le sucre à l'état sec font faner les légumes en leur faisant perdre de leur eau. Ceux-ci deviennent alors malléables et comme des pétales lorsqu'on les coupe en forme de fleur. (Le gain ou la perte d'eau par les méthodes décrites ici s'opèrent par osmose.) Sommairement, l'eau va en dehors ou en dedans selon qu'il y a relativement davantage d'eau à l'extérieur de l'ingrédient ou à l'intérieur. Ceci peut survenir lorsque l'ingrédient est coupé en tranches, mais pas après qu'il a été émincé.

Les effets de l'eau et du sel sur les pâtes de poisson ou de viande sont assez différents. L'eau ramollit ces pâtes et les rend capables d'être encore plus finement divisées. Le sel raffermit les pâtes de sorte que la texture duveteuse puisse se fixer et devenir croustillante ou tendre, selon le cas. C'est comparable à l'addition de sel aux blancs d'oeuf battus.

*Comment conserver la texture des crevettes croustillante: règles de base pour les crevettes, incluant trois variantes utilisant la recette de base; crevettes entières; crevettes entières sautées avec des feuilles de thé; crevettes en dés avec des croûtons.*

Les variantes de cette excellente recette sont presque infinies.

## *25. Règles de base pour les crevettes (*嫩 炸 蝦*)*

| | |
|---|---|
| *1 lb (500 g) de crevettes* | *2 blancs d'oeuf* |
| *3 tasses (750 mL) d'eau* | *2 c. à soupe plus 2 c. à café* |
| *Sel* | *de fécule de maïs* |
| | *3 tasses (750 mL) d'huile* |

Décortiquez les crevettes, lavez-les et enlevez la veine dorsale. Mettez-les dans l'eau à laquelle vous aurez ajouté 1/2 cuiller à café de sel et laissez-les tremper 30 minutes. Mettez les crevettes dans une passoire et rincez-les très soigneusement; laissez-les égoutter pendant au moins 10 minutes ou essorez-les avec un linge pour les assécher. Gardez-les entières ou coupez-les en dés selon la recette. Mettez les crevettes dans un bol et incorporez les blancs d'oeuf, la fécule et 1/2 cuiller à café de sel. Laissez reposer dans ce mélange au réfrigérateur, sous couvert, de 3 à 24 heures, le plus longtemps possible.

Mélangez les crevettes avec des bâtonnets. Faites chauffer un wo pendant une minute, puis ajoutez l'huile. Lorsque l'huile est chaude sans qu'elle fume, ajoutez la moitié du mélange de crevettes en remuant immédiatement une fois avec des bâtonnets. Retirez les crevettes de l'huile après 20 à 30 secondes, lorsqu'elles sont tournées et bien roses et égouttez-les bien. Répétez avec le reste des crevettes et servez immédiatement ou réservez-les. Elles se gardent bien si on les conserve sous couvert au réfrigérateur et on peut les réchauffer rapidement avant de les servir.

## Crevettes entières

*1 lb (500 g) de crevettes préparées (25)*
*1 tasse (250 mL) de bouillon de poulet*
*1 1/2 c. à café de fécule de maïs*
*1/2 c. à café de sel*
*1/2 c. à café de glutamate de monosodium*

C'est la meilleure façon.

Après avoir préparé les crevettes tel qu'indiqué ci-haut, égouttez-les bien, retournez-les sur une assiette plate et servez-les immédiatement.

Ou bien préparez à l'avance dans une poêle à frire une sauce chaude faite de bouillon de poulet, de fécule de maïs, de sel et de glutamate de monosodium. Après la friture des crevettes, transférez-les directement dans la sauce sans les égoutter complètement. Remuez légèrement et brièvement avec une cuiller en bois et servez immédiatement.

## *26. Crevettes entières sautées avec des feuilles de thé (龍 井 茶 炒 蝦)

*1 lb de crevettes (500 g) entières préparées tel qu'indiqué*
*à la recette 25*
*2 c. à soupe de thé Lungching ou d'un autre thé chinois*
*1/4 de c. à café de sucre*
*1/4 de c. à café de sel*
*2 c. à café de sherry sec*

C'est un plat très élégant à saveur inhabituelle.

Mettez le thé dans une tasse à mesurer en pyrex. Versez dans la tasse 8 onces (250 mL) d'eau bouillante, couvrez-la et laissez-la de côté pendant au moins 15 minutes. Versez le liquide, en réservant les feuilles. Mettez les crevettes entières cuites dans une poêle à frire, sans huile additionnelle et ajoutez les feuilles de thé. Saupoudrez le sucre et le sel, versez le sherry, mélangez délicatement, aussi peu que possible. Après que l'alcool s'est évaporé, servez immédiatement.

## *27. Crevettes en dés avec des croûtons (麵 包 炒 蝦)

*1 tranche de pain de mie blanc*
*Huile à friture*
*2 c. à soupe de suif de poulet*
*ou d'huile*
*(le suif de poulet est préférable)*
*2 c. à café de fécule de maïs*
*1/2 tasse (125 mL) d'eau*

*3/4 de tasse (175 mL) de lait*
*1 c. à soupe d'oignon vert très*
*finement émincé*
*1/4 de c. à café de sel*
*1/2 c. à café de glutamate*
*de monosodium*
*1 lb (500 g) de crevettes préparées*
*tel qu'indiqué à la recette 25*

Il s'agit d'une des quelques recettes chinoises demandant du pain et du lait. Assurez-vous que les croûtons sont bien égouttés.

Coupez le pain en petits cubes. Faites-les frire dans le suif de poulet ou l'huile jusqu'à ce qu'ils soient brunis et égouttez-les très soigneusement sur du papier essuie-tout en les étendant sur une seule épaisseur.

Mélangez les autres ingrédients, sauf les crevettes, dans une autre casserole sur un feu doux. Lorsque la sauce est lisse et fait des bulles, ajoutez les crevettes en dés pré-cuites et faites-les chauffer. Ajoutez les croûtons et remuez une ou deux fois. Servez immédiatement.

## Faire faner les légumes au moyen de sel et de sucre: fleurs de radis

Lorsque vous faites mariner des légumes crus, ajoutez de l'eau glacée ou un cube de glace à la marinade si vous voulez qu'ils demeurent crous- tillants (voir navets marinés, 15). Ne mettez pas du tout d'eau et ajoutez du sel et du sucre à l'état sec si vous voulez que les légumes deviennent malléables et souples. Ceci constitue une belle garniture faite de beaucoup de petits pétales mous ressemblant à ceux des chrysanthèmes.

## *28. Fleurs de radis (冷 拌 紅 蘿 蔔)

*Environ 1 1/4 tasse (300 mL, 285 g) de radis préparés (voir méthode)*
*1 c. à soupe de sucre*
*1 c. à café de sel*

Nettoyez les radis et ne gardez que ceux qui sont parfaits. Enlevez les deux bouts. Pratiquez des incisions environ aux trois quarts de la profondeur du radis; tournez le radis d'un quart de tour et répétez la même opération pour obtenir une sorte de grille.

Mettez les radis avec le sucre et le sel dans un pot bien couvert. Fermez solidement le couvercle et secouez le pot pour répartir le sucre et le sel. Placez au réfrigérateur de 3 à 24 heures et secouez le pot une ou deux fois.

Jetez le jus. Servez les radis tels quels ou comme garniture. Pressez légèrement sur chaque radis de sorte que les "pétales" rouges lais- sent bien apparaître l'intérieur blanc.

## La texture du poulet: velouté de poulet I et II; textures obtenues à partir de la chair de poitrine incluant une note sur la façon de faire pocher les pilons

Chaque fois que l'on sert du poulet coriace, cela nous rappelle le fait que la viande n'est qu'un muscle. La poitrine de poulet est composée de deux muscles, l'un recouvrant l'autre. Le muscle extérieur est grand et ses fibres partent d'un ligament situé au centre et se dirigent sous des angles légèrement différent l'un de l'autre; pour cette raison, cette partie est assez dure. Le muscle intérieur est petit et réputé; on l'appelle le germe (*ya* 芽) à cause de sa forme. Dans le germe, toutes les fibres sont paral- lèles l'une à l'autre et vont se terminer sur un ligament soyeux au bout. La surcuisson fait prerdre de l'eau aux fibres, elles se contractent et dur- cissent. Le poulet doit alors être préparé de sorte qu'il absorbe l'eau et qu'en même temps la structure de ses fibres ne soit pas détruite. Ce sont les raisons pour lesquelles les recettes de poitrines de poulet sont plutôt compliquées.

Le poulet velouté I est la forme standard qui appartient à la cuisine classique. Il a une texture ressemblant à de la costarde ou à un oeuf mollet plutôt que celle du poulet ordinaire. Parce que c'est une recette très difficile à réussir avec une pâte de poulet et du blanc d'oeuf, c'est une sorte de *tour de force\**. Le caractère propre au poulet disparaît presque complètement dans la re-création de la texture et ça ressemble en quelque sorte au sourire du chat de Cheschire après sa disparition. C'est aussi un peu comme un soufflé — la saveur combinée à l'absence de substance — et ça doit descendre dans la gorge comme des morceaux de nuage blanc. L'effet global est *coulant*.

Les connaisseurs peuvent encore reconnaître le poulet velouté II. La structure des fibres est encore plus ou moins intactes, mais elles sont ramollies par l'eau qu'elles ont absorbée, et retenues ensemble et protégées de la chaleur directe par un mince enrobage.

En tranchant ou en éminçant la poitrine de poulet, rappelez-vous d'enlever la moindre petite membrane qui enveloppe chaque muscle. Ce sont ces petites membranes presque invisibles qui donnent au poulet sa mauvaise texture. Piquez la surface avec la pointe du couteau pour soulever la membrane et extrayez-la.

## 29. *Poulet velouté I (*芙 蓉 鶏 片 （甲）*)*

*2 poitrines de poulet (environ 1 lb (500 g) incluant la peau et les os)*
*2 c. à café d'eau glacée*
*6 blancs d'oeuf*
*2 c. à café de fécule de châtaigne*
*1/2 c. à café de sel*
*1/4 de c. à café de glutamate de monosodium*

*Huile*
*1 c. à soupe de gras de poulet*
*1 c. à soupe de fécule de maïs*
*1 1/4 tasse (300 mL) de bouillon de poulet*
*2 c. à soupe de châtaignes blanchies, de petits pois ou de jambon émincé (facultatif)*

Afin de réussir la bonne texture, lisse et douce comme de la costarde, 1) la pâte doit être homogène, sans fibre; 2) les blancs d'oeuf doivent être travaillés en évitant la formation de bulles; 3) la fécule de châtaigne est préférable à la fécule de maïs car elle rend la pâte plus lisse; 4) l'huile doit chauffer à basse température, juste assez pour saisir les petites bouchées. Vous devriez utilisez les jaunes d'oeuf en préparant la recette de faux caviar de crabe (136).

Enlevez la peau et désossez les poitrines de poulet; enlevez toutes les membranes extérieures. En vous servant de la pointe d'un couperet ou d'un couteau, réduisez la chair en pâte, travaillant toujours dans

* En français dans le texte. (*N.d.T.*)

le sens des fibres. Les ligaments blancs soyeux vous donnent une bonne prise sur le muscle pour effectuer cette opération. Émincez la pâte très finement avec le couperet pendant environ 3 minutes en ramenant le tranchant du couperet au-dessus de la pâte et en allant vers le bord pour dégager les membranes fibreuses très fines qui se trouvent dans la pâte. Ajoutez l'eau glacée au cours de cette opération.

Mettez la pâte obtenue dans un bol. Incorporez les blancs d'oeuf, la fécule de châtaigne, le sel et le glutamate, et travaillez le mélange avec vos doigts pour éviter la formation de bulles. Continuez de travailler le mélange jusqu'à consistance très lisse et homogène comme de la crème épaisse.

Dans une poêle peu profonde, faites chauffer suffisamment d'huile pour obtenir une couche de 3/5 de pouce (1 cm). Lorsque l'huile a atteint environ 160° — 170°F (85° — 90°C), remuez l'huile pour répartir la chaleur. Versez la pâte en gouttes dans l'huile chaude (pas bouillante) au moyen d'une spatule ou par demi-cuiller à café pour obtenir de petites bouchées plates en forme d'amande. Un petit coup sous les bouchées les dégage du fond. Enlevez la pâte après 10 secondes de cuisson au maximum. Les bouchées doivent être blanches et sans bulles. Si elles deviennent brunes ou marquées, laissez l'huile refroidir un peu avant de continuer. Cette partie de la recette peut se faire à l'avance; les bouchées seront réchauffées dans la sauce.

Mélangez 1 cuiller à soupe d'huile, le gras de poulet, la fécule et le bouillon de poulet sur un feu moyen jusqu'à ce que le mélange soit lisse et fasse des bulles. Réduisez la chaleur. Incorporez les bouchées de poulet très lentement. À ce moment, vous pouvez ajouter les châtaignes, les petits pois blanchis ou le jambon émincé, si désiré. Servez lorsque tout est bien chaud en prenant soin de ne pas faire bouillir ou trop cuire le poulet.

L'addition d'ingrédients étrangers dans ce plat nuit à l'appréciation de sa texture. Une variante de préparation est de passer le poulet et les blancs d'oeufs crus à travers une passoire à gros trous ou une cuiller trouée dans l'huile chaude. Les morceaux sont des gouttes de la dimension d'un pois. Le résultat est très joli lorsqu'on les mélange à des pois verts de la même dimension. Cette variante dévie de la forme classique qui propose un petit monticule de bouchées en forme d'amande couvert d'une sauce chaude, riche et lisse, garni de quelques tranches de pousses de bambou ou de châtaignes.

Le poulet velouté II est aussi une déviation de la recette classique, mais elle se présente sans excuses. On a dit qu'on se sentait très civilisé en la dégustant. Ça vaut sûrement la peine d'y consacrer quelques heures de travail.

## 30. Poulet velouté II (芙 蓉 鷄 片 (乙))

2 poitrines de poulet (environ 2 lb
(1 kg) incluant la peau et les os)
4 tasses (1 L) d'eau
Sel
2 blancs d'oeuf
2 c. à soupe de sherry sec
2 c. à soupe de fécule de maïs

1 c. à café de sucre
1 c. à café de glutamate de monosodium
1/4 de c. à café de poivre blanc
1 tasse (250 mL, 227 g) de pois
mange-tout
8 gros champignons chinois séchés
Huile

Sauce:

1 c. à soupe d'huile
1 c. à soupe de gras de poulet

1 c. à soupe de fécule de maïs
1 1/4 tasse (300 mL) de bouillon
de poulet

Désossez le poulet et enlevez les os et les membranes extérieures.
Faites congeler la viande et tranchez-la ensuite en morceaux de la
dimension d'un vingt-cinq sous (ou 1 franc) et d'une épaisseur d'environ 3/10 de pouce (1/2 cm). Faites tremper les tranches dans de
l'eau à laquelle vous aurez ajouté 1 cuiller à café de sel. Elles gon-
fleront et deviendront tendres. Retournez les tranches dans une
passoire et rincez-les bien pour les débarrasser de tout dépôt
visqueux. Laissez égoutter environ 10 minutes. Placez la moitié des
morceaux de poulet à plat sur une planche et avec le plat du couperet, battez-les. Le but est de séparer les fibres et non pas de les
couper. Battez les morceaux jusqu'à ce qu'ils soient râpés, soit
environ 5 minutes. Faites de même avec le reste du poulet.

Mettez les deux portions ensemble et mélangez-les soigneusement
avec les blancs d'oeuf, le sherry, la fécule, le sucre, le glutamate de
monosodium, le poivre blanc et 1/2 cuiller à café de sel.

Lavez les pois, enlevez les fils et faites-les blanchir en versant dessus
de l'eau bouillante pendant trente secondes. Tranchez-les en diagonale s'ils sont trop gros.

Faites tremper les champignons chinois dans suffisamment d'eau
chaude pour les recouvrir. Lorsqu'ils sont ramollis, enlevez les tiges
et coupez chaque champignon en deux. Réservez le liquide. Faites
sauter les champignons dans 2 cuillers à café d'huile et 1/4 de
cuiller à café de sel, puis ajoutez l'eau de trempage et laissez-la
s'évaporer. Réservez les champignons.

Préparez la sauce et laissez-la dans un wo ou une poêle à frire.

Placez une grande passoire à larges trous au-dessus d'un bol.

Dans un deuxième wo (ou poêle à frire), faites chauffer 1 1/2 tasses (375 mL) d'huile. Remuez le mélange de poulet avec des bâtonnets, ajoutez la moitié du mélange à l'huile très chaude et remuez à nouveau immédiatement avec des bâtonnets. Ils seront cuits et flotteront presque tout de suite. Transférez les morceaux dans une passoire et laissez-les égoutter. Pendant ce temps, faites cuire la deuxième moitié du poulet et faites-la égoutter. Amenez la sauce du premier wo à ébullition, ajoutez les champignons et les pois, puis le poulet. Laissez chauffer et servez immédiatement.

*Comment faire pocher les pilons de poulet:* la viande foncée du poulet devient très tendre, coulante et délectable lorsqu'on la fait pocher dans du bouillon acidifié. Ne faites pas trop cuire. Coupez les pilons en morceaux. Vous pouvez enlever les os si désiré. Préparez le Bouillon économique (89), y ajoutant 1/2 cuiller à café de vinaigre par 3 tasses et demi (798 mL) de bouillon bouillant. Mettez le poulet dans le bouillon et faites pocher de 15 à 20 minutes, jusqu'à ce que la viande commence à se contracter. Égouttez le poulet, jetez le liquide qui n'est pas coûteux et contient de l'écume. Servez le poulet avec l'une des trois sauces proposées avec la recette de Poulet nature (3).

## Comment rendre le poisson croquant: règles de base pour les boulettes de poisson et trois façons de les servir: en soupe, avec des légumes marinés, avec des nouilles

On peut rendre croquante, croustillante, élastique et tendre la texture monotone et floconneuse du poisson. La règle suivante est intéressante à observer puisque la texture du poisson cru se modifie à vue d'oeil. Tout d'abord, on fait une pâte lisse avec le poisson en y ajoutant de l'eau et du sel. Ensuite, on confectionne avec la pâte des boulettes qu'on fait pocher. Si la pâte n'est pas assez finement pétrie, les boulettes sont grumeleuses. S'il y a trop d'eau, la texture est lâche et ne peut devenir croquante. S'il n'y a pas assez de sel, les boulettes se défont et deviennent farineuses. Si on les fait bouillir au lieu de pocher, elles deviennent spongieuses. Il faut éviter toutes ces choses.

Travaillez lentement et patiemment, et mesurez précisément. La texture recherchée est plus ferme et plus croustillante que celle des quenelles de brochet.

On utilise le brochet, un poisson d'eau douce, à cause de sa chair abondante comportant peu d'arêtes. Grattez la chair du poisson de la peau et des os en enlevant bien les fibres et membranes. Même s'il en reste un peu, on peut les enlever au cours de l'éminçage et en faisant la pâte. Lorsque les flocons ont été finement émincés, confectionnez la pâte sur une planche avec le couperet. Il s'agit d'écraser la pâte et d'en tirer les membranes fibreuses et filamenteuses. Enlevez-les à la main ou avec la pointe du couperet. La pâte farineuse est modifiée par l'addition de sel et devient une pâte ferme et brillante. Ce changement fascinant apparaît presque instantanément et il est responsable du changement principal qui rend croquant quelque chose d'insipide. Les boulettes pressées dans le cercle formé par le pouce et l'index sont plongées dans l'eau glacée. Remarquez comment le contact avec l'eau durcit la surface des boulettes. Lentement, l'eau glacée est amenée à ébullition et alors tenue juste sous le point d'ébullition. Les boulettes pochées peuvent se faire à l'avance et on les fait réchauffer doucement, jamais bouillir. Elles sont extrêmement versatiles et amusantes à faire.

## 31. Règles de base pour les boulettes de poisson (魚 丸)

*1 brochet de 2 1/2 lb (1,15 kg) (donne environ la moitié du poids en chair)*
*6 c. à soupe d'eau glacée*
*2 c. à café de sel*

*1 c. à café de glutamate de monosodium*
*16 tasses (4 L) d'eau glacée ou d'eau contenant des cubes de glace*

Coupez la tête du poisson et jetez-la. Séparez le brochet en deux en coupant le long du dos. La peau du poisson reposant sur la planche, la membrane blanche et jaune du ventre est exposée. Enlevez-la. Enlevez toutes les arêtes. Grattez soigneusement le poisson avec la pointe du couperet, de sorte que les fibres, membranes et la peau disparaissent. Recueillez la chair de cette façon. Jetez la peau. Émincez la chair pendant 5 minutes en enlevant à mesure qu'elles apparaissent toutes les fibres et membranes filamenteuses. Durant cette opération, ajoutez 6 cuillers à soupe d'eau glacée, une à la fois.

Lorsque la pâte est suffisamment homogène pour former des rubans lisses au moment où vous la pressez entre les doigts, commencez à travailler avec le couperet comme s'il s'agissait de mortier que vous travaillez avec une truelle. Ramassez la pâte en monticule à un bout de la planche, placez le couperet à 3/5 de pouce (1 cm) de son bord le plus proche et tirez le poisson vers le bas de la planche. Vous verrez des fibres que vous enlèverez. Continuez de cette façon jusqu'à ce que toute la pâte soit passée à l'autre bout de la planche, puis travaillez dans l'autre sens et continuez l'opération jusqu'à ce qu'il n'y ait plus de fibres.

Mettez la pâte dans un bol. Travaillez la pâte, avec le sel et le glutamate de monosodium, avec vos doigts. La pâte deviendra ferme et collante. Continuez de travailler pendant quelques minutes jusqu'à ce qu'elle soit brillante. Couvrez le bol et réfrigérez-le pendant une heure.

Pendant ce temps, mettez de l'eau glacée, ou de l'eau avec des cubes de glace, dans un pot. Pour confectionner les boulettes, prenez une poignée de pâte dans votre main et formez un cercle avec le pouce et l'index. À mesure que la pâte passe dans ce cercle, élargissez et ramenez finalement le cercle à rien. Recueillez les boulettes avec le bout d'une cuiller à café et mettez-les dans l'eau glacée. Faites passer ainsi toute la pâte. Pour faire cuire les boulettes, amenez l'eau à ébullition lentement, puis réduisez la chaleur et faites pocher les boulettes de 7 à 10 minutes. Enlevez les boulettes de l'eau et faites-les refroidir. Elles peuvent se garder au réfrigérateur pendant quelques jours. Cette recette donne 32 boulettes.

## 32. Boulettes de poisson dans la soupe ( 魚 丸 湯 )

*1 recette de soupe de travers de porc (112)*
*12 boulettes de poisson (31)*

Amenez la soupe à ébullition. Réduisez la chaleur à feu doux. Ajoutez les boulettes de poisson et faites-les pocher pendant 3 minutes. Servez immédiatement.

## 33. Boulettes de poisson et légumes marinés ( 泡菜炒魚丸 )

*12 boulettes de poisson (31)*
*Environ 1 1/2 tasse (375 mL,*
*340 g) de légumes marinés*
*(une demi-recette 117)*

*4 c. à café d'huile*
*1/4 de c. à café de sucre*
*1/4 de c. à café de glutamate de*
*monosodium*

Coupez les boulettes en tranches de 3/10 de pouce (1/2 cm). Émincez les légumes et faites-les sauter dans l'huile avec le sucre et le glutamate de monosodium. Ajoutez les tranches de poisson vers la fin de la cuisson.

## 34. Boulettes de poisson et nouilles ( 魚 丸 湯 麵 )

*3/4 lb (375 g) de nouilles sèches*
*préparées selon la recette 22*
*4 tasses (1 L) de bouillon de poulet*
*ou de bouillon de mouton (89)*

*12 boulettes de poisson (31)*
*Sauce soya*
*Vinaigre*

Préparez les nouilles tel qu'indiqué mais n'ajoutez pas d'huile. Amenez le bouillon au point d'ébullition, ajoutez les nouilles et faites-les chauffer. Puis ajoutez les boulettes de poisson et laissez chauffer pendant quelques minutes. Assaisonnez au goût avec de la sauce soya et du vinaigre.

## Une variation de la texture du canard: canard épicé croustillant

La préoccupation quant à la texture est réelle et elle n'est pas laissée au hasard. On dit que les gens un peu cinglés prennent une idée et la poursuive jusqu'à la fin des fins. Un cuisinier de talent et un peu cinglé doit avoir été le premier à confectionner le canard épicé croustillant, car la peau est croustillante et brillante, la viande croustillante et savoureuse et les os sont croustillants et fondants. Le canard entier est croustillant et croquant, plein d'arôme et de saveur.

Pour bien réussir, vous devez: 1) utiliser un jeune canard (caneton, canette) afin que les os soient tendres et comestibles; 2) briser presque toute l'ossature dans le corps pour permettre à la moelle de s'échapper et à la marinade de pénétrer dans les os; 3) "forcer" le canard, c'est-à-dire en pressant éloigner la peau, la chair et les os les uns des autres (tout en gardant le canard entier) de sorte que la marinade pénètre chaque fibre; 4) faire frire le canard lentement et également jusqu'à ce qu'il soit d'une belle coloration brun doré.

On sert le canard entier et on le coupe à table. Il doit paraître aplati, profond, foncé, brun pâle, comme un canard de bois mal sculpté. Mangé chaud sur une brioche tendre et tiède, c'est un festin.

## 35. Canard épicé croustillant ( 香 酥 鴨 )

| | |
|---|---|
| Un jeune canard de 4 à 4 1/2 lb (2 kg ) | 1 1/2 c. à café de sucre |
| 1 c. à café de sel | 1/2 c. à café de glutamate de monosodium |
| 1/4 de c. à café de poivre sauvage | 2 c. à soupe de sherry sec |
| 3 c. à soupe de sauce soya | 1 oignon vert coupé en morceaux |
| | Environ 2 tasses (500 mL) d'huile |

Nettoyez le canard et asséchez-le. Brisez les os de la poitrine, sous la peau et poussez-les à l'intérieur pour raccourcir les pilons. Brisez la poitrine, les cuisses, les ailes, les côtes et les os du dos en utilisant le côté plat d'un lourd couperet ou un marteau. Le canard devrait paraître quelque peu aplati lorsque vous aurez terminé cette opération. Coupez avec des ciseaux le long de l'os au milieu de la poitrine pour libérer la viande. Pressez sur la poitrine. Retournez le canard sur la poitrine et pressez sur le dos pour que la chair se sépare des os.

Frottez le canard à l'intérieur et à l'extérieur avec du sel et du poivre sauvage et faites-le mariner pendant 8 heures ou toute une nuit dans un mélange de sauce soya, sucre, glutamate de monosodium, sherry et oignon vert. Placez le canard avec la marinade dans une cruche, scellez-la fermement et mettez-la dans l'eau bouillante pendant deux heures. Enlevez le canard et laissez-le s'égoutter sur une grille.

Faites chauffer dans un wo suffisamment d'huile pour couvrir la moitié du canard. Faites-le frire lentement pendant 50 minutes, en le retournant deux fois, afin de faire sortir le gras du canard et que les os deviennent friables. Continuez la friture jusqu'à ce que la peau soit brun pâle, non brillante lorsque vous le retirez de l'huile. Servez avec les Rubans roulés (52) et le Mélange au poivre sauvage (36).

## 36. Mélange au poivre sauvage ( 花 椒 鹹 )

*5 c. à soupe de sel*
*4 c. à café de poivre noir*
*1 c. à café de poivre sauvage concassé*

Mélangez les poivres et le sel ensemble dans une petite casserole sous un feu doux jusqu'à ce que le mélange soit très sec et aromatique. Faites refroidir et conservez le mélange dans un contenant bien fermé.

## Variations de texture du tofu: jambon végétarien

Beaucoup de gens traitent le tofu avec mépris parce qu'il est si peu coûteux, et qu'après tout, il est fait avec des haricots, et c'est un produit caillé. Y a-t-il quelque chose de moins appétissant? Ils ne peuvent croire que cet insipide tofu peut être intéressant.

Le tofu sous sa forme naturelle ressemble beaucoup à de la costarde (Tofu et soupe de travers, 112). Mais on peut le rendre croustillant (Tofu frit, 45); juteux et spongieux (Tofu spongieux, 102); comme les nouilles, ferme et goûteux (Lamelles de tofu, 71) ou, séché en feuilles et cuit avec de la sauce, dans ce jambon végétarien. Les bouddhistes sont végétariens. Ils ont développé conséquemment très peu de gastronomie, mais une gastronomie fascinante par sa tentative de créer l'apparence et les saveurs ordinaires du poisson et de la viande avec des ingrédients végétariens. La fantaisie qui a poussé les gens d'Europe centrale à confectionner des petits cochons et bébés de dimension embryonnaire et roses en massepain a sa contrepartie chinoise. On a l'impression qu'on ne pourrait pas converser avec de telles personnes. Leur pensée doit être tellement différente, qu'il est préférable de rester à une certaine distance d'eux. Les bouddhistes, qu'ils soient moines ou des gens ordinaires, se mélangeaient librement avec les non-végétariens; et parce que les manières de la société chinoise sont diffuses, ils se sentaient obligés de proposer une nourriture qui aurait l'apparence et goûterait presque la viande. C'était un signe d'hospitalité. Leur cuisine était basée sur les noix, les épices, les légumes, les sauces, le sésame, l'huile d'arachide et autres huiles végétales, et le tofu. Ce dernier constituait le factotum, paraissant ici du canard, là du poulet, puis du poisson. Son propre manque de personnalité en faisait un excellent acteur.

Cette école de cuisine se pratiquait surtout dans les temples où on pouvait simultanément jouir des arts de la gastronomie, du tourisme et du plaisir du paysage, ce dernier comme un riche filon à explorer, toujours là pour ceux qui ont des yeux pour voir. On pouvait arriver au temple en fin d'après-midi après une inconfortable journée en chaise-à-porteurs. D'une façon ou d'une autre, les montants pouvaient toujours nous frapper les jambes au mauvais endroit, ou le siège en forme de hamac nous donnait un mal de dos. On faisait des bouts à pied pour permettre aux porteurs de se reposer et aussi d'étirer leurs muscles, trouvant son chemin parmi les rochers dont les parois étaient couvertes de mousse et de lichen. Inhabitués à cet exercice, comme l'étaient nos amis, nous approchions du monastère déjà désorientés par cette douce aventure. De la chaise-à-porteurs, la vue était mauvaise: des champs de riz verts et humides menant à des sentiers de bambou filtrant la lumière de sorte que nous savions à peine ce qui était en haut ou en bas; et puis des pins, croissant à profusion là où personne ne les avait plantés. Puis la scène devenait dépouillée, et nous pouvions voir devant nous ces même falaises, pelées, mais par endroit couvertes d'une végétation foncée, que des générations de peintres avaient essayé de reproduire. Ce n'était pas un paysage à peindre à l'huile mais à l'aquarelle, où les nuages peuvent facilement se fondre aux montagnes et les pins aux nuages. Nous étions frappés de constater que les peintres n'avaient pas tellement d'imagination et qu'ils avaient peint ce que nous voyions. (Si vous regardez une peinture, pensez que peut-être quelque part l'original existe, tel quel.) Puis nous arrivions au monastère, et nous avions encore l'univers sur le dos. Car nous étions traités exactement avec ces mêmes phrases de politesse que nous avions désespérément essayé de laisser. Mais le monastère, à l'intérieur de ses murs, avait un certain charme dans la lumière du soleil s'atténuant, et la tranquillité des montagnes nous parvenait. Le brouillard semblait aller et venir. Nous ferait-on manger dans la cour froide? Nous préférions manger dans l'immense réfectoire vide où des douzaines de statues nous fixaient dans des poses caractéristiques, rangées comme des choristes dans une église. Une telle salle à dîner avait son charme. Nous étions assis sur des tabourets dans le vaste réfectoire avec les moines qui nous accueillaient. Leurs manières aurait pu les qualifier pour travailler dans l'administration; n'étaient-ils pas déjà fixés dans leur propre hiérarchie? Ce n'était pas le temps de briser des illusions. On nous a servi un repas magnifique, puis nous nous sommes retirés dans de simples chambres. L'air de la nuit pénétrait, rendant les couvertures humides et le sommeil difficile. En de telles circonstances, qui arriverait à résoudre un problème gastronomique?

| | |
|---|---|
| *canard* | tofu sec frit |
| *crabe* | noix fraîches sautées avec de la sauce |
| *poulet* | chou sauté |
| *poisson* | tofu et patates |
| *anguille frite* | navets, champignons et bambou |
| *crevettes* | patates |

## 37. *Jambon végétarien* ( 素 火 腿 )

*2 oz (60 g) de feuilles de tofu séché (3 feuilles)*
*3 c. à soupe de sauce soya*
*2 c. à soupe d'eau*
*1 c. à café de sucre*

*1/2 c. à café de glutamate de monosodium*
*1 c. à café de fenouil*
*1/2 étoile d'anis*
*2 clous de girofle concassés*
*1/2 c. à café de poivre sauvage concassé*

Faites tremper le tofu dans l'eau pendant 1/2 heure jusqu'à ce qu'il amollisse. Mélangez les autres ingrédients et faites mariner le tofu dans ce mélange pendant environ deux heures.

Prenez la feuille la plus grande et la plus douce et déposez-la sur une surface plate. Mettez les autres feuilles par-dessus en les répartissant régulièrement de sorte que lorsque vous le roulerez, vous obteniez un cylindre de dimensions régulières. Roulez-le très fermement. Déposez-le sur un morceau de coton à fromage ou sur une vieille feuille de tofu et enveloppez le rouleau en refermant aux deux bouts. Attachez le rouleau aux deux bouts. Faites cuire le rouleau à la vapeur pendant environ une heure. Faites-le refroidir et développez-le. Tranchez le rouleau en tranches de 1 pouce (1/2 cm) et servez froid.

Le genre d'expédition que nous avons décrit était destiné aux hommes mais les femmes également aimaient la cuisine bouddhiste. Les femmes riches faisaient un pèlerinage aux temples de la ville, commandant d'avance un goûter végétarien. Au début du siècle, c'était une des quelques occasions où les femmes pouvaient sortir seules. L'école de cuisine qui avait pris naissance dans les cuisines du temple prit de l'expansion et fut reprise par les cuisiniers de Yangchow qui se spécialisaient dans les pâtisseries délicates et les nouilles. Le défi de la simulation des textures et de l'apparence était irrésistible. En réalité, ils étaient capables de reproduire tout, même l'apparence compliquée de la peau du canard en découpant légèrement du tofu tendre et en remplissant les petits losanges d'un mélange de sauce soya. La cuisine végétarienne, qui fut d'abord une question d'éthique, devint finalement une affaire de gastronomie et tomba aux mains du pâtissier.

En cuisine chinoise, aucune idée n'est demeurée pure. Chaque idée a pris de multiples directions selon les esprits. Ce phénomène s'est étendu au meilleur et au pire sens du terme. C'est pourquoi, lorsqu'on parle de cuisine royale ou de celle des boutiques de rues, elles ne sont définies qu'en raison de leur origine et de leur milieu. Vous pouvez être certain que quelque part le travailleur et le personnage officiel ont goûté la nourriture l'un de l'autre.

## Les aliments à texture

Les plus importants sont le *nid d'hirondelle, le champignon d'arbre, la bêche-de-mer, le yu-to de poisson, les ailerons de requin* et *la méduse.*

Ces ingrédients extraordinaires n'ont que deux choses en commun: des textures inhabituelles et des saveurs insipides. Ce sont des absurdités qui ne sont pas d'usage général quotidien mais importantes dans les banquets et festins. Ils sont complètement dépendants de la saveur des autres ingrédients pour être ne serait-ce que mangeables. Et encore sont-ils au coeur de la gastronomie chinoise. Ce sont les favoris des gastronomes, le cauchemar des cuisiniers, la fierté des hôtes et le bonheur des invités. Peut-être, dans leur extrême artifice, sont-ils les plus sophistiqués des ingrédients. C'est le nec plus ultra de l'appréciation des textures.

Les six aliments à texture les plus prisés sont:

*champignon d'arbre (argenté):* croquant, élastique, gélatineux
*bêche-de-mer:* lisse, onctueuse, élastique
*méduse:* croquante, élastique
*nid d'hirondelle:* doux, élastique, croquant
*yu-to (poche d'air) de poisson:* spongieux, tendre, élastique
*aileron de requin:* lisse, fondant, élastique

À l'exception du champignon noir et de la méduse, ce sont tous des ingrédients coûteux et assez difficile à trouver. Le goût populaire s'empare de ce qui est rare jusqu'à ce que ça devienne trop commun. L'hôte le met au menu, sachant que ça coûte cher et parce que ça coûte cher. Les invités savent que ça coûte cher et sont enchantés d'y goûter.

Les aliments à texture sont les favoris des gourmets à cause du mariage de la saveur à la texture qui constitue un exercice de goût. Il peut sembler que les six éléments sont presque semblables mais ils ont acquis des caractères très différents dans diverses compositions. En cuisine classique, le nid d'hirondelle et le champignon argenté appartiennent à ce qui est "clair et léger", alors que les ailerons, la bêche-de-mer et la bouche de poisson sont lourds, le champignon noir neutre. La méduse n'est pas modifiable; ou bien elle disparaît complètement; c'est pourquoi on la sert toujours froide en petites boucles comme celles d'une coiffure de dame. Occasionnellement, on l'utilise pour simuler le nid d'hirondelle tout comme on substitue la membrane du gras de porc frit au cartilage de poisson, mais ces deux pratiques sont méprisables. Car bien que l'artifice puisse être un signe de sophistication, on devrait encore pouvoir distinguer entre le "petit rien" vraiment artistique et sa contrefaçon.

C'est tout à fait inutile de tenter de cuisiner ces aliments à texture à moins de se préparer à dépenser temps et argent pour la préparation des sauces et bouillons qui les accompagnent. Les sauces et bouillons d'accompagnement doivent être confectionnés à partir des meilleurs ingrédients, autrement mieux vaut un bout de pain et une saucisse à la boutique de rue, plutôt que de gaspiller son temps et son argent en participant à un banquet médiocre. Pour le cuisinier, le travail de préparation du repas serait tout à fait perdu. Alors, pourquoi toutes ces complications?

Il s'agit d'un exercice d'habileté. La préparation de ces plats et leur dégustation demandent un certain degré d'"éducation". La qualité fondamentale de ces plats est une certaine précision de la texture, une qualité propre à chaque substance. Cette texture doit se marier à un autre attribut, comme la richesse ou la clarté de la saveur.

## Une texture qui a du corps et de la délicatesse: le nid d'hirondelle; voici sa préparation, incluant une recette de nid d'hirondelle sucré et des notes sur d'autres façons de le servir

Le nid d'hirondelle est la sécrétion du gras utilisé dans la confection du nid avant la ponte des oeufs. Sous sa forme originale, les brindilles et la couche de base sont encore fixées. Même s'il est le plus difficile à préparer, il est aussi le plus coûteux et le meilleur, à cause de son authenticité. Les nids d'hirondelle de classes inférieures sont relâchés et comportent des impuretés. On trouve les nids dans les grottes et falaises du Pacifique sud. On sert cette délicatesse chaude ou froide, sucrée ou salée, mais jamais telle quelle. La texture recherchée est une combinaison de fermeté et de délicatesse.

## 38. Préparation du nid d'hirondelle ( 燕 窩 )

*2 oz (60 g) de nid d'hirondelle sec*
*6 tasses (1 1/2 L) d'eau*

Faites tremper le nid d'hirondelle dans l'eau froide. Il doublera de volume en ramollissant. Rincez-le très bien à l'eau froide et enlevez la couche de base. Secouez pour enlever l'excès d'eau.

## 39. Nid d'hirondelle sucré (甜 燕 窩 湯)

*2 oz (60 g) de nid d'hirondelle, ramolli tel qu'indiqué ci-dessus*
*6 oz (185 g) de sucre en cristaux*
*4 tasses (1 L) d'eau*

Faites cuire, préférablement à la vapeur, le nid d'hirondelle, le sucre et l'eau ensemble pendant une heure. Servez-le froid ou tiède.

Comme le nid d'hirondelle est extrêmement dispendieux, vous pouvez en réduire la quantité en mélangeant, au lieu de 2 onces (60 g) de nid d'hirondelle, 1/2 once (15 g) ramolli tel qu'indiqué ci-dessus avec 1/2 once (15 g) de agar-agar (gélose). Tenez l'agar-agar sous l'eau du robinet jusqu'à ce qu'il gonfle, puis émincez-le finement pour qu'il ressemble aux brindilles du nid d'hirondelle. Faites cuire dans le sirop tel qu'indiqué la portion de nid d'hirondelle et lorsqu'elle est refroidie, ajoutez l'agar-agar ramollie et émincé. Ne faites jamais chauffer l'agar-agar à moins de vouloir obtenir une gelée (voir Nids d'hirondelle et fèves germées, 129).

"Un jour, un certain préfet fit servir de grands bols de nids d'hirondelle bouillis tels quels. C'était complètement insipide. Certains louangeaient le plat, mais j'ai dit en souriant: "Je venais seulement manger du nid d'hirondelle, pas pour en avoir à revendre." On nous en avait servi une grande quantité, pour nous honorer. Nous aurait-il servi un plein bol de perles, nous les aurions appréciées tout autant, et les aurions trouvées passablement immangeables."

"On peut utiliser les lamelles de champignon, du bambou finement émincé, du cartilage ou un faisan tendre. À Kuang-tung, j'ai goûté une excellente soupe de nid d'hirondelle faite avec du melon d'hiver. Deux substances, claires et tendres, mariées l'une à l'autre, cuites simplement dans du bouillon de poulet et de champignon. Le nid d'hirondelle prenait la couleur du jade, il n'était pas parfaitement blanc."

YUAN MEI

*Un champignon croquant:*
*préparation du champignon d'arbre,*
*notes sur l'utilisation des champignons noirs*
*et argentés*

Le champignon d'arbre comestible est blanc (argenté) ou noir. D'après Apicius, les anciens Romains mangeaient aussi les champignons d'arbre. Le champignon argenté est beaucoup plus dispendieux que le noir.

On le prépare exactement de la même façon que le nid d'hirondelle, après un ramollissage préalable décrit ci-dessous. Dans ces recettes, il peut se substituer en partie ou entièrement au nid d'hirondelle. Les deux substances sont toujours cuites dans un bouillon sans gras ou dans un sirop léger.

Le champignon noir est plus commun. On ne le sert jamais comme friandise. Il est plutôt utilisé dans les bouillons riches, les soupes claires, les ragoûts et les sautés. Les deux types de champignon se préparent rapidement. Leur texture est *croquante*.

## *40. Préparation du champignon d'arbre
(銀 耳, 木 耳)

*1/4 oz (8 g) de champignon sec*
*Environ 2 tasses (500 mL) d'eau*

La principale impureté est le sable; il se déposera au fond de l'eau au cours du trempage.

Faites tremper dans l'eau le champignon. À mesure qu'il ramollit, il gonfle. Travaillez-le avec les doigts pour le débarrasser de ses impuretés. En 30 minutes environ, le champignon aura atteint sa dimension maximum (trois fois le volume original). Sortez-le de l'eau, rincez-le bien et secouez l'excès d'eau.

*Champignon argenté:* voir les recettes de Nid d'hirondelle.
*Champignon noir:* bêche-de-mer (130), sauté de porc (11), poulet 4-4-4-4 (105), et crevettes sautées (25).

## Texture élastique tendre: préparation de la bêche-de-mer et suggestions d'utilisation

*Bêche-de-mer* (sorte de limace de mer): substance caverneuse et sans ossature venant des mers du sud et vivant sur les récifs de corail. On achète la bêche-de-mer à l'état séché; elle est comme du roc. On doit la faire tremper pendant des jours pour qu'elle gonfle. Il faut ensuite la nettoyer soigneusement et la faire bouillir plusieurs fois. Puis on la fait cuire en ragoût. La texture finale est *tendre et élastique*. C'est le point de vue du gourmet. Pour le cuisinier, les sentiments sont partagés! Car la préparation de la bêche-de-mer constitue un mélange de désespoir, de cynisme et de plaisir. Comment dépenser tant d'efforts sur rien? Vivante, la bêche de mer est un animal primaire se nourrissant de moules et d'autres créatures, comme on l'a découvert en nettoyant son système digestif. L'animal entier n'est presque rien d'autre qu'une espèce de tube digestif. Que faire de cela? D'une certaine façon, le cuisinier en arrive à penser que cette chose ne pouvait attendre un autre sort que d'être cuite et servie avec autant d'attention et de soin. D'autres animaux sont morts pour moins que ça. La bêche-de-mer semble conçue pour une assiette plate, beaucoup mieux que d'autres aliments comme les artichauts, les moules ou les huîtres. Éventuellement, un cuisinier en arrivera à aimer sa forme placide et lisse.

## 41. Préparation de la bêche-de-mer (海 参)

*1/2 lb (250 g) de bêche-de-mer séchée*
*7 tasses (1 1/2 L) de consommé de viande (en boîte avec une égale quantité d'eau)*

Rincez la bêche-de-mer et placez-la dans un bol assez grand pour lui permettre de prendre de l'expansion et recouvrez-la d'eau. Changez l'eau une fois par jour pendant trois jours ou plus. Aux environs du troisième jour, elle est assez molle pour être nettoyée. Séparez-la en deux dans le sens de la longueur avec un couperet et en la maintenant dans un bol d'eau froide ou sous l'eau du robinet; brossez et grattez l'intérieur. Enlevez toutes les fibres et le sable.

Utilisez du consommé dilué pour continuer de ramollir la bêche-de-mer. Amenez à ébullition la moitié du consommé dilué et faites bouillir la bêche-de-mer pendant dix minutes. Jetez le liquide, faites refroidir les morceaux dans l'eau et rincez le chaudron. Amenez le reste du consommé à ébullition. Pendant ce temps, grattez la couche qui recouvre l'intérieur de l'animal; cette couche se déchire facilement. Grattez les morceaux à l'intérieur et à l'extérieur sous l'eau froide. Mettez les ensuite dans le consommé bouillant et faites cuire encore de 5 à 10 minutes. Jetez le consommé.

Assurez-vous que les morceaux sont bien nettoyés. Tranchez-les en bouchées de 1/2 pouce (1 cm) et gardez-les dans l'eau froide jusqu'à leur utilisation. Vous aurez environ 1 livre (500 g) de bêche-de-mer. Voir la recette de bêche-de-mer gourmet (130) et la bêche-de-mer au velouté (18).

"La bêche-de-mer est en soi insipide, elle contient du sable, a une odeur de poisson et est assez difficile à préparer proprement. La famille Chien la prépare froide, avec de la moutarde verte, pendant l'été. On la coupe aussi en lamelles pour la faire cuire dans du bouillon de poulet. C'est excellent. La famille Chiang utilise du tofu séché, des pilons de poulet et des champignons dans la cuisson de la bêche-de-mer. C'est aussi très bon."

YUAN MEI

*Une texture poreuse et spongieuse:*
*la préparation du yu-to*

Le yu-to de poisson est la poche d'air, un gros sac rempli de gaz, qui aide celui-ci à modifier la densité de son corps selon la pression de l'eau. Il y a de grandes variations de son volume selon que le poisson nage en surface ou en profondeur. On l'achète sous forme séchée, en feuilles fermes de couleur crème (qui deviennent soufflées lorsqu'on les fait frire), ou sous forme d'une grosse éponge poreuse, légère comme de l'air. Le yu-to de poisson s'utilise dans les sauces ou les soupes, aussi devient-il *spongieux et juteux.*

## 42. Préparation du yu-to (魚 肚)

*1 oz (30 g) de yu-to*
*Eau*

Faites tremper le yu-to dans l'eau pour le ramollir. Faites-le tremper dans l'eau froide en ajoutant un poids par-dessus pour le maintenir sous l'eau. Pressez-le de temps en temps pour en faire sortir les bulles. Après 1 ou 2 heures, il est suffisamment ramolli.

Amenez à ébullition 8 tasses (2 L) d'eau et mettez-y le yu-to. Faites bouillir de 5 à 10 minutes, puis égouttez et rincez-le et émincez-le en petits morceaux de 1/2 pouce (1 cm). Il est maintenant prêt. Voir la recette 17 et celle de la Famille heureuse (100).

*Une texture ferme et lisse: préparation des ailerons*
*de requin, notes sur diverses méthodes de présentation*

Il s'agit simplement des ailerons, débarrassés de leur peau, puis bouillis à plusieurs reprises pour les débarrasser de leur matière mucilagineuse qu'on enlève en la grattant. Aussi, bien qu'on les achète sous leur forme séchée, ils ont déjà été cuits plusieurs fois, et ils doivent être trempés et cuits à nouveau pour être mangeables. Il existe plusieurs catégories d'ailerons dont les prix varient selon leur qualité. Les ailerons les meilleurs et les plus coûteux (ailerons en peigne) sont gélatineux, épais, encore attachés à leur base dorsale. La variété moins coûteuse est plus mince et on la vend en vrac. On doit faire cuire les ailerons dans l'eau ou le bouillon pour les ramollir et les débarrasser de leur odeur. La texture recherchée est *lisse et élastique.*

## 43. Préparation des ailerons de requin (魚 翅)

*4 oz (125 g) d'ailerons de requin*
*2 oignons espagnols*
*Environ 1 tasse (250 mL) de bon bouillon*
*1 c. à soupe de sherry sec*

Les ailerons en peigne doivent être enveloppés dans du coton à fromage pour en préserver l'apparence.

Mettez les ailerons dans 6 tasses (1 1/2 L) d'eau froide. Changez l'eau trois ou quatre fois au cours d'une période de 24 heures. Les ailerons ramolliront. Faites chauffer 10 tasses (2 1/2 L) d'eau contenant les oignons jusqu'au point d'ébullition. Ajoutez les ailerons et faites-les bouillir 10 minutes. Enlevez les oignons. Égouttez les ailerons, rincez-les bien à l'eau froide. S'il subsiste une odeur de poisson, faites bouillir encore une fois dans l'eau et l'oignon.

Les ailerons en vrac seront empilés dans un bol. On enlève le coton à fromage qui enveloppe les ailerons en peigne et on dispose le peigne dans le fond du bol de sorte que les ailerons forment une hémisphère de lignes presque parallèles. Ajoutez suffisamment de bouillon pour recouvrir les ailerons, et 1 cuiller à soupe de sherry. Couvrez fermement le bol et faites cuire à la vapeur de 1 1/2 à 2 heures, selon la dimension et le type d'ailerons. Les ailerons sont maintenant prêts à être utilisés dans n'importe laquelle des recettes suivantes. Voir aussi les ailerons de requin dans le velouté (19).

Certains aiment servir les ailerons de requin dans une cocotte de terre cuite (*shakuo*) d'apparence élégante. D'autres farcissent un canard entier, désossé et blanchi (126) d'ailerons en vrac et le font cuire à la vapeur dans un peu de bouillon avec de l'oignon vert, du gingembre et du sel pendant environ 2 heures, de sorte que le canard et les ailerons soient très tendres. On écume ensuite pour enlever le gras et on rectifie l'assaisonnement. On sert le canard entier. Les ailerons sont délicieux, préparés comme indiqué à la recette 43, puis mélangés à des jaunes d'oeufs, des oeufs entiers et une généreuse quantité d'huile. Les oeufs ne doivent pas prendre complètement. Ceci fait un petit plat élégant. Pour les grands banquets, on ajoute de la viande et des oeufs de crabe aux oeufs, faisant ainsi une sauce encore plus riche. Voir la recette d'ailerons de requin à la sauce au crabe (125).

*"Une autre méthode consiste à combiner dans du bouillon de poulet les ailerons en vrac avec des lamelles de navet très minces, de sorte qu'on ne distingue plus l'un de l'autre. Si vous ajoutez du jambon, utilisez moins de navet. Faites blanchir le navet pour lui enlever son odeur. Tous les ingrédients doivent prendre une consistance lisse, uniforme et riche.*

*Si les ailerons de requin demeurent durs, c'est un fiasco. La famille Wu n'utilise que la partie supérieure des ailerons. C'est plutôt chic".*

YUAN MEI

## Bouclettes croquantes frétillantes: la méduse, préparée de façon traditionnelle

Vivante, la méduse doit avoir été assez volumineuse, car sous forme de feuille séchée lorsqu'on l'achète, elle mesure plus de 15 pouces (40 cm) de diamètre et elle est presque parfaitement ronde. Lorsqu'on la fait tremper dans l'eau, elle ramollit considérablement. Sa texture idéale est *tendre, croquante et élastique*, résultat obtenu après l'avoir coupée en bandes et ébouillantée de sorte qu'elle forme des bouclettes. Elle est très populaire comme hors-d'oeuvre, malgré qu'elle soit toujours servie de la même façon.

## 44. Méduse (海 蜇)

*1/2 lb (250 g) de méduse (2 rondelles)*
*2 c. à soupe d'huile de sésame*
*4 c. à café de sauce soya*
*1/4 de c. à café de vinaigre*
*1/2 c. à café de sucre*

Faites tremper la méduse dans plusieurs litres d'eau en changeant l'eau deux ou trois fois au cours d'une période de 16 à 24 heures, pour débarrasser la méduse de son odeur et du sable. Coupez-la en petites bandes minces de 1/4 de pouce (1/2 cm) sur 1 1/4 pouce (3 cm), et mettez-les dans un bol de pyrex. Ébouillantez-les pendant environ 10 secondes. Égouttez-les immédiatement et secouez l'excès d'eau. Laissez-les refroidir. Égouttez à nouveau pour enlever l'excès d'eau. Avec des bâtonnets, incorporez de l'huile de sésame, de la sauce soya, du vinaigre et du sucre.

# 4

# Les cuisines régionales

Ch'ih     : *Pékin et Szu-ch'uan*
Ch'a      : *Chê-kiang et Chiang-su*
Chiah    : *Fu-kien*
Sik       : *Kuang-tung*

*Variations sur le mot* manger

    Les cuisines régionales de Chine sont aussi variées que les dialectes régionaux. Le dialecte et la cuisine sont les liens qui rattachent une personne à son lieu d'origine. Dans un autre milieu, les mêmes manières pourraient être perçues comme étant "provinciales", ou grossières, sujettes à l'incompréhension, à la suspicion ou à la simple indifférence. Manger et parler étaient des occupations nationales, mais en réalité chacun de nous était le centre de la conversation, chaque repas un foyer d'intérêt. Nous n'étions pas facilement influencés ni convaincus par les goûts étrangers. Lorsque nous faisions appel à ce qu'il y a de mieux, la référence était invariablement la cuisine classique, indépendante des régions, comme le mandarin dans le domaine du langage, et nous rencontrions toujours les étrangers ou les invités distingués sur le meilleur terrain.

    Dans ce chapitre, nous traiterons de cinq régions gastronomiques de la Chine. Il y a trois grandes écoles, celles de Pékin, Szu-ch'uan et Chê-kiang—Chiang-su (ces deux provinces voisines à l'embouchure du fleuve Yan-tsê constituant une région). Nous verrons aussi la cuisine de Fu-kien (province d'où origine notre famille) et les méthodes pratiquées dans la province de Kuang-tung. Ces deux dernières cuisines sont plus limitées à cause de leur étendue plus étroite.

## Pékin

京菜

### MON SERVITEUR ME RÉVEILLE

*Mon serviteur me réveille: "Monsieur, c'est un jour immense*
*Sortez du lit; je vous apporte un bol et un peigne.*
*L'hiver s'en vient et l'air du matin est frais;*
*Aujourd'hui Votre Honneur ne doit pas s'aventurer au loin."*
*Lorsque je demeure à la maison, personne ne vient me voir;*
*Que dois-je faire de ces longues heures creuses?*
*Posant ma chaise où tombe le soleil atténué*
*J'ai fait réchauffer le vin, et j'ai ouvert mes livres de poésie*

PO CHU-I

*Chez les marchands: tofu frit.*
*Dans les restaurants populaires: sauce au porc émincé*
*(pour les nouilles); pâte levée de base et cinq*
*variantes; croissants (chiaotse)*

La journée commençait par un thé aux amandes sucré et se terminait avec des biscuits secs; on pouvait les acheter dans les boutiques de rues jusqu'à environ quatre heures du matin. Puisque les vendeurs de thé commençaient à travailler à peu près à cette heure, il n'y avait en réalité pas d'intervalle entre le jour et la nuit quand "un petit quelque chose" manquait. D'autres vendeurs vendaient des kakis, congelés par le froid intense de l'hiver. On les faisait dégeler dans un bol d'eau et les gens les aimaient tout autant que des navets, des carottes ou des châtaignes frais qu'on mangeait comme fruit. C'était la parade habituelle des vendeurs dans les rues de Pékin, chacun poussant son cri à son heure propre. On faisait des bruits avec des bâtons de bois, ou des cloches, ou des petits gongs de bronze, et chaque vendeur tentant de gagner précairement sa vie faisait partie d'un mode de vie maintenant disparu, ne sachant pas que des décennies plus tard son cri ou son bruit particulier provoquerait une telle nostalgie. C'était le bon temps pour beaucoup de monde; le confort et les services étaient réels et peu coûteux. Les vendeurs de pain à la vapeur (*mantou* ou Brioches nature, 48), arrivaient vers l'heure du petit déjeuner; dans l'après-midi arrivait le vendeur de graines de pastèque. On pouvait facilement passer tout l'après-midi à bavarder en faisant craquer des graines entre nos dents. Nous étions comme des écureuils brisant des noix. Nos langues et nos mains étaient toujours occupées.

Les vendeurs de wonton et de tofu frit passaient plus tard le soir, leurs poêles suspendus aux bouts de grandes perches; ici et là, ils étaient appelés par un serviteur venant de la maison d'un homme riche chercher un goûter pour son maître. Le plus souvent, c'étaient les autres travailleurs

102

de nuit qui les arrêtaient. Les travailleurs de nuit et les tireurs de pousse-pousse, que leurs efforts mettaient en sueur même en hiver, faisaient alors une pause, mangeaient en silence et reprenaient leur travail.

Il est intéressant de constater qu'en cuisine classique chinoise, on prépare le poulet pour qu'il goûte comme le tofu, et qu'en cuisine végétarienne, on tente parfois de donner au tofu le goût du poulet. Mais dans les cuisines les plus communes et les plus simples, dans les types de cuisine économique, le tofu peut avoir sa valeur comme tel. La sauce est salée, aigre, piquante et aromatique.

## *45. Tofu frit ( 炸 豆 腐 )

8 oz (250 g) de gâteaux de tofu
Huile à friture
5 c. à soupe de sauce soya
3 c. à soupe de vinaigre

1 c. à café d'huile de piment rouge
2 c. à soupe de persil chinois ou de coriandre émincé

Séparez chaque gâteau de tofu en deux horizontalement. Coupez chaque carré d'un coin à l'autre pour former 8 triangles. Asséchez les tranches et faites-les frire dans l'huile jusqu'à coloration brun doré. Servez-les chaudes ou tièdes avec une sauce faite de tous les autres ingrédients.

On trouvait la saveur de Pékin dans les restaurants économiques où on mangeait des *paotse*, brioches farcies de porc et de gras de porc, cuites dans un nuage de vapeur.

Comme c'était bon, arrivant du froid glaçant, de venir se réchauffer avec ces brioches chaudes qui vous réchauffaient les mains avant qu'on y mette les dents; ou de voir ces immenses bols de nouilles fumantes pleines de sauces, de se pencher au-dessus et d'en avaler de grosses bouchées. La nourriture ordinaire était pleine de saveur robuste, pas compliquée par des fantaisies. Des gâteaux de blé épais (*laoping*) étaient enveloppés d'oignons verts et d'ail cru et on les mangeait comme ça. À ne pas confondre avec les crêpes translucides du sud de la Chine dont nous traiterons plus loin (82). Les gens du sud se plaignent en disant que les *laoping* du nord sont trop épais, trop grossiers. Mais ils devaient être faits comme ça, sinon ils n'auraient pas goûté correctement. Li Liweng disait: "Les gens du sud cuisent les nouilles dans une soupe contenant du sel, du vinaigre, des sauces et d'autres ingrédients. La soupe est délicieuse mais les nouilles sont insipides. Mais c'est ainsi qu'ils les aiment. Ils pourraient se contenter de boire la soupe."

Comparez la recette suivante à celle plus compliquée de carpe et nouilles (74) dont il est question dans la section de Chiang-su—Chê-kiang.

## *46. Sauce au porc émincé (pour les nouilles) (炸 酱 麵)

1 lb (500 g) de nouilles fraîches ou
3/4 lb (375 g) de nouilles sèches
1/2 lb (250 g) de porc
2 c. à soupe d'huile
1 oignon vert émincé
2 c. à soupe de vin

4 c. à soupe de sauce aux haricots
bruns
(toupan chiang, 豆 拌 醬)
1 c. à café de sucre
1/2 tasse (125 mL) d'eau
Ail, concombre, oignon vert,
crus en lamelles

Préparez les nouilles séparément et gardez-les au chaud. Émincez le porc très finement et faites-le sauter avec l'huile, l'oignon vert émincé, le vin, la sauce de haricots jusqu'à ce que le liquide s'évapore et que l'huile se sépare. Ajoutez le sucre et l'eau et faites sauter jusqu'à ce que l'eau s'évapore et que l'huile se sépare. Servez les nouilles et la sauce séparément, avec un bol séparé de concombre, oignon vert et ail en lamelles.

Le millet et le riz étaient des délicatesses. Leurs principaux usages étaient les nouilles, les gâteaux de farine de blé et les brioches. Selon les circonstances, on préparait la pâte levée de base nature ou on lui donnait des formes de fantaisie.

## *47. Pâte levée de base (發 麵)

2 1/2 c. à café de levure sèche
(1 paquet)
4 c. à soupe (60 mL) d'eau très
chaude

2 c. à soupe plus 3 1/2 tasses de
farine tamisée
1 tasse (250 mL) d'eau froide

Faites dissoudre la levure dans l'eau chaude. Laissez-la reposer 5 minutes. Incorporez 2 cuillers à soupe de farine dans la levure et laissez le mélange reposer pendant 10 minutes. Mesurez le reste de la farine dans un grand bol. Faites un puits au centre et versez-y l'eau froide. Travillez la pâte pour obtenir une boule. Ajoutez le mélange mousseux de levure et travaillez la pâte. Enfarinez légèrement une planche et pétrissez la pâte environ 5 minutes ou jusqu'à ce qu'elle soit lisse, ferme et homogène. Placez la pâte dans un grand bol, couvrez le bol avec un linge humide et laissez la pâte lever dans un endroit chaud. La pâte ne doit pas surchauffer afin qu'elle ne forme pas de bulles trop grosses, ce qui rendrait sa texture grossière. Lorsque la pâte a doublé de volume, rabaissez-la. Pétrissez-la encore au moins 5 minutes pour lui donner du corps et la rendre homogène. Ceci est important, autrement la pâte se brisera et laissera échapper sa garniture. Donnez à la pâte la forme désirée, laissez-la lever et faites-la cuire à la vapeur.

Cette recette donne 8 brioches nature (48), ou 16 brioches farcies (49), ou 16 Hao-chow (51), ou 16 Rubans enroulés (52), ou 24 brioches au canard (53) ou 24 pâtisseries aux pêches (134).

## *48.  Brioches nature (饅 頭)

Divisez la pâte (47) en 8 portions égales en forme de boules. Coupez 8 morceaux de papier aluminium d'environ 5 pouces (8 cm) carré et disposez-les sur la grille du contenant à vapeur. Déposez les boules de pâte sur les carrés de papier aluminium. Laissez la pâte lever encore environ 30 minutes, puis faites cuire les brioches à la vapeur pendant environ 25 minutes.

## *49.  Brioches farcies (包 子)

Faites avec la pâte (47) deux rouleaux d'environ 8 pouces de long (20 cm) et coupez chaque rouleau en huit sections. Roulez chaque morceau sur une planche enfarinée pour former des cercles d'environ 4 1/2 pouces (10 cm) de diamètre. Déposez la garniture au centre. Ramenez les bords vers le milieu en pinçant la pâte pour sceller les brioches. Déposez les brioches la tête en bas sur des morceaux de papier ciré ou de papier aluminium de 2 pouces (5 cm) carré, bien espacés sur les grilles du contenant à vapeur. Laissez lever la pâte environ 30 minutes et faites-les cuire à la vapeur pendant 20 minutes.

## *50.  Garniture à la viande pour les brioches (肉 包)

*1 lb (500 g) de porc maigre*
*finement coupé en dés*
*3/4 lb (375 g) de gras de porc*
*finement coupé en dés*
*6 gousses d'ail très finement*
*émincées ou passées*
*dans un presse-ail*

*6 c. à soupe de vin*
*4 c. à soupe de sauce soya*
*2/3 de tasse (185 mL) d'eau*
*1 c. à café de sucre*

Faites mijoter tous les ingrédients ensemble pendant une heure et laissez refroidir complètement avant de remplir les brioches.

Si désiré, vous pouvez remplacer les 4 cuillers à soupe de sauce soya par 1 cuiller à soupe de poudre de cari plus 1 cuiller à café de sel et 1 cuiller à soupe de sauce soya pour obtenir une garniture de viande au cari.

## *51. Hao-chow (brioches) (花 卷)

Divisez la pâte (47) en quatre portions égales et roulez chacune pour obtenir un rectangle d'environ 8 pouces sur 10 pouces (20 sur 25 cm). Huilez la surface très légèrement et roulez la pâte comme un tapis, commençant par la partie plus étroite. Coupez les rouleaux ainsi obtenus en sections de 2 pouces (5 cm). Pratiquez une profonde incision au centre de chaque morceau et ramenez les parties l'une sur l'autre à deux reprises. Placez des carrés de papier ciré ou aluminium bien séparés sur les grilles du contenant à vapeur. Déposez les brioches sur chaque carré, pressez sur chacun pour les aplatir légèrement. Laissez lever la pâte environ 30 minutes à la dimension désirée et faites cuire à la vapeur pendant 20 minutes.

## *52. Rubans enroulés (銀 絲 卷)

Divisez la pâte (47) en quatre portions et roulez chacune pour obtenir un carré de 10 pouces (25 cm) de côté. Huilez légèrement la surface de la pâte. Coupez chaque carré en deux rectangles, l'un de 4 1/2 pouces (10 cm) et l'autre de 5 1/2 pouces (15 cm). Coupez les bords des morceaux de 4 1/2 pouces (10 cm) pour avoir des côtés parallèles. Roulez fermement les rectangles de 5 1/2 pouces (15 cm) et déroulez-les pour huiler l'autre côté. Couper ce dernier rectangle dans le sens de la longueur en rubans les plus minces possible, ramenez-les en un seul paquet que vous déposez au milieu du rectangle de 4 1/2 pouces (10 cm). Roulez ce dernier lâchement autour des rubans. Refermez les bouts et pressez légèrement pour les sceller. Égalisez les deux bouts. Laissez lever la pâte. Pendant ce temps, déposez des morceaux de papier ciré ou aluminium d'environ 1 1/2 pouces sur 2 1/2 pouces (4 sur 7 cm) sur les grilles du contenant à vapeur. Lorsque les longs rouleaux ont la dimension voulue (soit après environ 30 minutes de levage), coupez-les en quatre sections égales. Placez-les sur les grilles et faites cuire à la vapeur pendant 20 minutes.

## *53. Brioches au canard (pour le canard de Pékin, 57) (鴨 包)

Divisez la pâte (47) en quatre portions. Faites de chacune un rouleau d'environ 6 pouces (15 cm) de longueur, et coupez-le ensuite en six sections égales. Faites une boulette de chacune et roulez-les pour obtenir des ovales d'environ 2 1/2 pouces sur 3 1/2 pouces (6 cm sur 9 cm). Huilez légèrement la surface de chaque ovale et pliez-les en deux mais de façon à ce qu'un bout dépasse légèrement. Placez les brioches sur des carrés de papier ciré ou aluminium bien séparés sur les grilles du contenant à vapeur. Laissez lever la pâte et faites cuire à la vapeur pendant 15 minutes.

Chaque variété de *pasta* italienne a sa contrepartie chinoise. Les *Chiaotse* (croissants) correspondent aux raviolis. Les gens du nord en font un repas complet et se vantent de pouvoir en manger deux ou trois douzaines au même repas. Les croissants sont des morceaux de pâte remplis de viande et de légumes crus. À Pékin, on faisait les garnitures avec de l'agneau ou du porc. Les croissants étaient bouillis, frits ou cuits à la vapeur. Dans la province de Szu-ch'uan, on faisait les croissants avec du porc et du chou et on les servait avec trois sauces mélangées ensemble (*voir 63-5*). Au sud, les déviations de cette recette donnent des croissants plus petits, de la dimension de bouchées, et on introduit dans la garniture des crevettes, du bambou et des champignons. À notre avis, ils ne sont pas meilleurs que sous leur forme classique.

## *54. Recette de base pour les croissants (chiaotse) ( 餃 子 )

Pâte:

*5 tasses (1,25 L, 568 g) de farine tamisée*
*1 1/2 tasse (375 mL) d'eau*

Garniture:

*1 3/4 lb (875 g) de chou chinois*
*8 tasses (2 L) d'eau bouillante*
*1 lb (500 g) de porc maigre haché*
*ou très finement émincé*
*1/2 lb (250 g) de gras de porc,*
*haché ou très finement émincé*
*2 oignons verts très finement*
*émincés*

*3 tranches de gingembre très finement émincées*
*3 c. à café de sel*
*2 c. à café de glutamate de monosodium*
*3 c. à soupe de sauce soya*
*1 c. à café de sucre*

Pour faire la pâte, mettez la farine dans un grand bol, faites un puits au centre et versez-y l'eau. Formez une boule avec la pâte et pétrissez-la sur une planche légèrement enfarinée pendant environ 10 minutes. Il est nécessaire d'obtenir une pâte forte et homogène. Faites une boule ferme avec la pâte et coupez-la en quatre portions. Faites de chaque portion un cylindre d'environ 12 pouces (30 cm) de longueur. Recouvrez les rouleaux d'un linge humide en attendant de les couper. Coupez chaque rouleau en quinze sections. Saupoudrez-les légèrement de farine pour les enrober. Roulez chaque morceau pour obtenir un cercle d'environ 3 pouces (8 cm) de diamètre. Un ou deux coups de rouleau à pâte suffit à former ces cercles. Gardez-les bien séparés.

Pour faire la garniture, lavez le chou et émincez-le très finement. Faites-le blanchir dans l'eau bouillante où vous le laissez chauffer pendant 3 minutes. Égouttez-le immédiatement dans une passoire. Rincez-le sous l'eau du robinet et égouttez-le soigneusement. Mélangez le chou froid et égoutté avec le porc, les oignons verts, le gingembre, le sel, le glutamate de monosodium, la sauce soya et le sucre. Incorporez très soigneusement les ingrédients avec les doigts.

Placez une rondelle de pâte dans votre paume et une cuiller à café de garniture au centre. La forme doit être celle d'un croissant avec une bordure le long de la surface supérieure. Ramenez les côtés du cercle ensemble en plissant le bord le plus éloigné à tous les 1/2 pouce (1 cm) et en les pinçant contre l'autre bord qui, lui, n'est pas plissé. Mettez les croissants séparés l'un de l'autre sur une planche enfarinée. On peut les préparer à l'avance et les remiser dans un endroit frais. Cette recette donne assez de pâte et de garniture pour une soixantaine de croissants.

## *55. Croissants bouillis nature (水 餃)

Faites cuire les croissants en deux temps en les plongeant dans 16 tasses (4 L) d'eau bouillante pendant 10 minutes. On les sert avec de la sauce soya et du vinaigre.

## *56. Croissants frits croustillants (鍋 貼)

Ces délicieuses pâtisseries sont brunies sur le fond et bouillies sur le dessus. Lorsqu'elles sont cuites, vous les renversez sur une assiette plate de sorte qu'elles se présentent le fond vers le haut.

Préparez les croissants de la recette 54. Versez 2 cuillers à soupe d'huile dans une poêle à frire de 10 pouces (25 cm) et faites-la chauffer jusqu'au point où elle fume presque. Placez les croissants l'un à côté de l'autre pour former un cercle bien fermé et remplissez le centre du cercle avec d'autres croissants. Dans une poêle de 10 pouces (25 cm), vous pouvez faire une quinzaine de croissants. Réduisez la chaleur à feu modéré et faites frire les croissants pendant 3 minutes jusqu'à ce que le fond soit légèrement bruni. Ajoutez une demi-tasse d'eau. Amenez à ébullition, couvrez la poêle et réduisez la chaleur. Faites bouillir les croissants pendant 10 minutes, puis laissez évaporer le liquide en faisant bouillir sans couvercle pendant 5 minutes. Servez avec de la sauce soya et du vinaigre.

Nous nous sommes étendus assez longuement sur la saveur robuste et naturelle de la nourriture de la classe populaire parce que ces qualités ont quelque chose à voir avec la grandeur de la cuisine de Pékin. La gastronomie de Pékin est grande parce que, dans sa plus haute sophistication, elle marie la simplicité à une vigoureuse saveur. La grande cuisine de Pékin différait de la cuisine ordinaire par son contrôle de la texture mais aussi parce qu'elle conservait le mieux à la fois la simplicité et le naturel des aliments. Le travail énorme qu'exige la cuisine élégante de Pékin peut ne pas sembler évident au non-initié. Elle savait bien cacher son habileté technique et prenait ses ordres des saveurs franches et délicieuses du poisson dodu de la Rivière Jaune, des délicieux épinards et des choux qui poussaient dans les plaines larges et déboisées de la région de Shantung, de même que de canards bien gras.

On pouvait trouver la saveur de Pékin dans les maisons de thé et les restaurants où des foyers de bois de pin donnaient à l'agneau une saveur spéciale, et dans le gras volontairement un peu rance dans lequel on faisait frire les pâtisseries. C'était le regroupement autour du *huokuo*, un caquelon dans lequel on trempait des viandes et des légumes crus, ou autour du *Shua yang rou*, un plat semblable à base d'agneau. Qu'importe si l'agneau était rance et avait une "étrange" odeur, si les friandises frites rendaient lourd et léthargique... Gastronomiquement, le *huokuo* était souvent un désastre, en dépit du bruit qu'on a fait à son sujet. "Je trouve tout ce boucan fatigant, écrivait Yuan Mei. Chaque chose devrait être cuite proprement à la bonne chaleur dans un bouillon mijotant ou bouillonnant, prévu pour un moment précis du repas. Dans le caquelon, tout cuit à la même température, les saveurs s'envolent."

Pékin était une ville d'administrateurs, de grandes familles, de travailleurs; de Chinois et de Mahométans. Les petites rues conduisaient aux avenues dont les dimensions réflétaient le ton de la grandeur impériale. Les restaurants prospéraient grâce aux personnages officiels et la richesse de la capitale encourageait le développement de la fine cuisine. Les banquets devinrent des poèmes longs et compliqués. "On passe autant de temps au choix des plats d'un menu qu'à la composition du Cabinet." Certains restaurants avaient atteint une réputation particulière. Le "Yueh Sheng Chai", a-t-on dit, avait commencé son fond de soupe depuis un ou deux siècles, alors que le "Ming Yueh Chai" se vantait que son fond de soupe était en "roulement" depuis soixante ans. Et tout ceci malgré les bouleversements politiques, les rébellions et les révolutions. Les sauces devinrent riches et les saveurs inimitables. Une des spécialités était le *chiang yang rou*, constitué d'agneau cuit en sauce.

## Dans les meilleurs restaurants: canard de Pékin; filets de poisson à la sauce tartare

Les plus grands plats sont complets en eux-mêmes, comportant chaque qualité de la bonne nourriture. Le canard de Pékin est à juste titre une des grandes étoiles de la cuisine. Parce que sa saveur est très simple et odorante, même les gens dont le goût est peu développé l'aiment. Son apparence est simple et sa présentation suit toujours le même ordre: d'abord la peau, ensuite la chair, puis la soupe tirée des os.

La peau est croustillante et odorante mais jamais graisseuse (*yu-er-pu-ni*). La chair est tendre et juteuse, et la soupe contenant du chou est riche et douce. Sa confection est devenue par elle-même une petite spécialité de la gastronomie chinoise. Il est très difficile de penser à quelque chose de comparable en cuisine occidentale. Le rapprochement le plus juste serait peut-être le "club sandwich" et ses distinctions entre les textures et les saveurs délicates du bacon, de la laitue et de la tomate.

La peau est la partie la plus importante du canard. Afin qu'elle soit croustillante sans être graisseuse, on doit la faire sécher. 1) De l'air doit pénétrer entre la peau et la chair. En Chine, on éviscère souvent les volailles en pratiquant une ouverture sous l'une des ailes et non par l'arrière comme on le fait en Europe et en Amérique. L'air est soufflé par cette petite ouverture de sorte que le canard gonfle. Cela permet un séchage plus rapide de la peau. Puisqu'en Europe et en Amérique, nous ne pouvons pas faire ça, on utilise de l'alcool pour extraire l'eau. On frotte la peau avec du sirop de sucre pour favoriser sa coloration lors de la cuisson. 2) Le canard est suspendu à sécher pendant au moins 24 heures dans un endroit frais et bien aéré. Le but est de permettre le séchage de la peau qui se sépare de la chair. On doit ce plat à la température fraîche et sèche de Pékin grâce à laquelle le canard peut être suspendu de cette façon lorsqu'il est cru. 3) Durant le rôtissage, le canard est ou bien suspendu par le cou, ou bien déposé sur une grille, ce qui permet au gras de s'écouler et au canard de brunir régulièrement.

La viande est servie sautée avec des fèves germées et du poivron rouge pour obtenir un contraste des textures; puis, lorsqu'on apporte la glorieuse soupe au chou tirée des os du canard, on peut entendre à table un concert d'exclamations. L'arrivée si rapide de la soupe repose naturellement sur le fait que le restaurant est toujours au moins à l'avance d'un canard. La soupe demande une cuisson prolongée pour extraire les jus de la moelle.

## 57. Canard de Pékin ( 掛 爐 鴨 )

Un canard de 5 lb (2 kg)
Sel
5 c. à soupe de gin ou de vodka
2 c. à soupe de sucre
1 c. à soupe d'eau
Sauce Hoisin ( 海 鮮 醬 ): sauce de fruits de mer
Oignon vert de la recette 88
Brioches (53)

2 oignons verts très finement émincés
1 c. à café de lamelles de gingembre
1 c. à café de piment rouge séché
2 c. à soupe d'huile
1/2 lb (250 g) de fèves germées ou de lamelles de pousses de bambou

Nettoyez le canard et essuyez-le soigneusement. Frottez l'intérieur avec deux cuillers à café de sel. Placez le canard dans une assiette peu profonde. Versez le gin ou la vodka et frottez bien le canard. Laissez-le reposer de 3 à 4 heures en le retournant de temps en temps pour bien enrober la peau d'alcool. Mélangez l'eau et le sucre et avec ce mélange, frottez très également la peau du canard. Attachez le canard et suspendez-le pour le faire sécher dans un endroit frais et aéré pendant au moins 24 heures. Le canard doit pendre librement de sorte qu'il sèche de partout. La peau se détachera de la chair. Faites rôtir le canard au four à 375°F (200°C) pendant environ 1 1/4 heure, en déposant le canard sur une grille bien au-dessus d'une casserole d'eau qui recueillera les gouttes de gras. La peau deviendra brune et cassante. Le canard est servi en trois étapes:

1) *La peau:* On enlève la peau par grands morceaux qu'on coupe en bouchées et qu'on sert dans une assiette plate sans garniture. On peut y inclure quelques fines tranches de la chair de la poitrine. Servez en même temps de la sauce Hoisin avec les oignons verts et les brioches chaudes. Mettez de la sauce sur la peau avec un bout d'oignon vert et placez-la dans le repli de la brioche.

2) *La chair:* Enlevez le reste de la chair des os et coupez-la en lamelles. Faites sauter les oignons verts, le gingembre et le piment dans l'huile pendant quelques minutes, puis ajoutez la chair du canard et 1/2 cuiller à café de sel. Ajoutez les fèves germées ou les lamelles de pousses de bambou, saupoudrez une autre 1/2 cuiller à café de sel et faites sauter pendant quelques minutes à feu vif. Conservez les fèves germées croustillantes.

## 58. Soupe au canard (鴨 湯)

| | |
|---|---|
| La carcasse du canard | 1/2 c. à café de sel |
| 3 tasses (750 mL) d'eau | 1 lb (500 g) de chou chinois |
| 1 tranche de gingembre | en morceaux d'un pouce |
| 1 oignon vert | 1/2 c. à café de sucre |

C'est la finale traditionnelle du Canard de Pékin. Brisez les ailes, les cuisses et les os de la carcasse. Écrasez les côtes et l'épine dorsale. Ajoutez de l'eau, le gingembre et l'oignon vert et amenez à une vigoureuse ébullition. Laissez bouillir vivement pendant environ 45 minutes en ajoutant de l'eau si nécessaire pour maintenir le même niveau. Enlevez les éléments solides. Ajoutez le sel, le sucre et le chou et faites cuire à feu modéré de 30 à 40 minutes jusqu'à ce que le chou soit très tendre.

Dans la plus fine cuisine, des méthodes passablement élaborées étaient consacrées à certains ingrédients. Afin de conserver au poisson sa douceur et sa légèreté, on passait d'abord les filets dans l'huile et ensuite dans la sauce. Cette méthode était appelée *chua chiang* (抓 搶), littéralement "saisir et dérober", ou encore comme on l'appelle dans ce livre, la méthode des "deux passes" (comparez avec le boeuf minute, 132). Le plat est complètement blanc, entièrement recouvert d'une sauce étincelante.

## 59. Filets de poisson à la sauce vinaigrée (醋 溜 魚 片)

1 lb (500 g) de filet (sole, flet, carrelet ou brochet)
2 blancs d'oeuf
3 c. à soupe de fécule de maïs
1/2 c. à café de sel
1 1/2 tasse (375 mL) de bouillon de poulet

2 c. à café de sucre
1 c. à café de sauce soya légère
1/4 de c. à café de glutamate de monosodium
Environ 2 1/2 tasses (625 mL) d'huile
1 c. à soupe de vinaigre

Tranchez les filets dans le sens du grain en morceaux de 1/2 pouce sur 1 pouce (1 cm sur 2 cm). Incorporez les morceaux de poisson dans les blancs d'oeuf avec 2 cuillers à soupe de fécule de maïs et le sel. Ce mélange peut être conservé au réfrigérateur pendant quelques heures.

Lorsque vous êtes prêt à préparer le poisson, mélangez le bouillon de poulet, le reste de la fécule de maïs, le sucre, la sauce soya et le glutamate de monosodium dans une poêle à frire. Faites chauffer en remuant jusqu'à ce que la sauce soit lisse et qu'elle bouillonne, puis gardez la sauce au point de mijotage. On fait un peu plus de sauce pour bien enrober les morceaux de poisson.

Pendant ce temps, faites chauffer un wo pendant quelques minutes, puis versez-y l'huile. Lorsque l'huile est chaude, incorporez une moitié du poisson, remuez-le une fois et enlevez-le à l'aide d'une cuiller trouée après une trentaine de secondes. Transférez le poisson immédiatement dans la sauce qui mijote. Continuez la première opération immédiatement avec la deuxième moitié de poisson. Remuez le poisson dans la sauce aussi peu que possible, mais assurez-vous que tous les morceaux sont bien enrobés en même temps que vous ajoutez le vinaigre. Servez immédiatement avec tout juste assez de sauce pour donner au poisson une apparence lisse et brillante.

## Chez les Mahométans: lamelles d'agneau sautées

À Pékin, les Mahométans se spécialisaient dans la cuisson de l'agneau que beaucoup de Chinois détestaient. On tranchait très finement ses tripes, sa tête, les abats et le jarret, on les saupoudrait de poivre sauvage et de sel, et on les servait avec du vin. Une corne de mouton servait de salière.

"Il y a soixante-douze façons de faire cuire l'agneau. Parmi elles, seulement dix-huit ou dix-neuf sont mangeables", écrivait Yuan Mei qui possédait un grand jardin à Nanking. La cuisine chinoise a adapté le goût mongolien pour l'agneau mais ne lui a jamais rendu justice. Pékin était le sommet de la culture aux frontières du désert de Mongolie et, paradoxalement, sa force lui venait de l'introduction constante d'éléments étrangers qui ont d'abord fait grimacer les Chinois avant qu'ils tentent de s'y acclimater. La région de Chê-kiang—Chiang-su était protégée par sa géographie de ces éléments rudes et étrangers, de sorte que, dans sa gastronomie tout au moins, cette culture a manqué de grandeur et a développé un extrême raffinement côtoyant la vulgarité. Le mélange de la culture chinoise à celle de cultures étrangères n'a pas toujours eu des résultats heureux. La recette suivante est une tentative de cuisiner l'agneau pour ceux qui n'aiment pas son goût caractéristique; c'est une version chinoise de l'agneau mongolien. Remarquez: 1) l'utilisation de la méthode des "deux passes"; 2) l'éminçage de tous les ingrédients, technique typiquement chinoise; 3) le mariage des saveurs. On ne peut dire que le résultat nous donne l'impression de manger de l'agneau (bien qu'il soit assez délectable), comme si on s'aventurait dans les régions inconnues du désert de Mongolie.

## *60. Lamelles d'agneau sautées (炒羊肉絲)

1/2 lb (250 g) de viande d'agneau
1 blanc d'oeuf
4 c. à café de fécule de maïs
2 gros oignons espagnols
1/2 lb (250 g) de navet
3 carottes moyennes

1 tasse (250 mL) d'huile
1 c. à café de sel
1 c. à café de sucre
1 c. à soupe d'huile de sésame
2 c. à soupe de vin

Nettoyez toutes les membranes, le gras et les os pour obtenir suffisamment de viande pour faire 1/2 livre (250 g) d'agneau. Coupez-le en lamelles et mélangez avec le blanc d'oeuf et la fécule de maïs. Laissez reposer pendant que vous émincez les oignons, les navets et les carottes.

Il vous faudra deux wos (ou 2 poêles à frire). Faites chauffer l'huile dans le premier wo. Faites-y frire l'oignon pendant environ une minute puis transférez-le dans le second wo. Ajoutez le navet et la carotte à l'oignon et faites sauter environ 10 minutes en ajoutant 1/2 cuiller à café de sel et de sucre. Lorsque les légumes sont prêts, faites chauffer le reste de l'huile dans le premier wo. Faites frire l'agneau en remuant doucement, de 30 à 60 secondes. Transférez l'agneau dans le second wo et mélangez délicatement avec des bâtonnets en ajoutant l'huile de sésame, le vin et le reste du sel.

Un reporter chinois qui visitait la Mongolie écrivait en 1930:

"Aussitôt que nous entrâmes dans la tente doucement éclairée (d'un chef mongolien), on nous offrit des sièges et on nous apporta un agneau entier fumant déposé dans un grand plateau de bois orné d'or, comme pour un dîner des dieux. La viande était délicate, le gras riche et odorant. L'agneau ressemblait au lion du pont sur la Tamise. L'agneau était si beau que je m'attendais à tout moment à voir arriver des anges voltigeant autour. Mes rêvasseries furent interrompues par mon compagnon qui me demandait de laver mes mains. Nous tranchions des morceaux d'agneau avec un couteau brillant et nous les ramassions avec nos doigts. C'était le fameux plat "Servez-vous vous-mêmes" ( 手 抓 羊 ). L'agneau avait été cuit à demi à la vapeur puis attendri dans ses jus et son bouillon. Qui aurait pu penser que ces gens parmi les plus primitifs aurait en cuisine un goût si simple et si élégant. En Chine, nous avons tendance à masquer la saveur avec des épices ou à la perdre en faisant bouillir les aliments. Les saveurs naturelles sont les meilleures et il n'est pas nécessaire de faire tant de cérémonie sur la nourriture. Il est vrai que prendre les morceaux d'agneau avec ses doigts est primitif, mais il goûte meilleur de cette façon. L'agneau avait été préparé simplement avec un peu de sel.

Après le dîner, on nous invita à entrer dans une autre tente qui avait été préparée pour nous. L'or et l'argent miroitaient doucement à l'intérieur. Une lampe ouvragée pendait du plafond, jetant sa lumière sur les rideaux de satin jaune. Le plancher était couvert de tapis multicolores. Des lits avaient été préparés pour nous. Des couvertures de renard et de martre doublées de soie de plusieurs couleurs. Il y avait aussi une peau d'ours de plus de six pieds (environ 1,80 mètre) de la tête à la queue. La tente était également meublée de chaises, d'une table, d'une peau de tigre, d'une horloge, d'un bol de Kanghsi rempli de prunes, d'amandes, de raisins et de poires croquantes de Suiyuan, de pommes, de dattes, etc. On nous servit du thé. Quatre dames de la cour conduisirent l'épouse du chef qui dansa devant nous au son des cordes et des cuivres. Ses mouvements et son visage étaient si saisissants que nous restions assis immobiles et nous n'avons pas bougé avant que ses servantes ne l'aient ramenée."

## Szu-ch'uan

*En entrant dans la gorge, la rivière semblait bloquée en
face de nous.*
*Puis dans les falaises apparut une fissure comme une
niche de Bouddha.*
*Les eaux tourbillonnantes commencèrent à perdre leur
grande étendue*
*Pour se rétrécir dans une abysse profonde.*
*Les vents mugissaient à travers les falaises,*
*Et les nuages crachaient des tonnes d'eau.*
*Les falaises en surplomb faisaient siffler les grands vents,*
*Et les plantes luxuriantes brillaient d'un vert resplen-
dissant.*
*Des bosquets de bambou sur les rochers ruisselant de
verdure fraîche,*
*Et les rhododendrons tapissaient les flancs de la mon-
tagne.*
*Des cataractes répandaient un brouillard neigeux,*
*Et d'étranges rochers apparaissaient comme des chevaux
effrayés.*

SU TUNGPO

Il y a au centre de la Chine un triangle formé par trois chaînes de
montagnes. Au pied d'une de ces chaînes coule le fleuve Yang-tsê allant du
nord à l'est vers la mer. Au centre de ce triangle, on trouve la plaine fertile de Ch'eng-tu au climat doux et humide qui peut fournir en nourriture
la province entière. C'est une région où on voit d'immenses falaises, des
montagnes escarpées et un paysage éclatant. On a construit les fermes aux
quatre coins de ces champs de verdure humide et l'odeur du piment rouge
s'accentue à mesure que vous en approchez. On disait que même les
moines pouvaient manger des piments rouges. Les piments ne les exci-
taient pas trop; ils ne faisaient que les protéger de l'humidité du climat. On
considérait les piments comme thérapeutiques, un peu comme le whisky en
Écosse. Le riz et le bambou prospéraient dans ce climat humide mais le
poisson était plutôt rare. Géographiquement et historiquement,
Szu-ch'uan était un petit royaume qui s'est développé dans un isolement
réel, immergé et emprisonné dans son paysage magnifique. Ses chiens et
ses chevaux (et, avec nos excuses, ses gens) avaient tendance à être rachi-
tiques et batailleurs. Mais sa nourriture est unique.

## La saveur multiple: tranches frites.
## La saveur Mala (aromatisée et piquante):
## poulet épicé à la tangerine

La cuisine de Szu-ch'uan constitue un brillant phénomène qui brise avec toutes les règles et s'en éloigne. Son utilisation des sauces et des assaisonnements constitue un autre langage. On peut être choqué au premier abord, puis on commence à comprendre que leur différence de goût est une affaire de logique. Le but du piment rouge fort n'est pas de paralyser les papilles mais de stimuler le palais. Cette saveur piquante est la clé qui ouvre tout le spectre des saveurs szu-ch'uanaises. La sécheresse des textures devient même pleine de sens.

Grâce à la stimulation opérée par le piment fort, le palais devient plus sensible et peut recevoir un grand nombre de saveurs à la fois. Après le passage du goût piquant, une certaine douceur envahit le palais, puis la "saveur multiple" caractéristique de Szu-ch'uan dans laquelle l'aigre, le salé, le sucré, l'odorant, l'amer et le piquant se trouvent, peut se goûter, celle-ci les combinant toutes à la fois. Les saveurs premières se perdent dans le goût piquant du piment, mais elle demeurent dans l'arrière-goût, après que le feu du piment se soit évanoui. La cuisine szu-ch'uanaise est basée principalement sur les sauces et les assaisonnements, mais préparés de sorte qu'ils constituent une saveur unique et multiple dont les papilles distinguent les composantes. Le gourmet réalisera ce fait après avoir goûté les tranches de porc frites (61).

La douceur et la saveur multiple se relient curieusement à la texture sèche et solide davantage accentuée dans cette cuisine. Si une saveur est piquante, l'eau ne fait que l'accentuer. La douceur arrive uniquement si l'aliment est plutôt sec mais huileux. Deuxièmement, ces saveurs sont faites pour être mastiquées, pas simplement avalées. Ainsi, alors que Pékin préfère les aliments mous et coulants, Szu-ch'uan préfère les aliments forts et solides. La première forme est plus jolie mais la seconde à plus de caractère.

Pour réaliser les Tranches de porc frites (61) comme elles devraient: 1) on doit trancher le porc dans le sens des fibres, régulièrement, de sorte que même si elles rétrécissent en cuisant, les tranches sont uniformes. On enlève toutes les membranes et le gras avant de trancher. La texture doit être homogène car elle est destinée à être mâchée. 2) La fécule et le blanc d'oeuf ont pour but de garder les jus à l'intérieur de la viande. 3) On fait d'abord bouillir les tranches pour raffermir la viande. 4) On les fait ensuite frire deux fois pour en extirper complètement l'humidité. Après la première friture, les tranches refroidissent et redeviennent juteuses. La seconde friture enlève le reste de l'eau et à un certain point de la cuisson, les tranches deviennent presque soudainement brun-rouge. C'est assez fascinant à observer. 5) On arrête la cuisson des tranches environ 2 minutes après que la couleur a changé.

## 61. Tranches de porc frites (水 煮 肉 片)

1 lb (500 g) de longe de porc
2 blancs d'oeuf
3 c. à soupe de fécule de maïs
Sel
3 tasses (750 mL) d'eau
1 oignon vert
2 tranches de gingembre
1 c. à café de sauce soya

1/4 de c. à café de poivre noir
Glutamate de monosodium
1/2 c. à café de sucre
1 à 2 c. à café de piment rouge
concassé
1/4 de c. à café de poivre
sauvage
1 c. à soupe de sauce soya foncée
2 tasses (500 mL) d'huile

Nettoyez le porc de ses membranes et tranchez-le dans le sens des fibres en morceaux d'environ 1/2 sur 1 1/4 pouce (1 sur 3 cm). Enrobez les tranches dans le mélange de blancs d'oeuf, fécule de maïs et 1 cuiller à café de sel. Versez de l'eau dans une casserole, ajoutez l'oignon vert, le gingembre, la sauce soya, le poivre noir et 1/4 de cuiller à café de glutamate de monosodium et amenez à ébullition. Ajoutez les tranches de porc par portion et amenez à ébullition vive sans remuer afin de bien fixer le blanc d'oeuf. Laissez bouillir les tranches 3 minutes et égouttez-les bien. Saupoudrez avec 1/2 cuiller à café de sel, 1/2 cuiller à café de glutamate de mono-sodium, le sucre, le piment rouge, le poivre sauvage et la sauce soya foncée. Mélangez bien les assaisonnements.

Faites chauffer l'huile dans un wo et faites frire lentement les tranches pendant 12-15 minutes en remuant le moins possible. Enlevez les tranches et laissez-les égoutter dans une grande passoire. Laissez-les refroidir environ 20 minutes, puis faites-les frire à nouveau de 5 à 7 minutes jusqu'à ce qu'elles soient brun-rouge, fermes mais non croustillantes.

La saveur multiple est caractéristique de Szu-ch'uan. Sa soupe renommée, la Soupe aigre et piquante, est populaire à cause de la simultanéité de ses goûts aigre, piquant, salé, doux et odorant. La seconde caractéristique de la cuisine szu-ch'uanaise ressemble à la première et elle se distingue par le piquant de l'arôme (*mala,* 麻辣). Dans ce type d'assaisonnement, l'oignon vert émincé et le poivre sauvage (*Xanthoxylum piperatum,* 庇椒) sont les assaisonnements dominants. Et, naturellement, les plats *mala* comportent également la saveur multiple.

La recette suivante propose l'utilisation de la pelure séchée et aromatique des petites tangerines, un produit de la région de Szu-ch'uan. La saveur excellente du poivre sauvage ressort lorsqu'il est légèrement concassé.

## 62. Poulet épicé à la tangerine (陳 皮 鶏)

6 cuisses de poulet (2 1/2 à 3 lb
— 1 à 1,5 kg)
3 c. à soupe de vin
2 c. à soupe de sauce soya
Sel
1 oignon vert en morceaux
2 c. à soupe de farine (facultatif)
Huile à friture
2 c. à soupe d'huile

1 c. à café de piment rouge
concassé
1/4 de c. à café de poivre
sauvage concassé
Environ 2 c. à café de zeste
de tangerine
1 c. à soupe de vinaigre
Quelques cuillers à soupe
de bouillon de poulet
1/2 c. à café de glutamate
de monosodium

Coupez les cuisses de poulet en sections de 1 1/2 pouce (4 cm).
Faites-les mariner de 2 à 4 heures dans un mélange de vin, sauce
soya, 1 cuiller à café de sel et l'oignon vert. Égouttez le poulet,
réserverz la marinade et, si désiré, enfarinez légèrement les
morceaux. Faites frire le poulet en friture profonde pendant environ
7 minutes, jusqu'à ce qu'il soit bruni, et mettez-le de côté.

Mettez l'huile dans une poêle à frire assez profonde et faites sauter
le piment rouge, le poivre sauvage et le zeste de tangerine pendant
quelques minutes. Puis ajoutez le poulet et mélangez bien. Ajoutez le
vinaigre et laissez-le s'évaporer. Ceci rend le poulet plus tendre et les
piments plus forts. Ajoutez environ 1/2 tasse (125 mL) de la marinade complétée avec du bouillon de poulet et assaisonnez avec
1/2 cuiller à café de sel et le glutamate de monosodium. Faites
évaporer le liquide sur un feu modéré pendant environ 15 minutes, ou
jusqu'à ce que le liquide soit entièrement évaporé.

## Trois sauces de Szu-ch'uan:
## sauce au piment rouge; sauce soya réduite;
## pâte d'oignons verts (ces sauces se servent
## avec les croissants bouillis (54, 55)

Ch'eng-tu, capitale de la province de Szu-ch'uan, est située à l'ouest
du bassin. Ses maisons donnent sur de grandes rues où aboutissent des
sentiers juste assez larges pour le passage des charettes; bien que l'apparence de la ville ne soit pas impressionnante, son commerce et son gouver-
nement en ont fait une ville importante. Ses maisons de thé à un étage au
plafond élevé ressemblaient aux grands cafés de Paris; c'est là que se
faisaient les cancans, les échanges, que circulaient les rumeurs et qu'on
trouvait les occasions. Les banquets officiels adoptaient la forme classique

plutôt que les saveurs locales piquantes. On devait importer les aliments à texture de même que le poisson d'eau salée provenant des lointaines mers du sud. C'est propre aux zones isolées. Pas étonnant que ces "importations" étaient considérées comme des friandises à Szu-ch'uan et dans le nord glacial, et même dans les régions plus basses du fleuve Yang-tsê. D'autre part, les voyageurs s'arrêtant à Ch'eng-tu prévoyaient de goûter à ses beignets spéciaux, faits à l'envers (l'intérieur à l'extérieur), contrairement à la manière habituelle. On faisait des boulettes garnies de graines de sésame qu'on roulait dans la farine; ce mince enrobage résistait à la cuisson à l'eau bouillante. On donnait un tour local, immanquablement szu-ch'uanais au *chiaotse* (croissant servi sous une forme simple et directe à Pékin).

On sert les croissants bouillis nature (55) avec trois sauces qu'on mélange à table chacun à son goût. On peut substituer la pâte d'ail cru à la pâte d'oignons verts. Les couleurs sont belles et le mélange délicieux.

## *63. Sauce au piment rouge (紅 油)

*5 c. à soupe d'huile*
*4 c. à café de piment rouge moulu*

Faites chauffer l'huile au point où elle fume. Fermez le feu et attendez environ 30 secondes. Ajoutez le piment rouge, remuez-le immédiatement et laissez reposer jusqu'à ce que le mélange soit froid. Filtrez le mélange à travers une épaisseur de papier essuie-tout.

## 64. Sauce soya réduite (複 製 醬 油)

*3/4 de tasse (175 mL, 170 g) de sucre brun (cassonade)*
*1 tasse (250 mL) de sauce soya*
*1 morceau d'étoile d'anis*
*1/4 de c. à café de cannelle*
*Une pincée de cardamome*

Mélangez le sucre, la sauce soya et l'étoile d'anis dans une grande casserole. Amenez à ébullition et laissez bouillir doucement jusqu'à ce que le volume réduise de moitié. Faites refroidir le mélange et ajoutez la cannelle et la cardamome.

## 65. Pâte d'oignons verts (葱 泥)

*Environ 8 oignons verts*
*Eau glacée*

Émincez très finement les oignons verts et à l'aide d'une tasse à mesurer, mesurez-en 2/3 de tasse (150 mL). Ajoutez de l'eau glacée ou de l'eau additionnée de cubes de glace pour obtenir un volume de 3/4 de tasse (175 mL). Mélangez pour faire une pâte. Si vous la conservez au réfrigérateur, gardez-la dans un pot bien hermétique, car elle dégage une odeur forte.

## Deux recettes de Szu-ch'uan: le poisson moqueur; les poivrons rôtis

La montée annuelle du poisson (Shad) s'arrêtait à l'est de la région de Szu-ch'uan où ils frayaient dans des lacs grands comme des mers. Plus haut, les eaux deviennent plus turbulentes. Les rapides traversent des gorges, rendant la navigation difficile et les eaux de la rivière sont trop rapides; il ne se forme pas de lac où pourrait croître le poisson. C'est peut-être la raison pour laquelle il existe un plat bizarre appelé Poisson moqueur, qui est une tentative de reproduire le goût du poisson. Si vous fermez les yeux, vous ne pouvez presque pas le croire. L'esprit de contradiction de la cuisine szu-ch'uanaise repose sur le fait que le veau ou le boeuf peuvent se substituer au porc dans la recette suivante sans changer grand-chose à son goût. Le goût des substances d'origine est là, mais perdu dans la sauce. Ça ne dérange personne parce que l'utilisation des assaisonnements est extraordinaire.

### *66. Poisson moqueur ( 魚 鮮 肉 絲 )

3/4 de lb (375 g) de porc
2 c. à café de vin
1 c. à soupe de sauce soya
1 c. à soupe de fécule de maïs
Huile à friture
4 c. à café de sauce de haricots
bruns ( 豆 拌 醬 )
1 c. à soupe d'eau

1 c. à soupe de vinaigre
1 c. à café de sucre
1/2 c. à café de piment rouge
concassé
1 c. à café de jus de gingembre
pressé
1/4 de c. à café d'huile de sésame
1/2 c. à café de fécule mélangée
à 4 c. à soupe (60 mL) d'eau

Tranchez le porc en lamelles très fines et faites-le mariner dans un mélange de vin, sauce soya et fécule de maïs. Faites frire en friture profonde pendant environ 2 minutes, jusqu'à ce que les lamelles soient bien brunies. Laissez-le égoutter. Mélangez dans un bol tous les autres ingrédients sauf le mélange de fécule et d'eau. Faites sauter le porc dans le mélange pendant quelques minutes jusqu'à ce que le tout soit bien chaud. Épaississez ensuite la sauce avec le mélange de fécule et d'eau en remuant doucement pour le rendre bien lisse.

Le palais szu-ch'uanais exigeait des saveurs riches et compliquées. On y arrivait facilement dans les plats à base de viande, mais les autres substances présentaient des problèmes particuliers. Le bambou poussait dans le climat humide, rendant les flancs de montagne verdoyants. Les grands bambous produisaient des pousses minces dont on faisait disparaître le goût légèrement amer en les faisant cuire avec de la peau de poulet dans un riche bouillon. Les sautés secs étaient très populaires; ailerons de requin, calmar séché et poisson, de même que le bambou, se cuisinaient de cette façon. Le bambou poussait, rouge, tacheté de noir, de pourpre ou de vert, soit à l'état sauvage soit cultivé. Si vous plantiez du bambou dans votre cour parmi les pêchers et les cassias, vous les aviez à quelques pas de votre cuisine. À l'époque des grandes pluies du printemps sortait une variété nommée "bambou tonnerre". On l'émninçait finement et on le laissait simplement cuire à la vapeur au-dessus du riz avec un peu de sel, ou on le faisait bouillir assaisonné de sauce soya. "Sa saveur surpasse celle des gourdes, des courges et des concombres", écrivait Li Liweng. Il est presque comme de l'artichaut au meilleur de son exquise douceur, et au pire (en boîte!) seule sa texture demeure.

C'est bien connu que les poivrons se flétrissent au cours de la cuisson, mais combien savent que les poivrons verts doivent être rôtis pour dégager leur vraie saveur? Alors qu'on les écarte parce qu'ils sont à peine croquants lorsqu'ils sont presque crus, ils se révèlent soudain complexes, riches et doux.

## 67. *Poivrons rôtis (* 爆 青 椒 *)*

*2 gros poivrons verts*
*Environ 1 c. à soupe de fèves*
*noires fermentées*
*Sherry sec*
*1 c. à soupe d'huile*

*4 oignons verts émincés*
*1 c. à café de sauce soya*
*1/4 de c. à café de sel*
*1 c. à café de vinaigre*

Coupez les poivrons en quartiers et enlevez les graines. Faites chauffer à la vapeur ou mijoter les haricots fermentés dans suffisamment de sherry pour les recouvrir. Ceci attendrit les fèves et leur saveur se dégage. Émincez les fèves (le surplus peut se garder au réfrigérateur dans un pot fermant hermétiquement). Mélangez une cuiller à soupe de fèves avec l'huile, les oignons verts, la sauce soya et le sel. Mettez de côté.

Faites chauffer un wo (ou une poêle à frire) pour qu'il soit très chaud, étendez les morceaux de poivrons et pressez contre la surface jusqu'à ce qu'ils aient quelques marques noires. Retournez les morceaux et lorsqu'ils sont mous, vert pâle et fanés, fermez le feu. Tournez les poivrons de sorte que leur surface intérieure soit vers le haut.

Ajoutez le mélange de fèves et mélangez à mesure que la poêle à frire grésille. Ajoutez ensuite le vinaigre. Servez les poivrons à la température de la pièce.

## La variété au moyen de l'assaisonnement: poulet en dés en sauce; poulet au piment fort

L'accent prononcé mis sur les épices et les sauces était d'une certaine façon une manière d'échapper à la monotonie. On utilisait le porc et le poulet surtout à cause de l'absence relative du canard, du boeuf et des fruits de mer. Il existe deux versions de poitrine de poulet dont le goût est entièrement différent. On fait d'abord tremper le poulet dans l'eau pour le rendre plus tendre. On l'enrobe ensuite dans le même but.

### 68. Poulet en dés en sauce ( 醤 爆 鷄 丁 )

2 poitrines de poulet (environ 2 lb (1 kg) incluant la peau et les os)
Sel
4 c. à café de fécule de maïs
1 1/2 tasse de pousses de bambou
3 c. à soupe de sauce Hoisin
(sauce de fruits de mer)
   ( 海 鮮 醤 )

4 c. à café de sauce de fèves brunes
1 c. à café de sauce soya
2 c. à café de vinaigre
4 c. à soupe d'huile
8 gousses d'ail pelées et écrasées
1/4 de c. à café de piment rouge concassé

Enlevez la peau et les os et coupez en dés les poitrines de poulet. Faites tremper les dés de poulet pendant 20 minutes dans 4 tasses (1 L) d'eau additionnée d'une cuiller à café de sel. Égouttez très soigneusement et enrobez le poulet avec la fécule de maïs. Coupez le bambou en dés. Mélangez ensemble le bambou, la sauce Hoisin, la sauce de fèves brunes, la sauce soya et le vinaigre et gardez de côté.

Faites sauter le poulet dans l'huile en même temps que l'ail, le piment fort et 1/2 cuiller à café de sel. Incorporez l'autre mélange et mélangez soigneusement. Après environ une minute, ajoutez environ 1/2 tasse d'eau et faites chauffer encore une minute pour épaissir la sauce.

## 69. Poulet au piment fort (辣 子 鷄 丁)

6 à 8 piments rouges entiers séchés
Huile
2 poitrines de poulet (environ 2 lb (1 kg) incluant la peau et les os)
1 blanc d'oeuf
Fécule de maïs

1/2 tasse (125 mL) d'arachides blanchies
1/2 c. à café de sucre
1/2 c. à café de glutamate de monosodium
1 c. à café de vinaigre
1 c. à café de sauce soya

Faites mijoter les piments séchés dans 1/2 tasse d'eau et une cuiller à soupe d'huile pendant environ 10 minutes pour les ramollir. On peut les conserver pour usage ultérieur.

Enlevez la peau et les os du poulet et coupez la viande en cubes de 3/5 de pouce (1 cm). Enrobez-les de blanc d'oeuf mélangé à 4 cuillers à café de fécule de maïs. Si possible, laissez reposer ce mélange de 1 à 3 heures.

Faites sauter dans un wo les arachides blanchies dans 1 cuiller à soupe d'huile et 1/2 cuiller à café de sel. Retirez-les du wo et gardez-les de côté. Faites sauter le poulet avec 2 cuillers à café de piment rouge ramolli coupé en dés dans 3 cuillers à soupe d'huile, en même temps que le sucre, le glutamate de monosodium et 1/4 de cuiller à café de sel. Après quelques minutes, ajoutez le vinaigre et laissez-le s'évaporer. Puis incorporez les arachides et épaississez la sauce avec une cuiller à café de fécule de maïs préparé en pâte lisse avec la sauce soya et 5 cuillers à soupe d'eau.

## Chê-kiang—Chiang-su

江
浙
菜

Soochow, le bel endroit. À l'aurore
On coupe le bambou lisse comme jade,
Hsien et Nun sur un plateau de terre cuite.
Soochow, le bel endroit. L'arbouse,
Doux comme la rosée céleste,
Remplit mes joues de jus.
Soochow, le bel endroit. Les grosses fèves
Qu'on ramasse lorsque les fleurs fléchissent
Et qu'on mange lorsque le thé est servi.
Soochow, le bel endroit,
Lorsque le poisson arrive.
Le poisson de rivière
Que nous faisons cuire au printemps
Avec du gingembre et de la ciboulette.

*Soochow, le bel endroit. En été,*
*Le poisson dodu s'élance dans la rivière*
*En évitant le bateau du pêcheur.*
*Les crabes pourpres et la lie du vin rouge*
*Font passer l'automne.*
*Lorsque les viandes grasses et l'esturgeon apparaît,*
*La carpe et la brème bondissent dans le chaudron.*

KU TIEH CHING
(19e siècle)

Coupant à travers les gorges, le fleuve Yang-tsê atteint finalement les terres basses de Hupeh où, longeant un réseau de rivières et de lacs, il ralentit et prend un cours plus calme avant de rejoindre la mer quelques kilomètres au nord de Shanghai. Les deux provinces côtières de Chê-kiang et de Chiang-su sont ponctuées de lacs, de rivières et de canaux provenant tous du grand fleuve. Mais maintenant le paysage est réduit, les immenses falaises de Szu-ch'uan, épouvantables dans leur grandeur, laissent place au doux reflet d'un lac. Au lieu de pins, il y a des saules. Les rues étroites des villes sont agitées; tout est petit, fourmille de monde et est près du sol. Les lignes verticales de Szu-ch'uan sont remplacées par le vallonnement horizontal des collines. Les ponts de Soochow forment des cercles presque parfaits doublés par leur reflet dans l'eau, et les bateaux passent comme à travers un cerceau. Tout est à l'échelle de l'homme.

Dans cette région, les gastronomes étaient les plus nombreux. Ils venaient des villes et villages où la richesse avait apporté la connaissance aux gens. Les boutiques et les restaurants répondaient aux exigences des gastronomes et des snobs. Les changements de saison étaient des événements gastronomiques. Les petites villes de l'embouchure du Yang-tsê, tout comme ce cordon de villages de Bourgogne, étaient renommées sur le plan gastronomique: Chinkiang — vinaigre, Shaoshing — vin, Yangchow — nouilles et gâteaux. La montée annuelle du *Shad* était source d'une heureuse harmonie. Le poisson montait au-dessus de Chinkiang dont le vinaigre, noir et brillant, convenait admirablement à sa saveur. Les poissons assez chanceux pour monter plus loin sans être servis sur un plateau arrivaient jusqu'à Wouhou, un autre centre gastronomique situé quelque deux cents kilomètres plus haut dans le détroit; on les y faisait cuire à la vapeur, nature ou avec de la sauce soya. Le poisson était attendu plus haut encore, à Anching où les restaurateurs impatients surveillaient leur arrivée dans le fleuve. Leurs clients, moins angoissés, hésitaient entre le poisson écaillé avec ses huiles douces et le filet couvert d'une couche de gras et cuit à la vapeur du vin.

En d'autres saisons, il y avait du mullet, de la perche et une sorte de poisson aux yeux rouges, plein d'arêtes. "À Nankin, ils le font d'abord sécher, puis ils font frire le poisson. Un proverbe dit que si vous redressez la colonne vertébrale d'un bossu il mourra, écrivait Yuan Mei. Je vous suggère de le couper en diagonale le long du dos avec un couteau aiguisé de sorte que toutes les petites arêtes soient presque dégagées. Puis, faites-le frire avec d'autres ingrédients. En le mangeant, vous verrez difficilement qu'il y a des arêtes. C'est la recette de monsieur Tao de Wouhou." Cette suggestion est restée sans effet, car sa méthode de cuisson est encore de faire rôtir le poisson pour ensuite le faire frire pour que les arêtes soient friables.

Hangchow, Soochow et Shanghai, trois villes entourant un lac renommé, sont situées à l'est du fleuve. Les gens brisaient la beauté sereine du lac de leurs voix fortes. La gastronomie était le passe-temps de chacun, que ce soit un écrivain, un artiste, un homme d'affaires, ou un homme sans profession. Peu de gens pouvaient demeurer silencieux et inactifs dans cette atmosphère de compétition. Ils venaient au lac pour manger et pour admirer le paysage, en vociférant dans les deux cas dans le dialecte quelque peu vulgaire de la région. Mais qui pouvait placidement regarder les saules effleurant la surface du lac sans remarquer les bulles venant du poisson bondissant? Ceci conduit naturellement au problème de la cuisson du poisson. La tête prend toujours plus de temps à cuire que le corps, et les deux parties sont délectables. Dans certains restaurants, ce problème était surmonté par voie de chirurgie. On affamait le petit poisson de lac pendant une journée pour vider son estomac, puis on le coupait de telle façon que la tête et les deux côtés du corps soient étalés. L'épaisseur des diverses parties était inégale, mais telle que la durée de cuisson totale de toutes les parties était d'environ 3 minutes.

Cette cuisine est caractérisée par son exquise délicatesse et par le mode de préparation manifestement élaboré. On trouvait tous les ingrédients dans cette région douce et fertile et on les incorporait dans des plats très élaborés. Généralement (de l'avis d'une personne), l'effet ressemblait à ces tableaux de soie où sont brodés des papillons et des fleurs: beaucoup de travail dans un mauvais goût. La richesse de la cuisine était telle qu'on utilisait les ingrédients pour donner de la saveur les uns aux autres. On se servait des crevettes presque comme d'un assaisonnement, des oeufs de crabe ou la laitance comme gras et du porc pour la douceur de son goût. N'est-ce pas le principe même des saveurs complémentaires? Non. L'objectif visé en combinant un ingrédient à un autre est de faire ressortir son individualité, pas de la perdre. "Les gens de Nankin aiment manger de la bêche-de-mer avec de la tortue, et des ailerons de requin avec de la chair et des oeufs de crabe. Je désapprouve ceci", écrivait Yuan Mei.

*La main habile du cuisinier: poulet émincé;*
*lamelles de tofu, avec deux façons de les servir;*
*la colline de tofu; lamelles de tofu au bouillon*

Le goût propre à cette région fut "modelé" par les gastronomes. Comme il n'y avait rien qu'ils n'avaient déjà goûté, ils pressaient leurs cuisiniers d'essayer de nouvelles combinaisons. Leur habileté culinaire pouvait être admirée comme une fin en soi, chose qui était remarquée et appréciée. La cuisine de Chê-kiang et Chiang-su n'aimait pas la solitude. On dessinait des motifs floraux avec les aliments, et les assortiments éblouissants de hors-d'oeuvre qui précédaient les festins remportaient tous les prix dans ce jeu de la gastronomie. Dans cette partie, nous donnons deux exemples du genre de travail de la région: le Poulet émincé, intéressant pour ceux qui aiment la cuisine décorative, et les Lamelles de tofu, qui exigent une fine main pour les couper et un fin palais pour les déguster.

## 70. Poulet émincé ( 翡 翠 鷄 片 )

*1 poitrine de poulet (environ 1/2 lb (250 g) incluant la peau et les os)*
*1 c. à café d'eau froide*
*1 tasse (250 mL, 227 g) de feuilles d'épinard*
*1 blanc d'oeuf*
*1 1/2 c. à café de poudre de châtaigne*

*Gras de poulet ou de canard*
*Une pincée de poudre de gingembre ou quelques gouttes de jus de gingembre frais*
*Sel*
*4 c. à soupe de bouillon de poulet*
*2 c. à café de sherry sec*
*3/4 de c. à café de fécule de maïs*

Enlevez la peau du poulet, désossez-le et enlevez les membranes et tendons. Réduisez le poulet en pâte avec la pointe du couperet. Hachez-le très finement et ajoutez l'eau. Assurez-vous d'enlever tous les filaments adhérant à la pâte afin que la texture soit bien lisse.

Enlevez les tiges des feuilles d'épinard et mesurez une tasse de feuilles. Faites-les blanchir pendant deux minutes et égouttez-les bien. Rincez-les immédiatement à l'eau froide et essorez-les. Émincez-les très finement.

Mélangez la pâte de poulet et les épinards avec le blanc d'oeuf, la poudre de châtaigne, une cuiller à café de gras de poulet ou de canard, le gingembre et une pincée de sel. Graissez un bol à riz avec du gras de poulet ou de canard et placez-y la pâte très doucement. Faites cuire à la vapeur pendant 25 minutes. Laissez refroidir. Tranchez-le à partir du centre et terminez en allant vers le cercle extérieur. Tranchez très finement et disposez les tranches sur une assiette en formant un motif floral.

Mélangez le bouillon de poulet, le sherry, la fécule de maïs et un peu de sel dans une petite casserole et faites chauffer jusqu'à ce que l'alcool s'évapore. Versez la sauce sur les tranches de poulet et recouvrez l'assiette fermement. Faites chauffer le plat à la vapeur pendant 10 minutes.

L'enthousiasme pour la nourriture ne laissait rien de côté. Le tofu était pressé et coupé assez fin "pour entrer dans le chas d'une aiguille", ce qui exigeait les services d'experts. Son goût doux et neutre, se rapprochant de celui des amandes crues, prenait une saveur particulière près du lac dont les couleurs changeaient selon le mouvement des nuages. Sa délicatesse suave est l'un des meilleurs exemples de l'extrême raffinement. Les heures de travail que sa préparation exigeait étaient considérées comme allant de soi et on dégustait ce "petit rien" en sirotant son thé ou son vin.

## 71. Règles de base pour les lamelles de tofu (乾 絲)

Si vous avez du tofu pressé, commencez à la deuxième étape. Autrement, faites le tofu pressé tel qu'indiqué à partir de tofu frais.

1. *Presser:* Le but de cette opération est de retirer l'eau du tofu, de le rendre ferme et de concentrer sa saveur. Placez un linge propre sur une surface plate et déposez 1 livre (500 g) de tofu (4 gâteaux) par-dessus à des intervalles *d'un pouce (3 cm)*. Placez un autre linge propre par-dessus et un poids que vous pouvez faire avec un pot à fond plat rempli de 12 tasses d'eau (soit environ 7 lb — 3,2 kg). Vous pouvez aussi utiliser des dictionnaires ou des encyclopédies. Laissez-le toute une nuit. Le tofu pressé aura alors environ 3/8 de pouce (1/3 de cm) d'épaisseur. Mettez à mijoter (pas bouillir) dans l'eau pendant 2 minutes. Laissez refroidir.

2. *Trancher.* Ce n'est pas aussi difficile que cela semble, car le couperet léger tenu horizontalement vous permet de faire facilement des tranches fines. Guidez le couperet avec une main et maintenez-le droit avec la paume de l'autre main. Un gâteau de tofu peut se couper en 10 ou 12 carrés; les experts peuvent en faire 15 ou 16 tranches. Disposez les tranches dans la forme du carré d'origine et coupez-les en fines lamelles.

3. *Ébouillanter.* Mettez les lamelles dans un grand bol de pyrex. Versez par-dessus 8 tasses (2 L) d'eau bouillante et laissez refroidir à la température de la pièce. Répétez ce processus deux fois, permettant à l'eau bouillante de revenir à la température de la pièce chaque fois.

À cette étape, l'amidon est disparu. Les deux premiers rinçages sont brouillés et de couleur jaune pâle. Au troisième, l'eau est propre. Jetez la troisième eau de rinçage et conservez les lamelles de tofu dans l'eau froide jusqu'à leur utilisation.

## 72. La colline de tofu ( 燙 乾 絲 )

*1 recette de lamelles de tofu (71)*
*3 c. à soupe de sauce soya foncée*
*3 c. à café de sucre*
*1 1/2 c. à café d'huile de sésame*

Empilez les lamelles dans une petite assiette, ébouillantez-les; égouttez-les bien. Incorporez les autres ingrédients pour faire dissoudre le sucre. Versez sur les lamelles de tofu et mélangez délicatement avec des bâtonnets en donnant à l'ensemble la forme d'une petite colline.

## 73. Lamelles de tofu dans le bouillon ( 奶 湯 乾 絲 )

*2 2/3 tasses de velouté (650 mL), recette 16*
*1 recette de lamelles de tofu (71)*

Faites chauffer le velouté. Ajoutez les lamelles pour qu'elles soient bien chaudes et servez immédiatement. Ne faites pas bouillir les lamelles.

## La recette des batelières: carpe et nouilles; menu d'un repas ordinaire sur un bateau

La cuisine était aussi l'affaire des sauciers, des pâtissiers, des vendeurs de vin, des propriétaires de maisons de thé et des restaurateurs. Les boutiques de vin ne vendaient aucune nourriture sauf en septembre et octobre, la saison du crabe. Les boutiques de vin de Shanghai fournissaient le vinaigre, le gingembre et la sauce soya pour la cuisson du crabe. Puis on commandait d'une autre boutique de grandes quantités de crabes cuits à la vapeur et on se consacrait entièrement à manger. Le crabe appelait le vin et le vin appelait encore plus de crabe. Aussi les mots "Ivre au clair de lune avec des coupes volantes" inscrits au fronton des boutiques étaient assez appropriés. La saison passée, les boutiques de vin revenaient à leur routine habituelle en servant des "crabes à une patte" (fèves germées), de la méduse, du navet émincé et des arachides. Dans la ville, les boutiques donnaient sur la rue et on installait des tables pour boire derrière. On passait devant un comptoir recouvert de verre en forme de L, entre les cruches de vin, et on se dirigeait vers la cour arrière en passant par une pièce sombre où la méduse et les arachides étaient prêtes à être apportées aux clients. La cour était à ciel ouvert et beaucoup plus tranquille que la rue. Au centre de la cour, il y avait une sorte de grande ruche; c'était un contenant de cuivre comportant plusieurs ouvertures où des bouteilles de vin étaient introduites et mises à réchauffer. On s'assoyait dans la cour ou dans les escaliers pendant que les vendeurs circulaient, offrant des langues de canard et du poulet fumé.

Dans les canaux, les batelières prenaient sur leur bateau des visiteurs pour la journée et elles cuisinaient pour eux de la soupe au poulet et du poisson frit, poisson qu'on tuait et qu'on faisait cuire à l'autre bout du bateau. Les passagers se tenaient pieds nus au centre et à l'avant du bateau, prenant leurs aises sur le bois lisse et poli.

> *Le son du poisson qu'on coupe vient de la proue*
> *Et le parfum du riz qu'on fait cuire vient de la poupe.*
>
> SU TUNGPO

On raconte qu'un jour l'Empereur descendit le canal et qu'une batelière ambitieuse fit cuire des nouilles pour lui. C'était le mets suivant.

## 74. *Carpe et nouilles (* 鯉 魚 麵 *)*

Carpe frite:
*1 petite carpe (environ 2 1/2 lb – 1 kg )*
*2 blancs d'oeuf*
*8 c. à café de fécule de maïs*
*Huile à friture*

Sauce:

*La tête de la carpe, avec sa peau et ses os*
*1 c. à soupe (15 mL) de sauce de fèves brunes*
*1 tranche de gingembre*
*10 champignons chinois séchés*
*1/2 lb (250 g) de crevettes*
*1 blanc d'oeuf*
*Fécule de maïs*
*1/4 de c. à café de sel*
*1 tasse (250 mL) de bouillon*

*1 c. à café de sauce soya*
*1/2 c. à café de glutamate de monosodium*
*1/2 c. à café de poivre*
*1 lb (500 g) de fèves germées*
*1 lb (500 g) de nouilles fraîches ou 3/4 lb (375 g) de nouilles sèches*
*1 tasse (250 mL) d'huile*
*1 c. à soupe d'oignon vert très finement émincé*
*1 tasse (250 mL) de bouillon riche*

*Préparation de la carpe:* Enlevez la peau et les arêtes. Réservez la tête, la peau et les arêtes. Coupez la chair en dés (environ 1 1/4 lb — 1/2 kg) et enrobez-les avec le mélange des blancs d'oeuf et de la fécule de maïs. Faites-les frire en friture profonde pendant environ deux minutes et égouttez-les soigneusement.

*Préparation de la sauce:* Faites mijoter la tête, la peau et les arêtes de la carpe pendant environ 20 minutes dans 1 1/2 tasse (375 mL) d'eau en même temps que la sauce de fèves brunes et le gingembre. Pendant ce temps, faites tremper les champignons dans suffisamment d'eau pour les recouvrir. Lorsqu'ils sont ramollis, enlevez les tiges et coupez les champignons en dés. Réservez l'eau de trempage. Lavez les crevettes, décortiquez-les et coupez-les en dés. Enrobez-les avec le blanc d'oeuf, 4 cuillers à café de fécule de maïs et le sel; gardez de côté.

Filtrez le bouillon de carpe, jetez les solides, et ajoutez l'autre bouillon, la sauce soya, le glutamate de monosodium, le poivre et 1 cuiller à soupe de fécule de maïs. Faites chauffer le mélange en le remuant jusqu'à ce qu'il soit lisse et bouillonnant et ajoutez les crevettes en dés toutes à la fois. Amenez au point d'ébullition et ajoutez les champignons en dés et l'eau de trempage. Laissez mijoter pendant 30 minutes. Ajoutez les dés de carpe frits et faites-les réchauffer. Ceci complète la sauce.

Lavez et égouttez les fèves germées et enlevez les bouts de racine. Faites cuire les nouilles dans de l'eau bouillante jusqu'à ce qu'elles soient presque tendres. Égouttez-les bien et faites-les frire lentement dans de l'huile dans un wo, sans les remuer, jusqu'à ce que le fond soit rôti et légèrement croustillant. Retournez les nouilles pour faire rôtir l'autre côté. Égouttez-les et retirez l'huile du wo. Ramenez les nouilles dans le wo, ajoutez les fèves germées et faites cuire jusqu'à ce que ces dernières soient tendres, soit environ 5 minutes. Ajoutez les oignons verts et le bouillon.

Pendant ce temps, faites réchauffer la sauce. Lorsque les nouilles et la sauce sont prêtes, placez les nouilles au fond d'une assiette creuse et versez la sauce par-dessus.

C'est d'un extrême mauvais goût de servir une nourriture soignée d'une façon trop simple. Si vous devez servir un Empereur ou un homme du commun sur un petit bateau, ne préparez pas de sauces fantaisistes, cuisinez bien et simplement, et faites preuve de rapidité.

REPAS SUR UN BATEAU:
*Cuisses de poulet pochées avec sauce soya nature (voir chapitre 3)*
*Boulettes de poisson et nouilles (34)*
*Un légume vert frais, sauté*
*Canard en sauce brune (78)*

*Beauté et délicatesse: brioches juteuses;*
*boulettes de viande nacrées*

Le concept culinaire de Chê-kiang—Chiang-su était passablement différent des autres. Il s'agissait vraiment d'un échantillonnage de spécialités préparées par des experts. On se donnait beaucoup de mal; des boys couraient chercher les pâtisseries pour le goûter et revenaient à toute vitesse avant qu'elles refroidissent. C'était le grand luxe. Voyez comme dans une cafétéria moderne les rôles sont inversés; au lieu que la nourriture vienne à vous, vous devez aller la chercher sous le regard de serveurs hostiles et bourrus.

## 75.  Brioches juteuses ( 湯 包 )

Garniture:

*1/2 lb (250 g) de chou chinois*
*très finement émincé*
*1/2 lb (250 g) de flanc de porc,*
*gras et maigre, haché*
*1 tasse (250 mL) d'eau*
*1 c. à soupe de sauce soya légère*

*1 c. à café de gingembre*
*finement émincé*
*1/2 c. à café de sel*
*1/4 de c. à café de sucre*
*1/4 de c. à café de poivre*

Pâte:

*1 1/4 c. à café (1 paquet) de*
*levure sèche*
*2 c. à soupe d'eau très chaude*
*1 c. à soupe plus 2 tasses*
*(500 mL, 227 g) de farine*
*tamisée*

*1/2 tasse (125 mL) d'eau froide*
*5 c. à soupe de vinaigre*
*3 c. à soupe de sauce soya*
*Gingembre très finement émincé*

*Préparation de la garniture:* Faites mijoter tous les ingrédients ensemble, sous couvert, pendant une heure. La couenne du porc doit être incluse dans le ragoût et enlevée après la cuisson. Faites refroidir le mélange et gardez-le au réfrigérateur. Il prendra comme une gelée.

*Préparation de la pâte:* Suivez les directives de la recette de base (47), mais en vous servant des mesures indiquées ci-dessus. Après le premier levage, pétrissez la pâte pendant environ 5 minutes jusqu'à ce qu'elle soit très ferme et homogène. Formez un long rouleau, coupez-le en deux et coupez chaque moitié en dix morceaux. Roulez chaque morceau entre vos mains pour les arrondir. Avec le rouleau à pâte, faites des cercles de 3 pouces (8 cm) de diamètre.

Mettez une cuiller à soupe de garniture au centre de chaque abaisse et scellez le contour en pinçant la pâte. Il ne doit pas y avoir de fissure dans la pâte (chose impossible si la pâte n'a pas été bien pétrie) ou des fuites (impossible si la pâte n'est pas fermement scellée). Préparez des carrés de papier aluminium de 1 1/2 pouce (4 cm) et placez-les sur les grilles du contenant à vapeur. Placez les brioches, la partie scellée vers le bas, sur les carrés de papier et laissez lever la pâte jusqu'à ce que le contour soit bien arrondi (soit environ 30 minutes). Faites cuire les brioches à la vapeur pendant 20 minutes et servez-les chaudes avec un bol d'un mélange de vinaigre, sauce soya et gingembre. La recette donne 20 brioches.

On appelait aussi ces brioches juteuses "Petites Brioches" ( 小 籠 包 ). Le terme "petit" est souvent utilisé en cuisine, surtout dans cette région. Il peut prendre plusieurs sens: 1) Il s'applique à l'échantillonnage et au fait de goûter (dégustation 小吃); par conséquent, les plats sont petits et variés, plutôt que grands et abondants; 2) Il a également le sens de délicatesse et celle-ci résulte d'ailleurs en la confection de gâteaux de plus en plus petits. Enfin de compte, les gâteaux de Yangchow ne donnaient chacun qu'une seule bouchée, mais des bouchées formées, fourrées et aromatisées de façon différente. 3) Il s'applique à ce qui, aux yeux des Chinois, est en quelque sorte une petite alcôve de dégustation ( 小 館 子 ).

Lorsqu'ils vivaient misérablement, les gens de Shanghai choisissaient de fréquenter ce qu'on appelait des "trous dans le mur", de préférence dans une rue sombre. Ils aimaient beaucoup trouver quelqu'un chez qui ils pouvaient manger une petite bouchée ou déguster un petit sauté (小 炒). Bref, ils aimaient les petit plats amusants. C'est particulier à cette région de faire avec le porc riche et lourd de même qu'avec le riz glutineux un petit quelque chose de délicat et d'attrayant.

## 76. Boulettes de viande nacrées ( 珍 珠 肉 丸 )

6 c. à soupe de riz glutineux
(riz à grain court)
1 c. à café de sel
1/4 lb (125 g) de lard (gras
de porc) haché
1/4 lb (125 g) de maigre de porc
haché
1 1/2 c. à café de vin
1/2 c. à café de sucre

2 c. à café de sauce soya légère
1 c. à soupe de fécule de maïs
1/2 c. à café de glutamate de
monosodium
Huile
5 c. à soupe de sauce soya
3 c. à soupe de vinaigre

Mettez le riz dans un bol de pyrex de 4 tasses (environ 1 kg) et remplissez-le d'eau jusqu'à la marque de 3 tasses (680 g). Laissez-le reposer pendant 45 minutes, puis égouttez-le. Mélangez le riz et le sel.

Dans un autre bol, mélangez le porc, le vin, le sucre, la sauce soya, la fécule de maïs, le glutamate de monosodium et une cuiller à soupe d'eau. Mélangez soigneusement la viande avec les assaisonnements et formez des boulettes d'un pouce (4 cm). Roulez les boulettes dans le riz et placez-les sur une assiette huilée. Couvrez bien l'assiette et faites cuire à la vapeur pendant 30 minutes. Servez avec un mélange de sauce soya et de vinaigre dans un bol.

## Une saveur riche et mystérieuse: la sauce brune, incluant des directives pour la cuisson des oeufs, du tofu, de différentes parties d'un poulet, des tripes, des côtes de porc ou de boeuf, du flanc de porc, du canard et du steak de flanc

L'apparence et le goût caractéristique de la cuisine de cette région, parfois indéfinissable à cause de son caractère hétéroclite, étaient dus en partie aux combinaisons d'ingrédients frais sous forme de fins hachis. On en trouvait deux formes, l'une de teinte légère et l'autre foncée. Nous avons déjà parlé de la première forme et voici maintenant la seconde. Elle résulte principalement de l'utilisation de la sauce soya mais il y a beaucoup plus dans sa confection. Les étals de boucherie, comme les charcuteries et les restaurants, disposaient de fonds de sauces en roulement constant qui acquéraient leur caractère d'eux-mêmes; on ne pouvait en retracer le goût à partir d'aucun ingrédient particulier. Chaque ingrédient cuit dans ce fond de sauce gagnait de la saveur et en donnait aussi, de sorte que par des échanges répétitifs, le fond de sauce devenait tellement concentré qu'il devenait un chorus prononcé mais fantômatique de toutes les saveurs provenant de tous les animaux qui y avaient contribué. Nous avons trouvé que cette recette est éminemment utile même pour la cuisine d'une petite famille, car la cuisinière n'a qu'à plonger l'ingrédient dans le bouillon mijotant et n'a plus à s'en occuper. En dépit de la similitude de la sauce, chaque ingrédient garde son goût personnel. C'est dû au fait qu'il n'est jamais surcuit.

Le fond de sauce est pénétrant et il est préférable de ne l'utiliser qu'avec des ingrédients gras. Une exception à cette règle: le steak de flanc qui, préparé de cette façon, devient sec et élastique. Les viandes grasses, telles le canard, les ailes de volailles et les côtes, sont excellentes préparées de cette façon. On peut diminuer la recette de moitié mais la quantité obtenue est suffisante pour faire cuire un canard entier sans problème.

## *77. Fond de sauce brune (滷 汁)

3 tasses (750 mL) de bouillon de
poulet ou d'une autre viande
1 tasse (250 mL) de sauce soya
1 tasse (250 mL) de vin

3/4 de tasse (185 mL, 170 g) de
sucre brun (cassonade)
1 ou 2 étoiles d'anis
4 à 6 clous de girofle entiers
1 morceau de gingembre

Mélangez tous les ingrédients dans une casserole et amenez à ébullition. Laissez refroidir et conservez au réfrigérateur. Utilisez-le tel qu'indiqué en faisant cuire les ingrédients dont la liste apparaît au tableau suivant (78). Volume total obtenu: 5 tasses (environ 1 1/3 L).

*Garder le fond de sauce en bon état d'utilisation:* Après chaque utilisation, il faut écumer le gras et reconstituer le volume de la quantité originale tout en conservant la même saveur. Ajoutez la sauce soya, le vin, le sucre et les épices au besoin.

*Saler et faire blanchir la viande:* On enlève le goût rance de la viande en la salant et en la faisant blanchir avant de la plonger dans le fond de sauce bouillant. Cette opération enlève l'écume de la viande et permet de garder le bouillon très clair. Pour chaque livre de viande, utilisez 2 cuillers à soupe de sel pour la frotter et laissez-la reposer plusieurs heures ou toute une nuit au réfrigérateur. Faites blanchir la viande en la mettant dans 4 tasses (1 L) d'eau bouillante par livre de viande, jusqu'à ce qu'il se forme de l'écume. Rincez la viande à l'eau froide en la frottant pour la débarrasser de l'écume.

*Utilisations du fond de sauce:* On peut préparer avec ce fond de sauce des mets simples ou compliqués, servis chaud ou froid, avec ou sans sauce. On peut ajouter au bouillon certains ingrédients, tel qu'indiqué ci-après; on laisse ensuite refroidir le bouillon à la température de la pièce. La faible chaleur émise au cours de ce processus est suffisante pour cuire l'aliment. Les autres ingrédients sont ajoutés, tel qu'indiqué, au bouillon porté à ébullition et on les y fait mijoter.

## *78. Façons d'utiliser le fond de sauce brune (滷汁)

| Ingrédient | Préparation | Fond de sauce | Mode de cuisson | Façons de servir |
|---|---|---|---|---|
| 12 oeufs | cuits dur, écaillés | 4 tasses (1 L) | Temps de refroidissement du bouillon[1] | En hors-d'oeuvre[2]: froids et sans sauce, tranchés en quartiers. Pour les pique-niques: entiers, froids et sans sauce. Aux repas de famille:[3] chauds avec de la sauce[4]. |
| 10 morceaux de tofu (1 lb) et 1/4 (625 g) | pressés (voir recette 71) | 4 tasses (1 L) | Temps de refroidissement du bouillon[1] | En hors-d'oeuvre[2]: froids et sans sauce, coupés en bâtonnets. Au repas de famille[3]: chauds, avec sauce[4], coupés en tranches ou sauce[4], coupés en lamelles sautées avec de la ciboulette. |
| 1 lb (500 g) de foies de poulet | nettoyés de leur gras et coupés en morceaux | 4 tasses (1 L) | Temps de refroidissement du bouillon[1] | En hors-d'oeuvre[2]: froids et sans sauce, ou avec un peu de sauce, finement émincés. Avec du vin ou autres alcools; froids, sans sauce, coupés en bouchées; Aux repas de famille[3]: chauds avec de la sauce[4]. |
| 1 lb (500 g) d'abats de volaille | nettoyés de leur gras | 2 1/2 tasses (625 mL) | Faire mijoter 15 minutes, laissez refroidir dans le bouillon[1]. | En hors-d'oeuvre[2]: froids, avec un peu de sauce ou sans sauce, tranchés très finement en forme de 8. Avec du vin ou autres alcools: froids, sans sauce, coupés en tranches ou en bouchées. |

| Ingrédient | Préparation | Fond de sauce | Mode de cuisson | Façons de servir |
|---|---|---|---|---|
| 2 lb (1 kg) d'ailes de poulet | coupées en morceaux | 2 1/2 tasses (625 mL) | Faire mijoter une heure | Avec du vin ou des alcools: froides, sans sauce. Aux repas de famille: chaudes, avec de la sauce[4]. On peut ajouter des champignons noirs attendris par trempage. |
| 1 lb (500 g) de tripes de porc | lavées avec du vinaigre et blanchies | 2 1/2 tasses (625 mL) | Faire mijoter 2 1/2 heures | Avec du vin ou autres alcools: froides, avec un peu de sauce ou sans sauce, coupées en lamelles; Aux repas de famille: chaudes, coupées en lamelles, avec de la sauce[4]. |
| 1 lb (500 g) de tripes de boeuf | soigneusement grattées et blanchies | 2 tasses (500 mL) | Faire mijoter 1 1/2 heure | Avec du vin ou autres alcools: froides, sans sauce, coupées en bouchées. Aux repas familiaux: chaudes, coupées en bouchées, avec de la sauce[4]. |
| 2 lb (2 kg) de côtes de boeuf | salées, blanchies coupées en morceaux de 2 pouces (5 cm) | 3 tasses (750 mL) | Faire mijoter 2 heures | Aux repas de famille: chaudes, avec sauce[4]. On peut ajouter des bouchées de tofu nature (préparé selon la recette 102) durant les 15 dernières minutes de cuisson. |
| 1 lb (500 g) de flanc de porc | une seule pièce | suffisamment pour couvrir | Faire mijoter 2 1/2 heures | Comme plat principal: chaud, avec de la sauce[4], et avec des oeufs cuits durs. On peut ajouter du tofu, des fèves germées blanchies (83) ou de la ciboulette chinoise (84) durant les 10 à 15 dernières minutes de cuisson. |

| | | | | |
|---|---|---|---|---|
| 1 canard de 5 lb (2 kg) | salé et blanchi | 5 tasses (1 1/4 L) | Faire mijoter de 1 1/2 à 1 3/4 heure | Comme plat principal: chaud, avec de la sauce[4]. En hors-doeuvre: froid, émincé, avec un peu de sauce. |
| 1 1/2 lb (750 g) de steak de flanc | nettoyé de son gras, salé et blanchi | 2 3/4 tasses (825 mL) | Faire mijoter 2 heures | Avec du vin ou autres alcools: coupé en dés et servi froid. Comme friandise: égoutté très soigneusement, coupé en dés ou en morceaux de la dimension d'une fève; chaque steak enveloppé individuellement dans du papier (comme des bonbons). |

1. On laisse cuire l'ingrédient au cours du lent refroidissement du fond de sauce. La durée du refroidissement est d'environ 2 1/2 heures pour 1 1/4 tasse, et d'environ 4 heures pour 4 tasses.
2. On peut confectionner un assortiment très attrayant de hors-d'oeuvre en réduisant la dimension des portions. Faites des bouchées ou des tranches très nettes et garnissez le plat de persil chinois ou de radis en fleur (28).
3. On peut aussi ajouter cet ingrédient aux côtes de boeuf ou au flanc de porc durant les dernières 15 à 30 minutes de cuisson.
4. La quantité de sauce varie selon le plat, allant de 2 à 12 cuillers à soupe. Le reste du bouillon est remisé.

## Fu-kien

### LE VILLAGE DE CHU CH'EN

*Il y a un village nommé Chu Ch'en*
*À une centaine de milles du chef-lieu de Canton,*
*Entouré de champs de chanvre et de mûriers verdoyants.*
*Clic-clic fait le bruit du rouet;*
*Les mules et les boeufs remplissent les rues du village.*
*Les filles vont chercher de l'eau au ruisseau;*
*Les hommes vont chercher du petit bois sur la colline.*
*Si loin de la grande ville, il y a peu d'intrigues;*
*Isolés dans les montagnes, les manières de l'homme*
*sont simples.*
*Même s'ils ont de la fortune, ils ne spéculent pas;*
*Même s'ils en ont l'âge, ils n'entrent pas dans l'Armée.*
*Chaque famille s'en tient au commerce de son village;*
*Grisonnants, ils ne l'ont encore jamais quitté.*

*Vivants, ils sont les gens du village de Ch'en;*
*Morts, ils deviennent la poussière du village de Ch'en.*
*Dehors dans les champs, les vieux et les jeunes*
*Se regardent les uns les autres avec contentement.*
*Dans tout le village, il n'y a que deux clans;*
*D'une génération à l'autre, les Chus ont épousé les*
*Ch'ens.*
*De près ou de loin, ils ont un parent dans chaque*
*maison;*
*Jeunes ou vieux, ils ont des amis partout où ils vont.*
*Avec du vin blanc et des volailles rôties ils participent*
*À de joyeuses rencontres plus d'"une fois par semaine".*
*Vivants, ils n'ont pas loin où aller;*
*Pour trouver une épouse, ils vont chez le voisin.*
*Morts, leur sépulture ne les éloigne pas;*
*Leur cimetière entoure le village.*
*Ils ne sont pas troublés par la vie ou la mort;*
*Ils ne sont pas angoissés par le corps ou l'âme.*
*Et ainsi il arrive qu'ils vivent jusqu'à un âge mûr*
*Et on voit souvent des arrière-arrière petits fils.*
*J'ai longtemps envié les gens du village de Ch'en*

Extrait d'un poème de
PO CHOU-I

Le haut raffinement de Chê-kiang et de Chiang-su s'est brusquement évanoui dans les petits villages et hameaux situés plus au sud. Les voies de commerce et d'échanges se rétrécissaient et semblaient en arriver à un arrêt complet. Enfin, il n'y avait que la petite ville (à nos yeux, la grande ville), les hameaux environnants, la famille et la maisonnée. D'une certaine façon, il ne s'agissait pas d'un rétrécissement du monde, car l'homme peu instruit, considéré comme un érudit, et la fille aux jolis contours, considérée comme une beauté, n'étaient respectivement pas moins instruit ou moins jolie qu'un professeur renommé ou une étoile de cinéma de Shanghai. Il se serait pas faux de dire que chaque petit événement avait autant de poids, sinon davantage, dans l'esprit de ces insulaires, que les événements nationaux dans la vie quotidienne des gens en contact avec le monde. Car, après tout, ils avaient un certain contrôle sur ce qui pouvait se produire chez eux.

La délicatesse que l'on retrouve dans le centre de la Chine a ouvert la voie à la cordialité et volubilité (ou n'était-ce le cas que dans notre famille?). La vie n'était jamais moments tranquilles où l'on soupire après quelque chose d'autre. Tous les repas étaient marqués par l'appel "À table! À table!" (Chiah! Chiah!). Le bavardage constituait le principal passe-temps et la cuisine suivit de près. La cuisine de mets délicats et compliqués à préparer, était une excuse pour s'adonner au bavardage en même temps. Au début du siècle, les femmes du sud étaient moins raffinées et elles allaient rarement en ville. La maison et la cuisine étaient leur domaine. Durant le jour, pendant que les hommes étaient au loin, la maison était pleine de femmes, bavardant et coupant des ingrédients; celles-ci étaient à l'aise dans leur travail. Dans certaines maisons, le silence s'établissait lorsque les hommes revenaient; alors que les hommes mangeaient à une table qui leur était réservée et en parlant peu, les femmes préféraient donner toute leur attention à la nourriture. Les femmes mangeaient en silence à une autre table, ou après les hommes. Les tantes marchaient à pas feutrés autour de la cuisine en préparant leurs spécialités. Certaines se laissaient aller; d'autres y mettaient beaucoup d'énergie. Une tante avait appris d'une missionnaire vivant au chef-lieu du canton, à faire des petits pains au lait. Les allées et venues étaient incomplètes sans l'arrivée du voyageur rompu de fatigue apportant les bons voeux de sa grand-tante maternelle à son cousin de la branche paternelle et envoyé en visite avec un lourd panier de tangerines. Il repartait en emportant une boîte d'"oreillers", un gâteau typique de la région, de forme rectangulaire comme l'oreiller chinois. On lui donnait des prunes séchées salées-aigres-douces (*kiam-sng-ti*) — qui font la renommée de Fu-kien — au cas où il aurait le mal de mer, et des paquets de viandes séchées avec des olives pour l'aider à se soutenir au cours du voyage de retour.

C'était les femmes qui donnait son rythme à la vie. Un mariage pouvait en tenir une occupée pendant des mois. Si on était riche, on devait le montrer et on retrouvait cette richesse dans la nourriture, les vêtements et les bijoux. Même si les femmes n'avaient pas un mot à dire dans les décisions, tout leur revenait finalement. Les "marieuses" et les sages-femmes étaient importantes. Le silence qu'elles affichaient parfois n'était pas signe d'un manque d'attention. Leur manque d'éducation ne faisait qu'aiguiser leurs autres sens. Toute personne arrivant à la maison était examinée de près par les femmes; elles en discutaient entre elles tout en cuisinant. Dans leur petit monde, tout était bien défini et la moindre déviation était pointée du doigt.

Il y a plusieurs dizaines d'années, lorsqu'il y avait un mariage à Fu-kien, le futur marié allait chercher sa fiancée chez elle, emmenant avec lui la chaise nuptiale complètement recouverte de satin rouge et de fleurs fraîches. Il faisait le voyage aller-retour dans une chaise-à-porteurs en tek bleue et jaune. Durant tout le parcours jusqu'à la maison de la future mariée, l'espace située sous le fauteuil nuptial était occupé par un quartier de porc fraîchement abattu, et on trouvait des batteries de pétards à l'endroit où la mariée allait poser les pieds. La vie ménagère était ainsi symbolisée, la nourriture y prenant une grande place en toute occasion. La cuisine état sous le contrôle des femmes de la maisonnée et non sous celui de chefs renommés par leurs spécialités et leur mauvais caractère. On travaillait et on planifiait ces journées où le temps passait.

Lorsque le futur marié arrivait chez la fiancée, on lui offrait du thé *longan* sucré (oeil de dragon, une noix douce ressemblant au lychee), deux oeufs cuits durs dans du sirop et des nouilles transparentes cuites dans un bouillon épais, tout ceci pour épater. Le futur marié qui mangeait alors les oeufs n'était jamais oublié par ceux qui l'avaient surveillé de loin. Lorsque la fiancée quittait la maison, on allumait les pétards, chacun allumant celui de son voisin dans une succession de "pofs" sulfureux; l'énorme quartier de porc devait être cuit et donné aux mendiants.

La mariée arrivait ainsi dans son nouveau foyer où l'attendaient ses nouveaux parents. On la regardait probablement de plus près que le futur marié, comme c'est le cas lorsque les femmes se regardent entre elles. Toute la maisonnée était rassemblée. Même lors du banquet, au tout début du siècle, les hommes et les femmes s'assoyaient à des tables différentes. Le menu était composé de mets dispendieux; des ailerons de requin et des nids d'hirondelle étaient fournis par un parent des mers du sud et apportés par un autre parent en visite à la maison. On faisait avec le nid d'hirondelle une soupe sucrée avec du sucre en cristaux; on servait un autre plat sucré composé de dattes rouges avec des oeufs de pigeon, ce qui constituait une troisième soupe sucrée.

C'était un univers insulaire où des générations avaient vécu et étaient mortes. Les cultures du nord et du centre de la Chine n'y avaient pas encore pénétré. Les gens vivaient près de la mer, d'une façon heureuse. La saveur de leur cuisine était tout à fait locale, composée d'une grande quantité de fruits de mer, huîtres, moules, poissons. Nous aimions le goût non graisseux des fruits de mer et nous utilisions le mot *tien*, (littéralement "doux"), au lieu de *hsien*. L'habileté des Cantonais n'avait pas encore atteint Fu-kien, ni la simplicité exagérée de Pékin, ni la délicatesse de la cuisine de Chê-kiang. Tout ce que nous savions de Szu-ch'uan, c'était que sa nourriture était très piquante mais nous n'aurions pas pu comprendre pourquoi. Après tout, huit kilomètres sous un soleil cuisant représentent une longue promenade! Pourquoi modifier le goût d'une chose lorsqu'elle est déjà tellement bonne?

## Spécialités de la région: poisson haché; porc haché

Certaines personnes ne parviennent pas à comprendre ce qu'est l'art culinaire dans son entier: se divertir aussi bien en préparant à manger qu'en mangeant. D'après la Loi de Parkinson, le travail tend à remplir le temps; chez nous, il y avait beaucoup de femmes à la maison et elles avaient beaucoup de temps. La cuisine d'Amoy était renommée pour ses tranches longuement préparées, pour son poisson haché et toutes les opérations qu'exigent la pesée, l'émincage, la mouture et la coupe du poisson. La meilleure chose est d'être actif en ayant l'air oisif ou d'être oisif en ayant l'air occupé. Nous nous amusions à cuisiner et nous appelions ça du travail.

La recette suivante exige peu d'attention dans la cuisson du poisson mais on doit remuer constamment la préparation durant la seconde partie, le séchage. On ne peut tolérer une demi-minute de repos, sinon le poisson brûlerait. Le hachis de poisson est fait à partir du poisson d'eau salée dont les environs sont bien pourvus. Musclée et fibreuse, la chair du poisson se ratatine; elle devient goûteuse et floconneuse. On sert ce plat avec du *congee* et des arachides au petit déjeuner, ou avec du pain et du beurre, mets importés.

## 79. Hachis de poisson ( 魚 鬆 )

4 lb (2 kg) de maquereau préparé
1/2 tasse (125 mL) de sauce soya légère
5 c. à soupe de sherry sec
1/4 de tasse (65 g) de sucre

1 c. à soupe de jus de gingembre
1 tête d'ail, écrasée ou pressée
1 tasse (250 mL) d'huile
1/2 tasse (125 mL, 114 g) de persil séché

Enlevez les têtes de poisson. Pesez 4 livres (2 kg) de poisson. Faites cuire le poisson à la vapeur pendant 20 minutes, puis enlevez la peau et les arêtes. Mélangez la chair à la sauce soya, au sherry, au sucre, au gingembre, à l'ail et à la moitié de l'huile. Amenez le mélange à ébullition et laissez mijoter pendant 1 1/2 heure jusqu'à ce que le liquide soit absorbé et que les flocons commencent à se séparer.

Pour le séchage, servez-vous d'une grande casserole peu profonde. Versez-y le reste de l'huile et déposez la casserole sur un feu doux. Ajoutez le poisson et lorsqu'il est réchauffé, réduisez à feu très doux. Remuez le poisson constamment pendant environ 1 1/2 heure pour qu'il sèche complètement, très lentement. *Ne laissez pas la casserole sans surveillance.* Vers la fin, le poisson apparaîtra entièrement sous la forme de fibres frisées, comme des bouts de laine non filée. Continuez le séchage jusqu'à ce que les fibres prennent une légère saveur de grillé et qu'elles soient croustillantes et brunies sans être brûlées. À ce moment, vous ajoutez le persil séché et vous remuez la préparation encore 10 minutes. Faites-la refroidir complètement puis gardez-la dans des contenants fermés hermétiquement. Ce hachis de poisson peut se garder pendant des mois. Si les fibres deviennent trop molles, faites-les sécher au four à 250°F (125°C) pendant une vingtaine de minutes en les remuant de temps en temps.

## 80. Hachis de porc (肉 鬆)

4 lb (2 kg) de porc maigre,
sans tendons et sans os
1 tête d'ail, pelée et écrasée
en pâte
2/3 de tasse (150 mL) de sauce
soya

1/3 de tasse (75 mL. 76 g) de tofu
rouge fermenté (紅 豆 腐 乳)
3/4 de tasse (185 mL) d'eau
3 c. à soupe de sucre brun
(cassonade)

Coupez le porc en cubes de 1 1/4 pouce (3 à 4 cm). Faites-le mijoter penant deux heures à feu très doux avec tous les autres ingrédients. On doit remuer le ragoût en cours de cuisson pour éviter qu'il brûle. Gardez le chaudron couvert par intervalles. Au cours de la cuisson, essayez de séparer les fibres avec une cuiller en bois. Lorsque le liquide s'est évaporé, que le gras est monté à la surface et que les fibres commencent à se séparer, transférez le contenu du chaudron dans une grande poêle à frire ou un grand moule à gâteau. Sur un feu très doux, remuez constamment le porc et séparez les fibres avec la cuiller en bois. Cette opération exige de 1 1/2 à 2 heures. La viande commencera à ressembler à de la laine en vrac et sentira un peu le rôti (mais pas le brûlé!). Continuez le séchage jusqu'à ce que les fibres soient floconneuses et laineuses et aient un goût sec quoique succulent. Placez les fibres sur une grande feuille de papier pour les laisser refroidir. Aussitôt qu'elles sont parfaitement froides, mettez-les dans des contenants fermant hermétiquement. Le hachis de porc se gardera pendant des mois à la température de la pièce. Si après un certain temps, les fibres perdent leur croustillant, réchauffez-les dans le four, tel qu'indiqué dans la recette précédente (79).

## Spécialité de Amoy: popia, constitué d'un grand chaudron, de crêpes minces et de plats et sauces d'accompagnement

La *Popia*, cette grande crêpe qui est la spécialité de Amoy, notre ville natale, est une bonne façon de retrouver d'un seul coup le goût de la vie à la maison. Le lecteur verra qu'elle exige le travail de plusieurs personnes pendant plusieurs jours, un grand rassemblement de gens pour la déguster, et que sa saveur douce et délicate est atténuée par la manière impressionnante et chaleureuse avec laquelle les convives l'attaquent. La préparation de la *Popia* comporte trois étapes: le grand chaudron de garniture, les crêpes minces et la demi-douzaine ou plus de plats d'accompagnement sans lesquels la saveur serait incomplète. Les trois étapes demandent à peu près chacune la même durée de préparation. Règle générale, le chaudron est servi en premier, les crêpes en second, et les autres plats, spécialement les plats croustillants, en dernier. La préparation de chaque étape exige presque une journée de travail et on doit se rappeler que le grand chaudron doit mijoter très lentement et refroidir tout aussi lentement pour atteindre la perfection de sa saveur. Lorsque tout est prêt, on aime prendre son temps pour mettre la table. Comme chaque invité aura à se servir en choisissant parmi une douzaine de plats, tout doit être à portée de la main. À chaque place, on installe des napperons, assiettes, bâtonnets et cuillers. Puis, les convives sont invités à passer à table.

### 81. Popia: Le Grand Chaudron (pour 10 à 12 personnes) (薄 餅 料)

3 lb (1 kg et demi) de tofu                    Huile
2 lb (1 kg) de crevettes                        Sauce soya et sauce soya légère
6 oignons verts                                      Sel
2 boîtes (environ 1 1/2 lb                      Sucre
— 750 g) de pousses de bambou           Sherry sec
2 lb (1 kg) de filet de porc                     1/2 tasse (125 mL) de bouillon de
2 à 2 1/2 lb (1 kg   ) de pois               poulet ou d'eau
mange-tout

Pressez le tofu tel qu'indiqué à la recette 71. Coupez le tofu en lamelles et réservez. Décortiquez et nettoyez les crevettes. Coupez-les en dés et réservez. Émincez les oignons verts très finement. Coupez les pousses de bambou en lamelles, de même que le porc et les pois mange-tout en les gardant séparément.

Faites sauter chacun des ingrédients ci-dessus pour en faire ressortir les parfums, puis combinez-les les uns aux autres pour fusionner les saveurs.

1) *Le porc, les oignons verts et les pousses de bambou:* faites sauter le porc et les oignons verts dans 3 cuillers à soupe d'huile et 1 cuiller à soupe de sauce soya légère pour obtenir une saveur de rôti. Puis ajoutez le bambou, 2 cuillers à soupe d'huile et 1 cuiller à thé de sel et faites sauter jusqu'à ce que le mélange paraisse un peu sec. Réservez.

2) *Tofu:* faites sauter le tofu avec 4 cuillers à soupe d'huile et 1 cuiller à soupe de sauce soya jusqu'à ce qu'il soit légèrement rôti. Ceci prend environ 15 minutes. Continuez à faire sauter jusqu'à ce que le parfum du tofu ressorte bien. Réservez.

3) *Crevettes:* faites sauter les crevettes dans 2 cuillers à soupe d'huile, 1/2 cuiller à café de sel, 1/4 de cuiller à café de sucre et 2 cuillers à café de sherry sec. Continuez à faire sauter les crevettes jusqu'à ce que tout le liquide se soit évaporé.

À ce moment, tous les ingrédients ont été sautés sauf les pois mange-tout. Prenez un chaudron assez grand pour contenir tous les ingrédients, ou bien utilisez deux chaudrons. Faites-y chauffer le porc, les oignons verts et les bousses de bambou, puis ajoutez le tofu, puis les crevettes. Enfin, lorsque tous ces ingrédients mijotent ensemble, ajoutez les pois mange-tout en lamelles. Le chaudron cuit à feu très doux de 2 1/2 heures à 4 heures. Remuez le mélange de temps en temps. N'ajoutez aucun liquide; les ingrédients cuisent dans leurs propres jus, ce qui leur donne cette perfection du goût. Le chaudron ne doit à aucun moment être sur un feu vif, car ceci ferait brûler les ingrédients, provoquerait la coagulation des jus de la viande et des crevettes, et toute la saveur *hsien* serait perdue. Si vous voyez que le mélange est sur le point de brûler, vous pouvez alors ajouter le bouillon de poulet ou l'eau. Remuez alors le mélange toutes les 15 minutes pendant environ 2 1/2 heures. Si possible, laissez-le refroidir lentement.

Le lendemain, faites-le réchauffer à feu doux en ajoutant un peu de liquide si nécessaire. Le réchauffage lent demandera environ 45 minutes. Ajustez l'assaisonnement en ajoutant du sel si nécessaire. Servez très chaud.

## 82. *Popia: crêpes minces* ( 薄 餅 皮 )

*8 1/2 tasses (2 L d'eau)*
*16 tasses (4 L, 1,8 kg) de farine*

Ces crêpes délicates ont un goût fort; elles sont élastiques et légères. On les confectionne en faisant cuire rapidement de la pâte de farine et d'eau sur une plaque ou une poêle à frire chaude non graissée. La partie de pâte humide qui adhère à la surface forme une crêpe translucide. Cette recette exige environ 4 heures de dur labeur et donne de 250 à 300 crêpes de 6 pouces (15 cm) de diamètre.

Versez l'eau dans un grand bol. Ajoutez la moitié de la farine et battez le mélange pour obtenir une pâte très lisse (cette opération peut se faire au batteur électrique). Ajoutez le reste de la farine et travaillez la pâte avec vos mains. La pâte doit être absolument homogène et le demeurer à tout moment. Pétrissez environ 1/2 heure jusqu'à ce qu'elle soit lisse et élastique comme du caramel. Lorsque vous la sortez du bol où vous l'avez pétrie, la pâte doit tomber en formant des feuilles épaisses qui ne s'étendent pas. Si possible, laissez reposer la pâte au réfrigérateur pendant plusieurs heures en couvrant le bol avec un linge humide.

Pour faire les crêpes, servez-vous d'une plaque à crêpes en fer ou d'une lourde poêle à frire. Vous avez besoin d'un linge propre ou de papier essuie-tout, de deux assiettes recouvertes d'un linge propre humide et d'un couteau bien aiguisé. Faites chauffer la plaque à feu doux. Elle doit être non graissée et la chaleur doit être répartie également. Pour répandre la chaleur également, versez environ une cuiller à café d'eau à la surface. Elle bouillira. Essuyez la surface avec un linge propre humide. Répétez cette opération deux ou trois fois pour bien répartir la chaleur sur toute la surface de la plaque. Prenez une poignée de pâte, replacez le linge humide sur le bol, et travaillez la pâte pour qu'elle soit bien centrée dans la paume de votre main, bien qu'elle ait tendance à couler. Pressez la pâte au centre de la plaque. Tirez immédiatement sur la pâte de sorte qu'elle adhère à la plaque comme une mince pellicule. Pendant que d'une main vous travaillez la pâte avec votre paume et vos doigts d'un mouvement lent et constant, la crêpe fine adhérant à la plaque cuit en 30 secondes environ, son contour se décollant à mesure qu'elle sèche. Décollez-la avec la lame du couteau. Enlevez-la de la plaque avec votre main libre et mettez-la entre deux linges humides. Il ne doit plus rester de pâte à la surface de la plaque. S'il y en a, grattez-la et répartissez de façon égale la chaleur sur la plaque en l'essuyant avec le linge humide.

Après une heure ou deux, on peut redonner à la pâte sa consistance originale en ajoutant environ une cuiller à soupe d'eau. Retravaillez la pâte soigneusement. Les crêpes se gardent bien pendant quelques jours au réfrigérateur, empilées et bien enveloppées d'un linge humide. On sert les crêpes à la température de la pièce, en piles, recouvertes d'un napperon propre humide. Elles ne collent pas l'une à l'autre.

*Conseils*

*Si des trous se forment:* la plaque est trop chaude, essuyez-la avec un linge humide.

*Si les crêpes sont grumeleuses:* la pâte est trop sèche et n'est pas homogène. Ajoutez un peu d'eau et travaillez la pâte soigneusement.

*Si les crêpes sont dentelées:* la pâte est trop humide. Travaillez-la plus longtemps dans votre paume pour en extirper l'humidité. Sa qualité s'améliorera. Ne la travaillez pas dans de la farine.

*Si les crêpes sont brunies au contour et se brisent au centre:* la chaleur de la plaque est répartie inégalement. Versez-y une cuiller à café d'eau et essuyez-la avec un linge.

*Si la pâte n'adhère pas à la plaque:* la plaque est trop sèche. Essuyez la surface avec un linge humide.

*Plats d'accompagnement:* préparez chacun des plats suivants dans des assiettes séparées et servez-les à la température de la pièce.

## 83. Fèves germées blanchies ( 豆 芽)

*1/2 lb (250 g) de fèves germées*
*8 tasses (2 L) d'eau bouillante*

Faites blanchir les fèves germées dans l'eau bouillante de 2 à 3 minutes. Égouttez-les immédiatement dans une passoire et rincez-les à l'eau froide. Égouttez-les bien.

## 84. Ciboulette chinoise blanchie ( 韭 菜 )

*1/2 lb (250 g) de ciboulette*
*8 tasses (2 L) d'eau bouillante*

Enlevez les tiges blanches et lavez la ciboulette à l'eau froide pour la débarrasser de la terre. Faites-la blanchir dans l'eau bouillante jusqu'à ce qu'elle soit vert foncé. Égouttez-la et rincez à l'eau froide. Coupez la ciboulette en bouts d'un pouce (3-4 cm).

## 85. Algues séchées ( 紫 菜)

*2 c. à soupe d'huile*
*6 feuilles (1 1/2 oz — 45 g) d'algues séchées*

La meilleure algue verte appropriée ne se trouve que sur la côte de Amoy. Une algue japonaise pourpre a un goût similaire après avoir été rapidement frite et émiettée.

Faites chauffer l'huile dans une poêle à frire ou un wo. Faites frire les feuilles d'algues une à la fois pendant 5 secondes. Égouttez-les et émiettez-les. Elles ont un délicieux goût de grillé quasi indescriptible.

## 86. Lamelles d'oeuf (蛋 絲)

*5 oeufs*
*2 c. à soupe d'eau*
*1/2 c. à café de glutamate de monosodium*
*Huile ou gras*

Battez ensemble les oeufs, l'eau et le glutamate de monosodium. Versez 2 à 3 cuillers à soupe du mélange dans une poêle à frire chaude graissée et étendez-le pour former la couche la plus mince possible. Empilez les couches d'oeuf l'une sur l'autre, roulez-les et coupez-les en lamelles aussi fines que possible.

## 87. Poisson séché (鯿 魚)

*2 poissons séchés (sole, plie, etc.)*
*Huile à friture*

Enlevez la peau des poissons. Brisez-les en morceaux et mettre en friture profonde jusqu'à ce qu'ils soient de la couleur d'une pêche. Égouttez-les et émincez-les très finement.

### Arachides

Faites griller 1 1/4 tasse (300 mL, 284 g) d'arachides et broyez-les très finement.

### Persil chinois (芫 荽)

N'utilisez que les feuilles tendres, jetez les tiges et les racines. Lavez et égouttez 3 tasses (750 mL) de persil chinois. (On peut utiliser de la jeune coriandre très tendre.)

### Sauces

Confectionnez les balais d'oignons verts de la recette suivante qui serviront à badigeonner les aliments avec les sauces suivantes: une moutarde rouge forte (à base de tabasco), une moutarde jaune, une sauce Hoisin (à base de fruits de mer) et une sauce aux prunes.

## 88. Tiges d'oignons verts en balais (葱 花 )

Lavez et coupez en bouts de 1 1/2 pouce (5 cm) la partie blanche et le début de la partie verte des tiges d'oignons verts, une pour chaque personne. Faites des entailles de 1/2 pouce (1 cm) de profondeur, dans chacune d'elles aussi finement que possible, pour en faire des balais. Faites-les tremper dans de l'eau glacée pendant quelques heures. Égouttez-les et disposez-les autour des bols de sauce.

Chaque personne met une ou deux crêpes dans son assiette et les badigeonne de sauce. On ajoute plusieurs cuillerées de la garniture fumante du grand chaudron et on ajoute les fèves germées croustillantes, du persil odorant, des arachides, du poisson séché croustillant, les algues délicieuses, les lamelles d'oeuf et la ciboulette piquante. On roule la crêpe pour former un cylindre replié à un bout.

Chaque année, lorsque nous faisions la popia qui rassemblait le clan, on s'apercevait qu'on disait les mêmes choses, on se racontait les mêmes histoires, on faisait les mêmes commentaires. On s'apercevait aussi que la dimension et la forme de la crêpe que chacun confectionnait reflétait sa personnalité. Tout le monde parlait le même dialecte; on était rassemblé en s'affairant autour du même chaudron, ce qui était réconfortant, ce qui nous attendrissait, nous procurait du plaisir et encourageait la *gourmandise*. Nous n'en finissions presque jamais d'échanger nos anecdotes et commentaires, sauf au moment de la dégustation où nous revenions au silence avec de temps en temps des petits grognements de satisfaction.

Remarquez que dans le grand chaudron, les pois mange-tout sont volontairement surcuits pour en faire ressortir une saveur qu'on ne trouve pas dans la façon habituelle de les faire sauter. Le chaudron est préparé le premier jour, il repose le second jour et il est à son meilleur le troisième jour après avoir été réchauffé une ou deux fois. À ce moment, tous les jus et toutes les saveurs ressortent tout en s'interpénétrant. Selon qu'on ajoute de l'eau ou non, la saveur est plus ou moins concentrée. Le quatrième jour, s'il y a lieu, les restes sont enroulés avec le reste des crêpes qui sont scellées avec un peu d'oeuf battu et frites comme des rouleaux chinois ("egg roll"). Ces derniers sont délicieux.

## Un goûter rapide en plein air: soupe au foie de porc et aux nouilles; bouillon économique

On trouvait une version locale du goûter rapide ou "snack" dans les boutiques du port, ou dans les rues encombrées. Dans les boutiques, des chaudrons de bouillon étaient toujours prêts et tout ce que le vendeur avait à faire, c'était d'y ajouter du vermicelle fin (*misua*) et quelques tranches de foie de porc. En moins d'une minute, on vous servait un grand bol de soupe. Le foie demeurait croquant. Pendant que les petits bateaux ron-ronnaient, attendant peut-être de nous prendre à bord pour nous faire traverser, nous étions perchés sur un tabouret bancal, près d'une table pas trop propre et nous mangions de la soupe au foie de porc et aux nouilles.

Ajoutez une bonne quantité de poivre noir et ne faites pas trop cuire le foie.

## 89. Bouillon économique ( 經 濟 湯 )

3 1/2 tasses (875 mL) d'eau
1/2 c. à café de glutamate
de monosodium
1/2 c. à café de sel
1/2 c. à café de sucre

2 c. à café de sauce soya
1/4 de c. à café de poivre noir
1 oignon vert en morceaux
2 tranches de gingembre

Faites le bouillon en amenant tous les ingrédients à ébullition. Puis ajoutez les nouilles et le foie de porc selon la recette suivante.

## 90. Soupe au foie de porc et aux nouilles
  ( 豬 肝 麵 線 )

3 oz (90 g) de vermicelle précuit
1/4 lb (125 g) de foie de porc en fines tranches
poivre noir
vinaigre

Faites doucement chauffer les nouilles et lorsqu'elles sont chaudes, incorporez le foie. Lorsque le foie est juste cuit (de 30 à 60 se-condes), servez aussitôt dans un bol en ajoutant du poivre et du vinaigre au goût.

## Délices gastronomiques: jarrets de porc avec des nouilles transparentes; riz glutineux

À la maison, on faisait le service des plats en fonction d'une certaine hiérarchie familiale. On servait aux plus vieux les aliments les meilleurs, les plus doux et les plus nourrissants. L'abattage d'un poulet était un événement. Dans une maisonnée contenant peut-être deux ou trois douzaines de personnes, seulement les plus importantes et les plus âgées avaient le privilège d'en manger. Faveurs, cadeaux ou insultes prenaient le chemin de la gastronomie. Un parent venu de loin pouvait repartir avec une simple soupe aux légumes, sans un morceau de viande dedans!... Il pouvait se sentir insulté, ou penser que la famille avait agi ainsi afin de le préparer à une certaine pauvreté. Les belles-filles et les cousines cher-chaient les faveurs et l'approbation de la vieille maîtresse de la maison en apparaissant au milieu de l'après-midi avec un bol de soupe au poulet ou un bol odorant de nouilles transparentes cuites dans une soupe de jarrets de porc riche et nourrissante.

## 91. Jarrets de porc et nouilles transparentes (豬 脚 粉 絲 湯)

3 lb (1 1/2 kg) de jarrets de porc
3 oignons verts
4 tranches de gingembre
4 à 6 champignons chinois séchés
2 c. à café de sel

1/2 c. à café de sucre
1/2 c. à café de glutamate de monosodium
1/4 lb (125 g) de nouilles transparentes

Amenez les jarrets à ébullition dans 12 tasses (3 L) d'eau, avec 1 oignon vert et 2 tranches de gingembre. Faites bouillir vivement pendant 3 minutes et enlevez l'écume. Jetez l'eau, l'oignon vert et le gingembre. Amenez les jarrets blanchis à ébullition dans 6 tasses (1 1/2 L) d'eau avec le reste de l'oignon vert coupé en morceaux, le gingembre, les champignons, le sel, le sucre et le glutamate de monosodium. Laissez mijoter pendant environ 2 1/2 heures jusqu'à ce que la viande se détache facilement des os. Enlevez les os. Enlevez les tiges des champignons.

Pendant ce temps, faites tremper les nouilles pour les ramollir dans une grande quantité d'eau. Lorsque la soupe et le porc sont prêts, trempez les nouilles dans la soupe et faites cuire environ 10 minutes.

Au début du siècle, le statut d'une belle-fille dans une grande maisonnée s'élevait aussitôt qu'elle avait eu un enfant. Il y avait un dicton qui disait:

Le père mange le poulet,
La mère boit la soupe,
Le fils mange les restes,
La belle-fille se contente de regarder.

Mais ce principe cessait de s'appliquer surtout lorsque la belle-fille allaitait. Les jeunes femmes devenaient grassouillettes, jouissant d'avantages qui leur avaient souvent été refusés auparavant. Le riz glutineux était considéré comme particulièrement nourrissant et on le préparait spécialement pour les femmes ayant accouché, les convalescents et les personnes âgées. Ce riz riche constituait aussi un plat délicat qu'on servait en certaines occasions où il était convenable de se sentir lourd et bien rempli. On célébrait le premier mois de naissance du bébé en faisant un énorme et riche festin; il y avait des oeufs teints en rouge et le bébé, vêtu de rouge, était montré comme une grande poupée; chaque invité pressait sur lui un paquet de dollars en pièces d'argent. Puis on dégustait le festin dont faisait partie ce riz glutineux.

## * 92. Riz glutineux riche (油 飯)

2 c. à soupe de crevettes
séchées
6 à 10 petits champignons
chinois séchés
1 tasse (250 mL) d'eau
4 oz (125 g) de porc maigre
2 oignons verts
4 c. à soupe d'huile

1/4 de c. à café de sel
1 1/2 c. à café de sauce soya
1/4 de c. à café de glutamate
de monosodium
1/4 de c. à café de sucre
1 1/5 tasse (375 mL, 545 g) de riz
glutineux (riz à grain court) lavé

Faites tremper les crevettes et les champignons dans de l'eau. Lorsqu'ils sont ramollis, enlevez les tiges des champignons et tranchez ces derniers en très fines lamelles. Sortez les crevettes de l'eau et réservez-les; réservez également le liquide de trempage. Tranchez le porc en fines lamelles et émincez les oignons verts.

Faites chauffer 3 cuillers à soupe d'huile dans une poêle à frire et ajoutez les oignons verts en les saupoudrant de sel. Faites sauter au moins 3 minutes à feu doux. Ajoutez les crevettes ramollies et faites sauter jusqu'à ce que leur saveur se combine à celle de l'oignon vert, soit environ 5 minutes. Ajoutez les champignons et une cuiller à café de sauce soya; faites sauter jusqu'à ce que le liquide se soit évaporé et que la saveur des champignons ressorte. Puis ajoutez le porc; arrosez-le d'un mélange de glutamate de monosodium, de sucre et du reste de la sauce soya. Remuez le mélange sans arrêt avec des bâtonnets en mêlant bien tous les ingrédients. Lorsque vous sentez bien toutes les saveurs se dégager, mais pas avant, ajoutez le riz et le reste de l'huile. Remuez jusqu'à ce que les grains de riz soient également colorés. Ajoutez de l'eau à l'eau de trempage des crevettes et champignons pour obtenir 2 1/2 tasses (625 mL) de liquide et ajoutez-le dans la poêle. Amenez à ébullition en remuant le mélange. Couvrez la poêle fermement et réduisez la chaleur à feu très doux. Le plat sera prêt en 20-25 minutes.

# Canton

*Les champs sont froids; la pluie clairsemée s'est arrêtée;*
*Les couleurs du printemps jaillissent de tous côtés;*
*La mare bleutée est remplie de poisson bondissant;*
*Les rameaux verts sont remplis de chants de grives.*
*Les fleurs des champs ont leurs joues poudrées;*
*Les herbes de la montagne nous viennent à la taille.*
*Au-dessus du champ de bambous, le dernier nuage*
*S'éloigne lentement poussé par le vent.*

LI PO

L'exotisme de la cuisine de Canton ne vient pas du goût mais du choix des ingrédients. La région de Canton est située au sud de Fu-kien, le long de la mer. Les champignons y croissaient en terrain montagneux. On chassait les canards sauvages et autres oiseaux et on faisait la cueillette d'énormes escargots. Le serpent se tortillant et l'anguille glissante étaient des aliments fort goûtés. Dans la mer, on ramassait les grosses huîtres; les grenouilles, les tortues et les bigorneaux pullulaient dans les champs de riz près desquels poussaient des quantités de légumes verts et feuillus. On élevait, spécialement pour la table, des poulets et des pigeons.

La diversité des ingrédients et peut-être le caractère insolite de la cuisine de cette région se sont développés naturellement en rapport avec son climat et le tempérament de ses habitants. On ne modifiait pas le goût naturel des aliments et tout l'art culinaire était concentré sur la texture. Il peut être vrai que lorsque les choses sont trop faciles à obtenir, on a moins tendance à les travailler. Le climat est chaud à l'année longue et les aliments frais étaient disponibles en tout temps. La cuisson des légumes était ordinaire, leur saveur était laissée telle quelle et aucune complication n'entrait dans leur préparation qui pourrait se comparer à celle des épinards au velouté (20). Les légumes étaient sautés avec des escargots, du poulet ou du poisson; ils n'avaient pas cette petite touche qui rend les saveurs complémentaires. Leur saveur n'avait pas la profondeur que les soins gastronomiques donnent parfois aux aliments. Là où les Cantonais excellaient, c'était dans la maîtrise des textures tendres et croustillantes. Ils faisaient cuire les palmes de canard mieux que le canard lui-même et le poulet mieux que quiconque. C'est parce qu'ils savaient quand laisser les choses aller d'elles-mêmes. La coupe et l'émincage étaient assez grossiers, en accord avec un peuple impatient. Le caractère de leur cuisine était marqué par une maligne vitesse et la variété des textures.

## Astucieuse vitesse: escargots trempés; légumes verts à la sauce aux huîtres

La technique rapide mais étudiée de la cuisine cantonaise est manifeste dans la préparation des escargots dits "trempés". On peut appliquer la même technique aux rognons avec de bons résultats. Le problème est de trouver un mode de cuisson des escargots qui ne détruise pas leur texture. Lorsque la cuisson est bien faite, la texture est croquante comme celle des moules fraîches. On fait de fines tranches avec la partie comestible des escargots ressemblant à un pétoncle; on les trempe dans l'eau bouillante acidulée et on termine la cuisson en les faisant mijoter dans une sauce. Si l'eau n'était pas acidulée, les tranches durciraient. D'autre part, si le trempage n'est pas assez rapide, l'escargot perd de sa douceur. À vrai dire, il ne faut pas être dédaigneux pour préparer des escargots, car pour être certain que les escargots sont frais, ils doivent être manifestement vivants. Mais on peut s'y habituer et le résultat en vaut la peine.

## 93. Escargots trempés ( 白 灼 蜊 螺 片 )

3 escargots vivants (environ
1 lb — 500 g — chacun)
12 tasses (3 L) d'eau
1 morceau de gingembre
1 oignon vert
1 c. à café de vinaigre

Sauce:
3 c. à soupe de sherry sec
1 c. à soupe de sauce aux huîtres

1 c. à café de sauce soya légère
2 c. à soupe de bouillon de poulet
3/4 de c. à café de sucre
1/4 de c. à café de glutamate
de monosodium
2 tranches de gingembre en fines
lamelles
1 oignon vert émincé
3 c. à soupe d'huile

Pressez le pied qui se trouve le long de la courbe de la coquille de l'escargot. S'il se rétracte, l'escargot est vivant. Mettez-le entre plusieurs épaisseurs de journaux et cassez la coquille avec un marteau jusqu'à ce que l'escargot soit exposé. Le muscle en forme de pétoncle qui est attaché au disque constitue la partie comestible. La portion grisâtre et ivoire se termine en une bande étroite. Coupez le muscle à cet endroit et libérez-le du tissu mou qui l'entoure. Jetez le reste de l'escargot. Coupez le pied, le tube rougeâtre, le cartilage osseux et la matière gélatineuse qui entoure le cartilage. Enlevez le disque et la couche extérieure grisâtre de l'escargot. Jetez toutes ces parties, ne conservant que la partie ivoire. Tranchez le muscle très finement en le retenant avec un linge pour l'empêcher de glisser. Trois escargots donnent 1 1/2 tasse (340 g) de tranches minces.

Pour préparer la sauce, mélangez tous les ingrédients dans une petite casserole et faites chauffer doucement.

Déposez un grand carré de coton à fromage au-dessus d'un bol et ayez à portée de la main une cuiller trouée et une paire de bâtonnets. Amenez l'eau à ébullition avec le gingembre et l'oignon vert. Enlevez le gingembre et l'oignon vert. Ajoutez le vinaigre à l'eau bouillante que vous laissez bouillir vivement. Amenez la sauce au point de mijotage.

Jetez les tranches d'escargot toutes à la fois dans l'eau acidulée. Presque immédiatement, enlevez toutes les tranches à l'aide de la cuiller trouée et des bâtonnets et déposez-les sur le coton à fromage. Essorez l'eau des tranches, et jetez les tranches dans la sauce qui mijote que vous porterez ensuite à feu vif. Faites sauter de 15 à 20 secondes et servez immédiatement.

Les saveurs les plus fuyantes sont les saveurs naturelles qui, comme des alcools volatiles, doivent être saisies. La façon de capter la saveur naturelle des légumes est de les faire blanchir, leur enlevant par là une partie de leur goût âcre sans détruire leur saveur. Le plat suivant est un mets courant des restaurants de Hong Kong.

## *94. Légumes verts blanchis dans la sauce aux huîtres ( 蠔 油 芥 蘭 )

*3/4 lb (375 g) de feuilles de moutarde, de céleri, d'asperge ou de tiges de chou chinois*
*6 c. à soupe de sauce aux huîtres*
*4 c. à café de sucre*

Servez-vous de feuillage de moutarde ou d'un légume vert de même type comportant des tiges minces et croustillantes et pas trop de feuillage. Faites blanchir dans 12 à 16 tasses (3 à 4 litres) d'eau bouillante pendant quelques minutes. Lorsque les tiges deviennent plus foncées, versez dans une passoire et rincez très soigneusement la verdure à l'eau froide. Coupez les tiges en deux ou trois sections et disposez-les dans une assiette.

Pour faire réchauffer le légume, ébouillantez-le avec environ 6 tasses (1,5 L) d'eau, en relevant un bout de l'assiette pour qu'elle s'égoutte. Incorporez le sucre dans la sauce aux huîtres, laissez-le se dissoudre et versez le mélange sur les légumes.

## Deux recettes cantonaises pour le poulet: poulet bruni; poulet au citron

Les Cantonais excellaient dans la cuisson du poulet, en mesurant la durée de cuisson précisément de sorte que la douce moelle était juste à

154

peine cuite. Le poulet nature (3) est une recette cantonaise. Parce que le climat était trop chaud pour permettre le séchage à l'air, on faisait à peine cuire les poulets, on les frottait avec du vinaigre et du sucre et on les suspendait à sécher. Lorsqu'on le faisait frire, la peau était croustillante et cassante. À Swatow, on enveloppait le poulet dans du papier de riz, puis on pressait par-dessus beaucoup de sel avant de le faire cuire. Seul un peu de sel se dissolvait dans les jus du poulet qui prenait une saveur riche et odorante. Une autre méthode consistait à enduire le poulet de glaise et à le faire cuire ainsi au four, en cassant ensuite la glaise pour dégager le poulet chaud et juteux. Le plus populaire est encore le poulet cuit dans une cruche remplie de sauce soya. Beaucoup tentent cette recette mais n'arrivent pas à obtenir une peau d'un brun assez riche. Le secret consiste à utiliser un poulet fraîchement abattu, car sa peau ne s'est pas encore contractée. Lorsque la peau de la volaille se contracte, le gras monte à la surface et la couleur ne la pénètre pas. Pour un poulet fraîchement abattu, la surface extérieure de la peau est encore humide et absorbe bien la sauce soya. Ces subtiles modifications qui surviennent après la mort de l'animal sont naturellement difficiles à observer.

## 95. *Poulet bruni* ( 鼓 油 鷄 )

*1 poulet de 4 lb (2 kg)*
*fraîchement abattu*
*16 tasses (4 L) de sauce soya*
*1 lb (500 g) de sucre en cristaux*

*6 clous de girofle ou 1 étoile d'anis*
*2 morceaux de pelure de tangerine*
*séchée*
*6 tranches de gingembre frais*

Plumez, éviscérez et nettoyez le poulet. Amenez tous les autres ingrédients à ébullition et ajoutez le poulet. Faites bouillir à nouveau, couvrez le chaudron et laissez refroidir à la température de la pièce. Ceci prendra environ 5 heures. Enlevez le poulet, coupez-le en portions et servez-le avec un peu de sauce. Le reste de la sauce peut se conserver et être réutilisée.

La recette suivante n'exige pas un poulet fraîchement abattu. Sa saveur est excellente.

## 96. *Poulet au citron* ( 檸 檬 鷄 )

*1 poulet de 3-4 lb (1 1/2 à 2 kg)*
*1 c. à café de sel*
*2 c. à soupe de sauce soya*
*2 c. à soupe de gin, de vodka ou*
*d'un autre alcool*
*5 c. à soupe d'huile*
*1/2 c. à café de jus de*
*gingembre pressé*

*1 1/2 à 2 c. à soupe de jus de*
*citron (le jus d'un citron)*
*1 c. à soupe d'huile de sésame*
*1/2 c. à café de sel*
*1/2 c. à café de sucre*
*4 c. à soupe de bouillon*
*de poulet*

155

Asséchez bien le poulet en l'essuyant et frottez l'intérieur avec du sel. Mettez-le sur une assiette et frottez-le avec la sauce soya et l'alcool (le *meikweilou,* une liqueur de sorgho aromatisée à l'eau de rose, est excellent dans cette recette). Laissez le poulet tremper dans l'alcool et la sauce soya pendant environ 4 heures, en le retournant de temps en temps pour que la peau absorbe le mélange.

Faites chauffer l'huile et le jus du gingembre dans un wo. Faites brunir le poulet à feu modéré; réservez la marinade. Le brunissage du poulet doit être très soigné pour obtenir une saveur correcte. Après le brunissage du poulet, réduisez la chaleur et enlevez 4 cuillers à soupe d'huile. Ajoutez les autres ingrédients de même que la marinade. Amenez à ébullition, couvrez fermement et laissez mijoter environ 35 minutes en retournant le poulet pour qu'il soit bien enrobé de liquide. Coupez le poulet en petits morceaux et disposez-le sur un plat de service. Réchauffez la sauce et versez-la sur le poulet.

## Une saveur pure de la région: champignons sautés; champignons au bouillon

Les champignons chinois peuvent être parfaits quant à la forme, à la saveur et à la texture. Le seul petit problème réside dans cet arrière-goût légèrement amer. On peut facilement corriger ceci avec du sucre ou un bouillon de viande. Les gens ont tendance à faire un mauvais usage des champignons en les tranchant finement pour dégager leur saveur mais c'est à leur détriment. On devrait faire cuire les champignons entiers ou en moitiés pour qu'ils soient juteux, doux et odorants. Ne leur ajoutez rien si vous voulez conserver la pure saveur des champignons. Ne parlez pas en mangeant des champignons, sinon vous en gaspillerez la saveur. Mastiquez le champignon aussi peu que possible, ne faites que le presser entre la langue et les dents pour en dégager les jus cachés. Les meilleurs champignons comportent des motifs sur le dessus et ont des têtes charnues et frisées. Mieux vaut dépenser un peu plus pour ces derniers que d'essayer de trouver cette saveur sublime dans des têtes minces d'une variété inférieure.

## *97. Champignons sautés (炒 香 菇)

24 gros champignons chinois séchés
1 c. à soupe d'huile
1/2 c. à café de sucre

1/4 de c. à café de sel
1 c. à café de sauce soya
1 c. à soupe d'huile de sésame
1 c. à soupe de sauce aux huîtres

Sauce:

2/3 de tasse (185 mL) de bouillon de poulet
2 c. à soupe de sauce aux huîtres

1/2 c. à café de sucre
2 c. à café de fécule de maïs

Faites tremper les champignons dans assez d'eau pour les recouvrir jusqu'à ce qu'ils soient ramollis et qu'ils aient augmenté d'un tiers de leur volume (de 30 minutes à 1 heure). Enlevez les tiges et jetez-les, ou ajoutez-les à un fond de soupe. Réservez l'eau de trempage. Faites sauter les champignons dans l'huile en ajoutant le sucre, le sel et la sauce soya. Ajoutez l'eau de trempage, l'huile de sésame et la sauce aux huîtres et amenez le mélange au point où il mijote. Laissez mijoter à feu doux, sous couvert, jusqu'à ce que tout le liquide soit absorbé. Disposez les champignons en monticule.

Les champignons sautés peuvent être servis avec ou sans sauce. Si vous les servez avec une sauce, mélangez tous les ingrédients et faites cuire jusqu'à épaississement. Versez la sauce sur les champignons.

Pour faire un bouillon avec des champignons, rappelez-vous qu'il est nécessaire 1) d'ajouter un peu de sucre, pour corriger le goût amer; 2) de faire mijoter les champignons jusqu'à ce qu'ils descendent au fond du chaudron; 3) d'ouvrir le chaudron aussi peu que possible pour que la vapeur ne s'en échappe pas. Certains scellent le chaudron avec un mélange de farine et d'eau.

## *98. Champignons en bouillon (清 燉 香 菇)

12 champignons chinois séchés
1 1/2 tasse (375 mL) d'eau
3 1/2 tasses (875 mL) de bon
bouillon de poulet
1 oignon vert

1 tranche de gingembre
1 c. à soupe de sauce soya
1/2 c. à café de sucre
1/4 de c. à café de sel

Faites ramollir les champignons dans l'eau. Enlevez les tiges; réservez les têtes et l'eau de trempage. Mettez les champignons dans une casserole, ajoutez l'eau de trempage et les autres ingrédients. Amenez à ébullition et faites mijoter pendant une heure en gardant la casserole hermétiquement fermée. Enlevez l'oignon vert et le gingembre.

# 5

# *Curiosités*

Éléphant: *La chair de l'éléphant est comestible, mais coriace; la trompe et les pieds passent pour des morceaux très délicats.*

Ours: *Les gourmets un peu excentriques prisent fort les pattes de l'ours qui, après avoir été marinées (pendant 3 jours au moins), sont mises à braiser dans un fond fortement aromatisé et servies dans un coulis préparé avec leur fond de cuisson.*

Rat: *Rongeur qui a été élevé au rang de comestible pendant le siège de Paris en 1870, et qui est consommé dans certaines régions.*

LE LAROUSSE GASTRONOMIQUE

Durant la guerre de 1940, les rats de Ch'ung-ch'ing étaient devenus si gros que les chats en avaient peur, effrayés qu'ils étaient de les affronter. À ce moment, ils firent leur apparition à certaines tables sous forme d'une viande rouge difficile à identifier, que certains n'osaient pas manger. Il est vrai que le besoin et la situation économique conduisent les gens à explorer toutes les voies. Mais ce n'est qu'une partie de l'histoire. La grande cuisine, comme un large fleuve, s'est constamment ramifiée en courants secondaires et en remous, chacun tourbillonnant sur lui-même et formant des cercles de plus en plus restreints. Ces foyers excentriques furent parfois attirés dans le courant principal alors que d'autres sont demeurés à la périphérie. Ceci ne devrait pas être un univers en soi, mais quelque chose de destiné aux fanatiques et aux marginaux. Le caractère spécifique d'une cuisine ne vient pas de la faim ou du besoin, mais du culte de la gastronomie. Si ce n'avait été de ce culte, certaines expérimentations exotiques de la recherche du goût n'auraient pas eu lieu. On peut comprendre le point de vue des gastronomes. Chaque chose a une identité et la perfection de son goût devrait être une fin en elle-même. Plus vous goûtez, plus les choses ont de goûts. Si vous y regardez de plus près encore, le goût se raffine; les petites nuances sautent... au palais. La cuisine n'aurait pas sa profondeur et son étendue actuelles s'il n'y avait pas eu de culte de la gastronomie.

Dans ce chapitre, nous traiterons de certains extrêmes intéressants qui amplifient le point de vue particulier de la gastronomie chinoise. Ce point de vue est fait en partie de goût, de connaissances, d'habitudes et de préjugés. Il diffère du concept culinaire français et du type de cuisson américain. La cuisine française la plus élégante fait usage de la poitrine de poulet et du filet de poisson. La différence entre les gastronomies française et chinoise, c'est que pour les Chinois, le plaisir de la *sole meunière* s'étend du filet lui-même jusqu'aux petites arêtes croustillantes des côtés du poisson. La gastronomie chinoise aurait fait une spécialité de ces petites parties croustillantes de la sole, mais ce genre de poisson était généralement absent des eaux douces de la Chine. L'"huître" de la dinde, située dans l'os pelvien, aurait pu être un apport de la cuisine chinoise, mais on trouve peu de dindes en Chine. Les feuilles d'artichaut auraient été mieux appréciées que le coeur, et on aurait choisi le pain pour sa croûte.

Les plus fines variétés de texture sont appréciées, dans les diverses parties du poisson. La cervelle, la langue, les bajoues, les ailerons, le dessous du ventre et la queue constituent chacun l'ingrédient principal d'un grand nombre de mets. Ces recettes font partie de la cuisine classique. La nécessité a conduit à la consommation de toutes les parties, mais la gastronomie en a fait un signe de raffinement. Le culte de la gastronomie élevait ce qui était bizarre et recherché à un haut niveau de sophistication. Ce culte a donné une empreinte déterminante au développement de la cuisine. Yuan Mei disait:

"Je note que dans la préparation de la tortue on n'utilise souvent que l'enveloppe extérieure; en réalité, la saveur est concentrée dans la chair. Lorsqu'on fait cuire le *Shad* à la vapeur, on ne garde que les parties ventrales, mais la partie la plus douce est le dos. Il n'y a rien de plus économique que les oeufs (de canard) salés. La meilleure partie est le jaune. Mais si vous ne servez que les jaunes, est-ce que ce ne sera pas insipide? Je ne dis pas cela parce que j'ai peur de dépenser ma fortune trop vite, comme les gens ordinaires pourraient le croire. Supposons que j'aie dit que tout ce gaspillage sert à améliorer la cuisine, ce qui pourrait alors être toléré. En fait, cela a ses inconvénients; pourquoi donc se faire tant de souci?"

Ce n'est pas vraiment une question de mauvais goût, mais de gourmandise. Car, si la langue de poisson a cette qualité gélatineuse spéciale lorsqu'on la fait braiser, pourquoi ne pas en faire un plat complet? Un autre plat renommé de Chê-kiang-Chiang-su s'appelait "Pagaies" (划水); il était fait des ailerons ventraux et du ventre mou du poisson. Le chou également a des parties spéciales.

## 99. Ragoût au chou de Soochow ( 爛 糊 )

*1 1/2 à 2 lb (750 g à 1 kg) de chou chinois*
*2 c. à soupe de gras de poulet ou de canard*
*1 1/2 tasse (375 mL) de bon bouillon de poulet ou de canard*
*1/2 c. à café de sel*

Séparez soigneusement les tiges du chou. Brossez-les, lavez-les et égouttez-les. Coupez chaque tige en morceaux d'environ 3 pouces (8 cm). Empilez séparément chaque type de morceau avec ceux du même type. *A. Base des tiges:* Tranchez les tiges dans le sens de la longueur en bandes parallèles de 3/8 de pouce (1/2 cm); *B. Milieu des tiges:* Tranchez les tiges dans le sens de la longueur en bandes parallèles de 3/8 de pouce (1/2 cm); *C. Bouts feuillus:* Tranchez-les dans le sens des fibres en bandes de 3/8 de pouce (1/2 cm). Les sections A, B et C sont cuites dans cet ordre. Ne remuez à aucun moment le ragoût.

Amenez à ébullition dans un grand chaudron le gras de poulet ou de canard et le bouillon. Ajoutez la section A, en déposant les bandes pour qu'elles soient parallèles, et saupoudrez la moitié du sel. Couvrez le chaudron et faites bouillir vivement pendant 15 minutes. Ajoutez la section B en plaçant les bandes dans la même direction que la section A. Couvrez, faites bouillir 10 minutes. Ajoutez la section C, plus ou moins parallèlement aux sections A et B, et saupoudrez le reste du sel. Réduisez la chaleur et laissez mijoter pendant une heure. La durée totale de cuisson est d'une heure et 25 minutes. Retournez le chou dans une assiette de la dimension d'une assiette à soupe. Sa surface striée ressemble un peu à celle du melon.

Au sujet de la consommation des diverses parties d'un animal, il existe une histoire horrible. Le *Dracula* de Bram Stoker nous dit que nous avons tous des goûts particuliers qu'il vaudrait mieux ne pas dévoiler. Malheureusement, certains gastronomes ont fait connaître leurs goûts singuliers. "Un gentleman ne devrait jamais faire ça," a écrit Yuan Mei au sujet d'une technique que Li Liweng décrit ainsi dans ses notes: "Je vais vous parler d'une personne qui excellait dans la préparation des pattes d'oie. Quand une oie bien engraissée devait être abattue, il lui plongeait les pattes dans une casserole d'huile bouillante, puis il la laissait retourner à l'étang. Il reprenait ce traitement quatre fois de suite. Les pattes de l'oie étaient douces et succulentes; elles avaient au moins un pouce d'épais, et elles faisaient un mets singulièrement délicat. J'ai dit: "J'ai entendu parler de ça et je ne veux plus en entendre parler." Si on voit là une marque de sadisme, ce ne l'est peut-être pas plus que l'engraissement de la volaille pour le marché. Les volatiles sont serrés les uns contre les autres, ils sont gavés, et leurs pattes ne touchent jamais le sol. On se dit que les bêtes doivent avoir le désir caché d'un bon ver et d'un coup de bec sur cette terre qu'elles peuvent regarder sans jamais pouvoir la toucher. Leur vie n'est-elle pas un long moment de frustration? "Les animaux ont été créés pour l'homme, disait Yuan Mei, aussi peut-on les tuer, mais on ne devrait jamais faire en sorte qu'ils souhaitent leur mort."

Le culte de la gastronomie a mis en valeur des textures d'aliments dont l'insignifiance même représentait un défi. Cela fait penser à un ballon gonflé d'air chaud, qui s'élève dans le ciel et devient une énorme curiosité. Mais on ne compte plus les notions absurdes qui ont été lancées en plein ciel, et qui ont poursuivi leur course. En réalité, le succès d'un ballon est peut-être plus qu'une question d'air chaud.

Beaucoup d'éléments font partie de ce culte. Le cuisinier en était un et il devait être un habile technicien. "Pour rendre les tendons du chevreuil tendres, il faut trois jours. En premier lieu, pesez-les, puis faites-les bouillir plusieurs fois pour les débarrasser de leur odeur rance. Faites-les cuire dans un bouillon de boeuf, puis dans un bouillon de poulet. Ajoutez un peu d'huile de sésame pour terminer. Servez-les nature, saupoudrés de poivre sauvage blanc." Deuxièmement, ces curiosités gastronomiques peuvent avoir un certain mérite. La gastronomie est une occupation qui dure toute la vie; son progrès est ponctué de nuances de plus en plus subtiles. Peut-être le palais le plus sophistiqué mettra-t-il la texture au-dessus de la saveur parce qu'il faut davantage d'entraînement pour bien apprécier les qualités de la texture. Le culte de la gastronomie et les snobs de l'alimentation ont mis au menu les pattes d'ours, la trompe d'éléphant et les tendons de veau. "Les snobs de l'alimentation sont ces gens qui convoitent les choses coûteuses. Leurs goûts sont influencés par les ouï-dire et non par leur propre jugement. Ils ne savent pas que le tofu a meilleur goût que le nid d'hirondelle, et que les algues, à moins qu'elles ne soient de la meilleure qualité, ne se comparent pas aux pousses de bambou. Le poulet, le porc, le poisson et le canard ont un goût qui leur est propre mais celui de la bêche-de-mer et du nid d'hirondelle leur vient de substances étrangères." Le snobisme a amené les ailerons de requin et le nid d'hirondelle dans la cuisine, où ils sont maintenant si familiers qu'ils ne sont plus des curiosités.

La gastronomie est constituée d'une série d'expérimentations, et certaines ont été des échecs complets. Les oeufs en sont un exemple. Même le grand Yuan Mei a essayé de les améliorer, mais son idée était trop compliquée. "Pratiquez un petit trou dans un oeuf, retirez-en le jaune et le blanc et jetez le jaune. Mélangez le blanc avec un épais bouillon de poulet, et battez avec des bâtonnets jusqu'à ce qu'il soit bien mêlé. Remettez-le dans la coquille de l'oeuf et scellez-le avec un morceau de papier. Faites-le cuire à la vapeur au-dessus du riz pendant la cuisson de ce dernier. Puis, pelez la coquille et vous obtenez un oeuf parfait." Une variante de la même idée vient de Chê-kiang. On prend et le blanc et le jaune qu'on mélange avec du gras de porc haché, des champignons, des pousses de bambou, des crevettes séchées et un assaisonnement, on remet le tout dans la coquille et on fait cuire à la vapeur. D'une certaine façon, ces expérimentations sont plutôt charmantes, car dans notre enthousiasme nous recherchons le goût des choses en nous élançant dans toutes les directions. Certains d'entre nous en sortent les yeux brillants et avec un sourire secret; d'autres, mécontents de leurs bêtises, prennent une autre direction, sans avoir perdu de leur esprit d'aventure. Voyons quelques-unes de ces aventures; certaines sont agréables, d'autres le sont moins.

"J'ai goûté l'eau partout où je suis allé. L'eau de la montagne se précipite, bouillonnante et moussante. Elle jaillit des sources dans les rochers. Les gens qui en boivent trop ont souvent des maladies de la gorge. Parfois les gens doivent aller loin pour puiser l'eau de la rivière, aussi l'eau vient-elle le plus souvent d'un puits. Dans son *Book of Tea* (Livre du thé), Lu Yu dit: "L'eau de la montagne, de la rivière et du puits; dans cet ordre." Comme d'autres le disent,"il y a vingt sortes différentes d'eau." (Ouyang Shiu) Et il donnait la liste de ses vingt préférences dans l'ordre.

Il court depuis longtemps une histoire concernant la cervelle de singe vivant, à Canton. En questionnant les gens qui répandaient cette histoire, et il y en avait beaucoup, nous en sommes venus à croire qu'il s'agissait de pure fiction, jusqu'à ce que nous trouvions finalement quelqu'un qui y avait vraiment goûté... Il y avait un trou au centre de la table; la tête du singe était rasée et ouverte. Comme il y avait un grand nombre de personnes autour de la table, chacun n'en avait qu'une cuillerée. Après tout, une cervelle de singe n'est pas si abondante...

"Y avait-il de la sauce?" avons-nous demandé. Il se contenta de hausser les épaules. "De la sauce soya et du gingembre comme d'habitude", répliqua-t-il. Et il continua à parler en décrivant une autre petite horreur nommée "Trois petits cris d'oiseau": description en elle-même qui n'a pas besoin d'explication. Et c'était servi avec la même sauce.

Les deux éléments qu'on vient de voir ne se rencontrent pas souvent, mais dans la région des lacs du Yang-tsê, les petites crevettes vivantes étaient une spécialité qui aurait mérité d'être mentionnée dans le Guide Michelin. On les assaisonnait avec du vin et de l'oignon vert. En pensant à leurs frétillements, on peut imaginer que ce plat se mélange de lui-même. Nous en avons mangé avec du vin chaud, et l'effet était comparable à celui des huîtres avec du champagne.

Une spécialité de Szu-ch'uan s'appelait "Les neuf torsades"; c'était un plat léger, riche et délicat composé d'intestins cuits dans du bouillon: inoubliablement délicieux. Et parlant d'intestins, ceci nous rappelle ce plat de Amoy composé d'un gros intestin farci avec du riz glutineux qu'on mangeait froid en l'arrosant de sucre et de sauce soya. Dans la région d'Amoy, nous sommes incapables de beaucoup de sophistication et nous n'aurions jamais pu atteindre la complexité géométrique de ce plat de

Chê-kiang où on farcissait un intestin avec plusieurs autres; on le faisait cuire et on le tranchait pour former des cercles concentriques.

La recherche de la saveur a conduit aux plus petits recoins, et en définitive il aurait mieux valu que certains ne soient jamais explorés. Mais nous nous sommes souvenus longtemps des heureuses surprises de nos explorations capricieuses. C'est ainsi que la cuisine en arrivait à trouver sa qualité. Ceci explique ce plat appelé "La Famille heureuse", qui est un peu bizarre mais assez courant. Autrement, nous l'aurions oublié. Mais il constitue un élément principal de la cuisine classique. Le charme de ce plat repose sur le fait qu'on puisse reconnaître chacun des ingrédients séparément, et qu'on les trouve rassemblés dans un grand spectre gastronomique. Chaque "espèce" est représentée. Si chacune semble avoir été tirée de son habitat pour être mise en étrange compagnie, ce n'est que parce qu'une main habile a décidé de l'y mettre.

### 100. La Famille heureuse ( 全 家 福 )

4 tasses (1 L) de velouté (16)
1/4 oz (8 g) de Yu-to ramolli et coupé en bouchées (42)
6 boulettes de viande nacrées, non cuites (76)
1/2 tasse (125 mL, 114 g) de poulet cru très finement émincé (voir 2)
6 boulettes de poisson pochées (31)
1/2 tasse (125 mL, 114 g) de rognons blanchis (124)

1/2 tasse (125 mL, 114 g) de chou-fleur blanchi
1 tasse (250 mL, 227 g) de verdure de moutarde blanchie
2 oz (60 g) de bêche-de-mer, ramollie et coupée en bouchées (41)
2 tasses (500 mL) de bouillon de viande
4 oz (125 g) de crevettes entières sautées (25)

Préparez les huit premiers ingrédients, en les gardant séparés. Préparez la bêche-de-mer tel qu'indiqué et faites-la mijoter dans le bouillon de viande pendant environ deux heures, jusqu'à ce qu'elle soit très tendre. Égouttez les bouchées et réservez. Préparez les crevettes entières et égouttez-les bien.

Faites chauffer le velouté doucement et mettez-y la bêche-de-mer, le Yu-to et les boulettes de viande nacrées. Faites mijoter de 15 à 20 minutes. Ajoutez les crevettes et les deux légumes. Lorsque ces derniers sont bien réchauffés, ajoutez le poulet finement émincé et remuez le mélange très doucement, puis ajoutez les boulettes de poisson et les rognons en gardant toujours le bouillon au point où il mijote, sans bouillir. Lorsque tout est bien chaud, servez immédiatement.

Cette recette résume bien toutes les complications exquises de la cuisine. Le culte de la gastronomie est allé très loin et en profondeur, non seulement dans le choix des aliments, mais aussi dans leur préparation. Cela démontre bien jusqu'où on peut aller dans l'étude du goût et de la texture.

# 6

# *La cuisine simple*

*Si vous voulez bien manger, cuisiner vous-même.*

LI LIWENG

Il sera peut-être intéressant de savoir ce que les Chinois mangeaient couramment autrefois, mais quant à nous, nous préférons nous interroger sur ce qu'il y a de meilleur dans les aliments simples, et savoir comment parvenir à l'excellence dans la simplicité. La cuisson de ce genre est basée sur l'économie, la simplicité et la rapidité. Il y en a qui mangent des mets peu recherchés parce qu'ils sont pauvres; d'autres parce qu'ils ne connaissent pas de meilleures techniques d'apprêt. La cuisine simple peut elle aussi être une question de choix.

Dans ce chapitre, nous traitons des qualités de la cuisine ménagère de tous les jours, de la cuisine de style campagnard, et de ce que mangent les gens très pauvres. Nous traiterons également de la simplicité affectée et de la grossièreté pratiquées par les gens sophistiqués. Nous examinons les qualités essentielles de la meilleure des cuisines nature, qui demande au cuisinier professionnel de rompre avec certaines habitudes. La dernière partie de ce chapitre est consacrée à une description de l'éventail intéressant des marinades et viandes en conserve, qui constituent une part importante des aliments de la cuisine quotidienne des Chinois.

## La cuisine à la maison

*Ce que mangent les gens très pauvres:*
*oignons au lard salé (avec du riz), plus une*
*description de quelques autres repas*

La gastronomie est un passe-temps pour gens aisés; à d'autres niveaux, la question de la nourriture n'a rien de très amusant. La gastronomie est une question de choix, et les pauvres n'ont pas ce loisir. Mais le gastronome, qui aime faire le tour des choses, pouvait noter que si la nourriture du pauvre était monotone, son goût en soi n'était pas si mauvais.

Il y avait des enfants pauvres, sales, aux yeux brillants, qui le dévisageaient derrière de grands bols de riz. Il y avait les mendiants et leurs expressions, professionnellement utiles, de souffrance inscrites sur leurs visages. Il y avait les paysans. Ils ne s'occupaient pas des subtilités de saveur et de texture, et mangeaient plutôt un gros bol de riz avec juste un peu de sauce soya et un oeuf frit sur le riz. La tante pauvre, qui avait la chance d'aller chez ses parents riches de temps en temps, s'assoyait devant sa porte en souhaitant être née plus fortunée. Elle aimait le goût des aliments luxueux, doux, riches et coulants (*neng-tseng-tseng* dans notre dialecte), comme ces nouilles transparentes cuites avec des jarrets de porc (91).

Nous parlons du pauvre, pas nécessairement du misérable. Dans la cuisine la plus pauvre, il n'y a plus aucun artifice. À mesure qu'ils vieillissent, certains êtres deviennent rassasiés, pesants, et ils perdent la joie de manger. La découverte de la nouveauté est un effort constant. Mais voyez l'enfant très pauvre, qui s'est promené nu-pieds toute la journée et qui est maintenant assis sur son tabouret pour prendre son repas avant les autres. Il avale son riz à grandes bouchées, découvrant avec joie que sous le riz s'était caché un morceau de viande cuite dans la sauce soya et l'ail.

Manger est beaucoup plus une question d'habitude que d'intellect. Une paysanne nourrie dans son enfance de riz et de poivron rouge ne mangera guère autre chose, même si elle trouve facilement poisson, viande et légumes. La sauce au poivron rouge est pour elle une drogue dont elle ne peut se passer, même si elle entrave sa digestion et lui cause des saignements de nez. "Huang-ma, lui disions-nous, mange quelque chose d'autre." Elle était accoutumée au piment rouge. Rien ne pouvait mieux satisfaire son appétit et la rafraîchir que le goût des piments rouges forts. Les gens très pauvres mangent du riz mélangé avec de la sauce soya, la sauce comportant une grande quantité de sel et de glutamate de monosodium qui en rehausse la saveur. La nourriture des pauvres n'est pas dénuée de goût, mais elle reste très monotone, et il faut vraiment avoir très faim pour l'aimer. D'un autre côté, on peut rester sans appétit devant un long banquet assommant composé des plats standard de la cuisine classique. Revenons au concept original de l'alimentation: mastiquer, avaler, goûter et sentir la nourriture. Oublions les subtilités, pour aimer le gras et le sel et le parfum entêtant des oignons verts. Oublions Li Liweng, qui détestait les petits oignons verts. Il avait tort. Les gens pauvres et simples les mangent grillés dans du lard avec du sel; ils en font des conserves qui se gardent pendant des semaines. Une pincée d'oignons ainsi préparés rend le riz délicieux.

## *101. Oignons verts salés au lard (炒 油 葱)

*1/2 lb (250 g) de gras de porc*
*6 oignons verts*
*2 c. à soupe de sel*

Coupez le gras en dés et faites-le fondre à feu doux. Émincez les oignons verts très finement et faites-les sauter dans le lard en ajoutant le sel. Lorsque les oignons sont dorés, versez le mélange dans une petite cruche et laissez-le refroidir. Utilisez-le comme assaisonnement avec du riz ou du congee.

Quiconque prépare du congee s'apercevra que si le temps de cuisson n'est pas contrôlé de façon précise, le grain se gonfle et se divise sans arrêt jusqu'à ce qu'il n'y ait apparemment plus de liquide. On peut ainsi transformer une demi-tasse de riz sec en une grosse marmite de riz qui nourrira toute une famille. C'est un mets économique, à la base de l'alimentation des paysans. On raconte qu'un étudiant pauvre, voulant économiser de l'argent en vue de ses études, vivait toute une année de congee et d'un oeuf de canard salé. Il mangeait un tout petit peu d'oeuf à la fois. Lorsqu'il était fini, la coquille partait à la dérive, presque intacte. En Chine, on mange le congee au petit déjeuner avec des arachides cuites dans la saumure et du tofu pressé à la main. Nous revenons toujours à ces choses simples, même si on pouvait se permettre autre chose. Il y avait un moine chinois vivant dans un monastère belge, pieux toute sa vie mais qui dans ses vieux jours ne rêvait plus que ces choses: de congee, de marinades et d'arachides croquantes. Il nous l'a dit, mais nous n'avons pu combler son rêve.

La cuisine simple que nous avons décrite n'obéit pas aux critères de la gastronomie; mais elle donne des fondements aux nuances, aux astuces et aux artifices de la cuisine raffinée.

## La simplicité rustique: tofu spongieux; les commentaires de Yuan Mei concernant le service de la nourriture; pieds de porc en gelée; chou à saveur de poulet

Les choses simples et sommaires du régime du pauvre ne faisaient pas partie règle générale de la palette de la cuisine classique, mais elles ont influencé le cours de la gastronomie chinoise en y introduisant un facteur de simplicité rustique. Il arrive souvent que les gens raffinés développent des goûts définis auxquels ils se livrent avec un certain effort. Ainsi un homme riche peut-il aimer authentiquement la nourriture paysanne, mais lorsqu'elle est servie à sa table, elle devient pseudo-rustique. Afin de rendre les choses encore plus harmonieuses, il fait servir ces aliments simples dans des assiettes simples, mais les invités verront que les plats sont soigneusement préparés pour "paraître grossiers", et cette simplicité devient de l'affectation. D'un autre côté, l'épouse d'un fermier peut avoir des goûts très dispendieux, qu'elle ne peut apaiser que par une seule extravagance: celle-ci, dans son isolement, paraîtra saugrenue et même déplaisante. Mieux vaut agir selon ses moyens que d'être accusé d'avoir l'air trop humble ou trop extravagant. Mais peu y arrivent, sauf les gens très pauvres.

Dans la veine de la simple élégance, Yuan Mei disait: "Je pense qu'il est plus raffiné d'utiliser des bols et des assiettes simples." Sur une assiette simple, on peut disposer avec art du simple tofu. Cet ingrédient devient plein de trous lorsqu'on le fait cuire rapidement, et sa texture spongieuse absorbe toute la sauce, de sorte que lorsqu'on y mord les jus en jaillissent. Disposez les tranches pour former un monticule; servi sans garniture, ce plat a l'allure des nourritures robustes et quotidiennes.

Il y a des gens qui trouvent cette prétention à la robustesse détestable, mais on peut leur opposer un argument. Quelle est la différence entre la véritable rusticité et un style pseudo-rustique? La différence est dans la prise de conscience. Car une personne trop profondément consciente du style peut difficilement observer son propre style. Il est impossible de faire quoi que ce soit sans style, bon ou mauvais; même ceux qui n'ont aucun style infligent leurs actions aux autres, et ils sont tout autant détestables. Il est donc préférable d'être consciemment grossier que de l'être sans s'en apercevoir; d'être enjoué plutôt qu'insouciant; de manger plutôt que de se nourrir; et même d'affecter la robustesse plutôt que d'être brutal; d'être critique plutôt que de ne pas penser du tout. Il faut être délibérément désinvolte pour pratiquer la cuisine simple avec une certaine insouciance étudiée, et être rigoureusement négligent. Aussi soyez-le.

## *102.  Tofu spongieux ( 滷 豆 腐 )

12 oz (375 g) (3 carrés) de tofu
8 tasses (2 L) d'eau froide
2 c. à soupe de sauce aux huîtres
1 c. à café de sauce soya

5 c. à soupe de bouillon
3/4 de c. à café de sucre
1 1/2 c. à café de fécule de maïs

Mettez le tofu avec l'eau dans un chaudron et amenez à ébullition.
Faites bouillir vivement pendant 30 minutes. Retirez le tofu. Lorsqu'il est froid, tranchez chaque gâteau en sept tranches.

Amenez les autres ingrédients à ébullition dans une poêle à frire peu profonde. Lorsque la sauce est lisse, déposez les tranches de tofu régulièrement sur la sauce, réduisez la chaleur, couvrez la casserole et laissez mijoter environ 12 minutes, jusqu'à ce que le liquide soit absorbé.

La maîtresse de maison intelligente s'apercevra éventuellement qu'elle ne peut pas réaliser un grand banquet à la maison, et qu'elle doit se concentrer sur ces plats campagnards simples et charmants qui font l'admiration des gourmets. C'est la solution convenant à la cuisine familiale et aux commodités disponibles, de même qu'au respect du bon goût. La ménagère peut alors mettre en valeur tous les traits d'une cuisine marquée de simplicité, et parvenir à une élégance rarement atteinte. Sous l'aspect d'une cuisine de style campagnard et à l'intérieur de vos limites, faites ce qui convient le mieux à l'environnement, rien de trop commun, rien de trop démonstratif, quelque chose qui ressemble à la nourriture simple mais qui se révèle plus tard être de la fine cuisine d'un ordre plutôt élevé. Ayez confiance en votre habileté et soyez discrète. Confectionnez une gelée, tranchez-la très finement et servez-la sans embarras. Tout ce dont vous pourriez alors être accusée, c'est d'un bon goût certain.

## *103.  Gelée de pieds de porc ( 豬 脚 凍 )

3 lb (1,5 kg) de pieds de porc
(3 ou 4) coupés en deux
2 c. à café de sel
2 c. à soupe de sauce soya
légère
1/2 c. à café de sucre

1/4 de c. à café de poivre
sauvage concassé
3/4 de c. à café de glutamate
de monosodium
1/2 lb (250 g) de porc maigre
haché

Faites blanchir les pieds de porc pendant 5 minutes dans 12 tasses (3 L) d'eau bouillante. Rincez bien les pieds avec de l'eau froide et brossez-les pour les nettoyer. Faites-les cuire en ragoût pendant environ 2 3/4 heures dans 3 1/2 tasses (875 mL) d'eau, en ajoutant le sel, la sauce soya, le sucre et le poivre; faites cuire jusqu'à ce que les os se détachent. Laissez le mélange devenir tiède et enlevez la peau des pieds de porc. Déposez les morceaux de peau, le peau vers l'extérieur, pour couvrir la surface d'un bol à bords droits. Enlevez tous les os en fouillant soigneusement avec vos doigts pour être sûr qu'il n'en reste pas. C'est essentiel pour obtenir plus tard des tranches nettes.

Ajoutez le glutamate de monosodium et 2/3 de tasse (175 mL) d'eau dans le chaudron. Amenez à ébullition et réduisez la chaleur. Incorporez le porc haché et continuez de remuer le mélange doucement jusqu'à ce que le porc soit cuit, soit environ 5 minutes. Versez le mélange par-dessus la peau et étendez-le. Laissez-le refroidir jusqu'à ce qu'il prenne, puis démoulez la gelée et coupez-la en très fines tranches.

C'est excellent avec les rubans enroulés (52) ou les brioches (51) et le mélange au poivre vert (36). Après la gelée de pied de porc, servez un petit plat de chou et du riz. C'est suffisant.

## *104.  Chou à saveur de poulet ( 鷄 油 菜 心 )

1 lb (500 g) de coeurs de chou
2/3 de tasse (175 mL) de bouillon
de poulet
1/4 de c. à café de glutamate
de monosodium
1/2 c. à café de sucre

1/2 c. à café de sel
1 c. à soupe d'huile
3 c. à soupe de gras de poulet
1 c. à soupe de fécule de maïs
dans 1/2 tasse (125 mL) de
bouillon de poulet

N'utilisez que des coeurs de chou chinois ou des petits choux verts. Ajoutez une ou deux feuilles pour la couleur, mais faites semblant de les avoir oubliées par erreur.

Coupez des coeurs de choux dans le sens de la longueur et dans l'autre sens, en sections de 3 pouces (8 cm). Mélangez le bouillon de poulet, le glutamate de monosodium, le sucre et la moitié du sel. Faites sauter le chou dans l'huile avec le reste du sel; gardez-le en monticule pour éviter qu'il brûle. Ajoutez le mélange de bouillon de poulet, amenez à ébullition et remuez avec des bâtonnets en gardant toujours le chou en monticule. Lorsque le chou est presque cuit, ajoutez le gras de poulet et la fécule mélangée au bouillon de poulet. Mélangez jusqu'à consistance lisse, chaude et épaisse.

*Règles de cuisine nature:*
*laissez les os (Poulet 4-4-4-4);*
*n'essayez pas d'embellir le plat (Canard frit aux oignons);*
*n'ajoutez pas d'autre assaisonnement que du sel*
*(Concombres à la vapeur)*

Il faut en réalité une certaine discipline pour faire de la cuisine simple, dont le charme entier repose sur des techniques discutables et sans envergure, qu'on doit observer cependant avec rigueur. La saveur de certains des meilleurs plats familiaux repose sur une méthode de préparation où il y a peu d'interventions.

## *105. Poulet 4-4-4-4 (三 杯 子 鷄)*

| | |
|---|---|
| *1 poulet de 4 lb (2 kg)* | *4 c. à soupe de sauce soya* |
| *4 c. à soupe de vin* | *1 tranche de gingembre* |
| *4 c. à soupe d'huile* | *1 oignon vert* |

Coupez le poulet et mettez-le dans un chaudron avec tous les autres ingrédients. Amenez à ébullition, couvrez et laissez mijoter pendant 30 minutes sans remuer le mélange.

Le désossage du poulet avant sa cuisson en détruit la saveur. Pourquoi? Parce que la moelle contribue pour beaucoup à la saveur de la sauce. Une cuisson prolongée ruine la saveur. La nourriture la plus ordinaire est parfois la meilleure, principalement parce que le cuisinier est trop paresseux, trop fatigué, ou ne sait pas comment enlever ces parties dites non-comestibles. Plus la cuisine se raffine, plus ses saveurs deviennent délicates; enfin, on peut passer de la subtilité à une saveur insipide, et une grande partie du plaisir de manger s'est envolée.

Le cuisinier doit aussi résister à toute tentation d'embellir la recette suivante, comme par exemple d'extraire la saveur des oignons sans les servir. Sa qualité vient de ce que les jus de l'oignon pénètrent le canard et que le gras du canard pénètre les oignons. Il est impossible de soigner la présentation, mais sa saveur est superbe.

## * 106. Canard frit aux oignons (葱 燜 鴨)

*Un demi-canard*
*(environ 2 1/2 lb — 1 kg)*
*1 lb (500 g) d'oignons espagnols*
*2 c. à soupe d'huile*
*Sel*

Enlevez les bourrelets gras du canard. Brisez la cuisse, les côtes, l'aile et les os du dos pour qu'il repose mollement dans le fond recourbé d'un wo. Pelez les oignons, coupez-les en quartiers et faites-les sauter dans l'huile pendant environ 3 minutes en ajoutant 1/4 de cuiller à café de sel. Enlevez les oignons, et déposez le canard la peau vers le fond du wo. Farcissez l'intérieur de la volaille avec les oignons, et saupoudrez 1/4 de cuiller à café de sel. Couvrez le wo et faites frire le canard à feu modéré-doux pendant 40 minutes. Poussez les oignons sur les côtés et enlevez le canard. Coupez-le en petites bouchées et saupoudrez dessus un autre quart de cuiller à café de sel. Retirez la majeure partie du gras qui flotte sur la sauce. Versez les oignons et la sauce sur le canard et servez immédiatement.

Le charme de la cuisine ménagère reposer sur la simplicité de sa saveur. La troisième règle que le cuisinier doit connaître consiste à préserver cette simplicité en n'utilisant qu'un minimum d'assaisonnement. Dans la recette suivante, résistez à l'envie d'ajouter du glutamate, du sucre, du bouillon de poulet, etc. Tenez-vous-en au sel.

## *107. Concombres à la vapeur ( 蒸 青 苽 )

*2 ou 3 concombres*
*1/2 c. à café de sel*

Pelez et évidez les concombres. Tranchez-les dans le sens de la longueur en bandes d'environ 3/8 de pouce (1/2 cm) de large et coupez ces bandes en longueurs de 2 1/2 pouces (5 cm). Placez des bandes dans une assiette à soupe et saupoudrez de sel. Couvrez fermement l'assiette et faites cuire à la vapeur pendant environ 25 minutes.

Cette recette résume l'idée de saveur *hsien*, qui en gros représente l'esprit de l'aliment. C'est la saveur à laquelle on vise dans la viande et le poisson, et qu'on atteint rarement. Le cuisinier qui essaie de la modifier devrait être puni. Mais à une époque récente, de telles tentatives ont eu lieu. Un chef de la cour prenait environ 30 livres de fèves germées pour faire quelques bols de soupe. Il ne s'agit pas de condamner les fèves germées telles que la nature les fait. Mais les trucs ou les artifices excessifs ne conviennent pas à la cuisine.

## Un simple repas: morceaux de poulet braisés; poisson frit; foie sauté; haricots à l'ail; soupe de côtes courtes

Il y a une cuisine familiale et nous devons en tenir compte. Quatre plats et une soupe constituent un repas complet, tout comme le repas britannique familier composé d'une viande accompagnée de deux légumes. Dans ce cadre modeste, aucun plat ne l'emporte sur les autres, bien qu'ils soient tous différents. La maîtresse de maison économe fait preuve d'astuce en confectionnant les troisième et quatrième plats avec les ingrédients les moins dispendieux. La viande n'apparaît qu'une ou deux fois, le reste des plats est constitué de petites bouchées. C'est une façon très économique d'alimenter une grosse famille.

La nourriture famiale a aussi un ton différent. La texture est ferme, les gras sont visibles et séparés, le riz est blanc et granuleux, les légumes sont fermes et frais. Le goût doit être mastiqué, pas seulement humé; les saveurs sont prononcées, elles ne flottent pas dans l'air; la substance est solide, et non filante. La nourriture n'est pas élaborée. On peut reconnaître chaque ingrédient. Lors d'un grand banquet, on avait pu goûter une crème ou une substance ressemblant à du tofu, un mets qui rappelait vaguement un goût familier, mais sans le remplacer. C'était la saveur désincarnée du foie de poulet mêlé à une friandise ressemblant à un pudding, encore plus éloignée de sa forme naturelle que le plus fin des pâtés. Le cuisinier qui a inventé cette chose exquise aura du mal à ne pas retoucher tous les plats. Apprenez à laisser les choses se faire dans leur état naturel. Elles auront peut-être ainsi meilleur goût.

La maîtresse de maison recueillera tous les petits morceaux de poulet, et elle pourra confectionner un plat économique, intéressant et savoureux. Le charme de la cuisine familiale est relié à son apparence. Tous les éléments sont identifiables. On peut ajouter à la recette suivante des pattes de poule, ébouillantées pour leur enlever la peau puis cuites en premier.

### *108. Morceaux de poulet braisés ( 紅 燜 三 件 )

1/2 lb (250 g) d'ailes de
poulet (3 ou 4)
1/2 lb (250 g) de foies de
poulet (environ 6)
1/2 lb (250 g) de gésiers de
poulet (environ 6)

3 c. à soupe d'huile
1/2 c. à café de gingembre
très finement émincé
3 c. à soupe de vin
2 c. à café de sauce soya
3/4 de c. à café de sucre

Préparez les morceaux de poulet: coupez les ailes en morceaux de 1 1/2 pouce (5 cm). Coupez les foies en lobes. Coupez les gésiers en morceaux. Faites chauffer l'huile et le gingembre dans une casserole. Ajoutez les morceaux de poulet et faites sauter jusqu'à ce qu'ils soient colorés. Ajoutez alors le vin, la sauce soya, le sucre et mélangez bien. Réduisez la chaleur et faites mijoter, sous couvert, en remuant de temps en temps, pendant 25 minutes.

### *109. Poisson frit ( 煎 魚 )

Prenez un petit poisson et nettoyez-le. Enrobez-le entièrement de farine. Faites chauffer 3/4 de tasse (185 mL) d'huile dans un wo et couchez le poisson d'un côté, puis de l'autre pour que les deux côtés baignent dans l'huile. Faites frire doucement jusqu'à ce qu'un côté soit bruni. Retournez-le et faites frire l'autre côté jusqu'à ce qu'il soit bruni. Servez-le simplement avec de la sauce soya.

La saveur de la cuisine familiale est reliée à celle du riz. Des sauces épaisses et lourdes sont bienvenues et la délicatesse passe souvent inaperçue. En cuisine classique, le riz est important mais il n'apparaît pas au menu. C'est l'opposé dans la cuisine ordinaire, celle de tous les jours, car si les banquets amusent à peine celui qui est rassasié, les repas à la maison doivent satisfaire la faim. La qualité robuste et cordiale du plat suivant satisfait à la fois la faim et un goût critique. On le prépare et on le sert dans une casserole si possible, pour accentuer sa robustesse délibérée et savoureuse.

## *110. Foie sauté ( 蠔 油 炒 肝 )

3/4 de lb (375 g) de foie de
porc ou de boeuf
1 c. à café de sauce soya
3 c. à soupe de sauce aux huîtres
1 c. à soupe d'huile de sésame

1/2 c. à café de sucre
1 oignon vert
2 tranches de gingembre
2 c. à soupe d'huile

Coupez le foie en grosses bouchées et faites-le mariner de 2 à 3 heures dans un mélange de sauce soya, sauce aux huîtres, huile de sésame et sucre. Faites sauter l'oignon vert et le gingembre dans l'huile pendant quelques minutes. Retirez le foie de la marinade, la réservant pour plus tard. Faites sauter le foie pendant environ 1 minute, selon la dimension des morceaux. Ajoutez la marinade et mélangez bien. Lorsque le foie est cuit et que la sauce mijote, servez immédiatement. La durée totale de cuisson est de 2 1/2 à 3 minutes.

Tout comme le piment rouge fort, l'ail est exclu de la cuisine classique mais il va de soi en cuisine familiale. En faisant cuire les haricots à l'ail, visez la douceur. Faites cuire à feu doux, faites ramollir les haricots et faites ressortir lentement la saveur de l'ail. Puis laissez refroidir pendant un certain temps pour que les jus se mélangent. Au lieu d'être dur et acre, le mélange est doux et harmonieux au goût, pas loin des *haricots verts* tels qu'on les fait cuire en France.

## * 111. Haricots à l'ail ( 炒 青 豆 )

3 gousses d'ail
1 lb (500 g) de haricots
verts frais
2 c. à soupe d'huile

4 c. à café de sauce soya
1 c. à café de sucre
1 c. à soupe de sherry sec

Pelez et écrasez l'ail. Lavez les haricots et cassez-les en bouts de 2 pouces (5 cm). Faites sauter l'ail dans l'huile pendant quelques minutes. Ajoutez les haricots et remuez-les rapidement pour les enrober d'huile. Après 1 ou 2 minutes, ajoutez la sauce soya et le sucre. Continuez de remuer les haricots encore 2 minutes, puis ajoutez le sherry. Réduisez la chaleur. Faites cuire les haricots à découvert pendant environ encore 10 minutes, jusqu'à ce qu'ils soient assez tendres, en remuant la préparation de temps en temps. C'est excellent servi froid.

Lorsque vous faites la soupe suivante, laissez les longues côtes dans les tiges entières et ne modifiez pas la texture naturelle du tofu. Le gourmet s'y reposera des ingrédients émincés et des pâtes d'une cuisine raffinée.

### *112. Soupe de côtes courtes ( 排 骨 湯 )

6 tasses ( 1 1/2 L ) d'eau
1 grosse tige de verdure de
moutarde marinée
ou deux oignons verts
1/2 lb (250 g) de côtes courtes
( travers )

3/4 de c. à café de glutamate
de monosodium
1/2 c. à café de sucre
1/2 c. à café de sel
1/4 de c. à café de poivre
1/2 lb (250 g) (2 carrés) de tofu

Amenez à ébullition l'eau contenant la tige de moutarde ou les oignons verts, les côtes courtes et les assaisonnements. Faites mijoter la soupe pendant 1 1/2 heure, puis ajouter le tofu, chaque carré ayant été coupé en neuf cubes.

### L'hospitalité familiale: soupe au poulet; les cuisses de poulet en 8; la soupe de tripes de porc

Nous nous regardions manger les uns les autres, avec toute la modestie et l'humilité possible à chaque fois, et le moins de fois possibles, que nous allions vers le centre de la table avec nos bâtonnets. Autrefois, le grand-père choisissait parfois un bon morceau pour le donner à son petit-fils préféré, et c'était observé par tous. C'est très différent de la délicate intimité du repas occidental où l'assiette de chacun est protégée et inviolable... question de choix ou d'engagement. Dans la maison chinoise, ce n'était pas un problème d'accueillir à dîner un invité inattendu. On lui apportait simplement un bol et une paire de bâtonnets. Aux repas et en d'autres occasions, nous étions constamment à nous changer de place nous-mêmes pour faire de la place et accommoder les autres. Ce n'était peut-être pas une mauvaise chose, mais la fatigue quotidienne était lourde. Il y avait un dicton qui disait:

*Un parent sous son toit*
*Chacun foudroie l'autre du regard.*
*Arrive le cousin, depuis longtemps absent*
*Pour lui, tuez le poulet, préparez le festin!*

L'économie et la frugalité étaient la règle, qu'on brisait avec ferveur en certaines occasions. Le poulet, habituellement coupé en bouchées et en morceaux pour servir à plusieurs plats, allait entier dans le chaudron pour célébrer l'arrivée d'un parent absent depuis longtemps, ou celle d'un parent riche. On se souvient particulièrement de la volaille désossée et sans peau utilisée pour la soupe, de sa couleur de paille et de sa tendreté onctueuse s'étendant même à ses pattes dont on enlevait la peau et qu'on faisait mijoter dans la soupe jusqu'à ce qu'elles tombent presque en morceaux. Dans cette atmosphère d'économie, nous, les femmes, nous regardions à la nourriture avec un oeil évaluateur, et les repas étaient estimés non pas tant par leur goût, que par leur coût.

## *113. Soupe au poulet (鷄 湯)

*1 poulet entier de 4 1/2 à 5 lb (2 kg)*
*10 à 12 tasses (2 1/2 à 3 L) d'eau*
*2-3 tranches de gingembre*
*1 1/2 c. à soupe de sel*

Amenez tous les ingrédients à ébullition et laissez mijoter pendant 3 heures. Écumez la majeure partie du gras. Servez le poulet entier avec la soupe dans un grand bol.

## *114. Les morceaux de poulet en 8 ( 炸 八 塊 )

*2 cuisses de poulet*
*2 poitrines de poulet*
*Fécule de maïs*
*Gras ou huile à friture*

*Marinade:*
*2/3 de tasse (175 mL) de*
*sherry sec*
*3 c. à soupe de sauce soya*

*2 c. à café de sucre*
*1 c. à café de sel*
*1/2 c. à café de poivre*
*1/2 c. à café de glutamate*
*de monosodium*
*1 c. à café de gingembre*
*en poudre ou frais très*
*finement émincé*

Coupez la viande blanche et la viande foncée du poulet en huit morceaux pour chaque sorte de viande, obtenant seize morceaux en tout. Faites tremper les morceaux de poulet dans la marinade de 3 à 6 heures. Saupoudrez-les de fécule de maïs et faites-les frire en friture profonde jusqu'à ce qu'ils soient bien brunis.

Comme chez tous ceux qui ne sont pas habitués à l'extravagance, l'hospitalité chinoise est excessive. Lors d'un festin, la seule façon d'arrêter le flot incessant des plats était de les laisser s'empiler; autrement, l'hôte et l'hôtesse n'étaient pas convaincus d'avoir bien fait leur devoir. C'est encore pire si on reçoit des invités à la maison. On est davantage susceptible de servir ce qui plaira à l'hôte que ce qu'aimerait l'invité. Dans ce domaine, Yuan Mei disait: "Lorsque vous servez un invité, vous devez le laisser choisir ce qu'il veut. De chaque plat, laissez-le choisir le maigre, le gras ou les parties croustillantes savoureuses. Laissez-le à son aise. Pourquoi le "gaver" de force? Je remarque souvent des hôtes empilant des plats devant l'assiette et le bol de leur invité, ce qui l'ennuie. Il n'est ni un enfant ni une jeune mariée soumis à des tiraillements d'estomac. Ne soyez pas provincial en recevant vos invités."

En réalité, ce qu'aimerait le parent distingué de retour à la maison, c'est cette soupe nature faite de tripes de porc avec le gingko qui en fait ressortir la douceur et la saveur fondante. C'est un peu trop grossier pour la fine cuisine; une raison de plus pour la servir à la maison.

## 115. Soupe de tripes de porc (豬 肚 湯)

*1 lb (500 g) de tripes préparées*
*Gros sel*
*Vinaigre*
*1 tasse (250 mL) de sherry sec*
*2 c. à café de sauce soya légère*
*1 1/2 c. à café de sel*
*1/2 c. à café de glutamate de monosodium*

*3/4 de c. à café de sucre*
*1 oz (30 g) de tofu séché, ramolli dans l'eau*
*1 boîte (5 1/2 onces — 175 g) de gingko (facultatif)*
*1/2 tasse (125 mL, 114 g) d'arachides sans peau non salées (facultatif)*

Les tripes comportent une bordure de gras le long de leur surface extérieure, et leur surface intérieure est couverte d'une mince pellicule glissante. Enlevez les deux. Nettoyez le gras, retournez la tripe à l'envers et frottez-la vigoureusement en alternant avec du gros sel et un rinçage avec de l'eau froide et du vinaigre, suivi d'un autre rinçage. Continuez jusqu'à ce que la tripe ait perdu toute odeur et soit presque entièrement libre de sa pellicule glissante.

Faites blanchir la tripe pendant 3 minutes dans 12 tasses (3 litres) d'eau. Jetez le liquide et rincez la tripe soigneusement sous l'eau courante froide. Tranchez-la en bandes de 1/2 pouce sur 2 pouces (1 cm sur 4 cm). Faites mijoter la tripe dans 3 tasses d'eau, avec le sherry, la sauce soya, les assaisonnements et le tofu coupé en bandes de même dimension que la tripe. Ajoutez le gingko et les arachides si désiré. Faites cuire ce mélange pendant environ 2 1/2 heures, ou jusqu'à ce qu'il soit très tendre.

## Les marinades et les viandes traitées

Le temps était la clé qui faisait tourner la cuisine de la maison. Nous l'étirions en faisant des conserves et des marinades, et nous le raccourcissions en préparant des recettes simples. Il y avait dans la confection des conserves elles-mêmes de l'anticipation, et quand nous les goûtions, du souvenir. "Lavez le foie de porc et coupez-le en longues bandes. Dans chaque bande, coupez une entaille sur toute sa longueur et placez-y une bande de gras de porc. Reliez les bandes avec une corde et suspendez-les dans un endroit frais bien aéré jusqu'à ce qu'elles soient sèches et fermes. Puis immergez le foie dans le vin *kaoliang* (vin de sorgho) et scellez fermement la cruche. L'année suivante, faites-le cuire à la vapeur avec du sucre, du sel et de l'huile de sésame. Servez-le en tranches, froid."

Il y avait un jardin de marinades, une mer de poisson séché au soleil et une couvée d'oeufs en conserves. Presque tous les légumes frais pouvaient être mis en conserves. Le poisson dodu lorgnait vers son collègue séché au soleil qui n'avait que la peau et les os et des trous à la place des yeux. On ne pouvait comparer la saveur des deux. Les conserves étaient comme les vieilles personnes chez qui les traits personnels se sont fixés et intensifiés. Nous faisions frire le poisson séché et nous le réduisions en poudre (87) pour le saupoudrer sur des aliments frais, ou bien nous le faisions tremper et nous en faisions une soupe en ajoutant du navet. Par comparaison, le poisson frais semble insipide. Le calmar frais est de saveur *hsien*, mais il est meilleur séché. La façon la plus délicieuse de manger le calmar est de prendre la feuille de couleur pêche ressemblant à du cuir et de la faire griller lentement au-dessus du feu. Les fibres dures deviennent blanches et commencent à se séparer l'une de l'autre. On les roule et les déroule pour les ramollir un peu. Après les avoir fait griller un peu plus, on les mâche lentement pour en obtenir un doux arrière-goût. C'étaient certains des poissons en conserve de notre région, Fu-kien. Dans la région de la rivière Jaune, le poisson était salé et fumé, spécialité de Anhwei et Honan plus au nord. Il était tellement délicieux que dans des copies de Chê-kiang, appelées "poisson fumé", on le faisait avec du poisson frais frit. La chose avait accompli son cycle complet.

Une très vieille méthode de conservation du poisson consistait à empiler de la carpe séchée dans une cruche avec du sel et du vin. Le deuxième jour, on jetait le liquide et on ajoutait du piment fort et des épices. On ajoutait du riz cru, du sel et encore du vin. On jetait le liquide résultant de la fermentation le sixième jour et on versait sur le poisson de l'huile de sésame bouillante. Ça s'appelait *kung cha* (貢 鮮), un cadeau en conserve.

Il arrive que les conserves faites à la maison tournent mal. Une recette de fèves marinées dit: "Si vous levez le couvercle, l'odeur viendra à votre rencontre, mais si vous les remuez un jour de beau temps et qu'il en sort des gaz chauds, recommencez."

On conservait les oeufs en les mettant crus dans les cendres alcalines jusqu'à ce qu'ils soient chimiquement cuits, le blanc devenant brun transparent et orné de motifs, et le jaune devenant verdâtre, s'ornant souvent d'un motif concentrique. Au lieu de la simplicité ordinaire des oeufs frais, ils prenaient une profondeur et une douceur vraiment spéciales. Marinés dans la saumure, les oeufs demeuraient fluides comme s'ils étaient crus, mais il survenait un délicieux changement de saveur.

## Conserves faites à la maison: oeufs de canard salés; légumes marinés, épicés ou nature; canard salé; directives pour faire pousser les fèves germées

### 116. Oeufs de canard salés (鹹 鴨 蛋)

*1 tasse (250 mL, 224 g) de gros sel*
*3 tasses (750 mL) d'eau bouillie froide*
*Oeufs de canard*

Faites une saumure avec le sel et l'eau. Mettez plusieurs oeufs de canard dans la saumure et laissez-les pendant au moins trois semaines avec une assiette par-dessus pour les garder complètement immergés. Faites cuire les oeufs dans l'eau bouillante et servez-en un ou deux à la fois, en tranches ou en quartiers sans les écailler. C'est délicieux avec du congee (2).

On salait et on faisait sécher les navets juteux jusqu'à ce qu'ils ne soient plus qu'une fraction de leur volume originel. On les éminçait ensuite très finement et on les incorporait aux oeufs brouillés; ils devenaient savoureux comme si un cuisinier brillant venait d'inventer une nouvelle friandise. Mais quelqu'un l'avait déjà fait, longtemps auparavant. On salait avec du gros sel les légumes à longues tiges et on les battait pour y faire travailler le sel. La saveur mûrissait lentement, passant d'abord au salé, puis au doux et ensuite à l'aigre. Leur mordant rehaussait le bambou fade et le peu de boeuf ou de porc du repas familial. Tout légume courant, comme le chou, le navet et le chou-fleur, peut être mis en conserve de la manière suivante pendant plusieurs semaines, sans beaucoup de modification de saveur.

### 117. Légumes marinés, épicés ou nature (泡 菜)

*2 1/4 tasses (600 mL) d'eau*
*1/4 de tasse (65 mL, 56 g) de gros sel*
*2 c. à café de sucre*
*1/2 c. à café de piment rouge concassé (facultatif)*
*1/4 de c. à café de poivre sauvage concassé (facultatif)*
*3/4 de lb à 1 lb (375 à 500 g) de légumes, de la même sorte ou mélangés*

Amenez à ébullition l'eau contenant le sel et le sucre. Laissez refroidir. Ajoutez le piment rouge et le poivre sauvage si désiré. Coupez les légumes en gros morceaux, mettez-les dans une cruche et recouvrez-les avec la saumure. Fermez la cruche hermétiquement et remisez-la dans un endroit frais. On peut commencer à les utiliser après une semaine, avec les hors-d'oeuvre, en soupe, dans les sautés, ou tels quels.

Pour lutter contre les rigueurs de l'hiver, il y avait des légumes marinés au sel et au vin empilés dans une cruche enterrée dans un trou; on l'appelait "bon jusqu'au printemps". Même le bambou était salé et séché. Mais la meilleure solution pour la saison froide, c'était les fèves. Elles germaient dans un endroit sombre et humide, procurant des légumes frais qui reposaient du régime régulier de marinades et de viandes en conserve.

## 118. Comment faire pousser des fèves germées (發 豆 芽)

Lavez 1 tasse (250 mL, 227 g) de fèves jaunes à germer et faites-les tremper toute une nuit dans 4 tasses (1 L) d'eau froide. Jetez l'eau et placez les fèves ramollies sur une grille, de sorte que l'air passe tout autour des fèves. Couvrez les fèves d'un linge mouillé et remisez la grille dans un endroit sombre. Rincez les fèves avec de l'eau chaque matin et chaque soir et gardez le linge mouillé. Après 5 ou 6 jours, les germes sont prêts à être utilisés. Rincez-les et conservez-les dans un sac de plastique au réfrigérateur.

Une excellente méthode pour conserver le canard consiste à le tremper dans la saumure et à le suspendre à sécher; il perd 20 pour cent de son poids en eau. Après l'avoir fait bouillir, le canard se conservera pendant quelques semaines dans un endroit frais. La viande et le gras deviennent fermes et cireux.

## 119. Canard traité au sel (鹹 水 鴨)

Saumure:
1 1/4 lb (625 g) de gros sel
6 1/2 tasses (1 1/2 L) d'eau
1 étoile d'anis
6 clous de girofle

1 c. à café de fenouil
4 tranches de gingembre

1 canard
2 c. à soupe de gros sel

Mélangez les ingrédients de la saumure et remuez-la pendant quelques minutes (le sel ne se dissoudra pas entièrement). Frottez le canard nettoyé et asséché avec le gros sel. Afin de faciliter la manipulation et l'immersion du canard dans la saumure, brisez l'os dorsal et repliez-le sur lui-même, bridez-le solidement en formant une boucle qui servira plus tard à le suspendre. Laissez reposer le canard pendant environ une heure et jetez le liquide qui s'en sera dégagé.

Déposez le canard dans la saumure de 4 à 18 heures en le retournant si nécessaire pour qu'il soit également trempé. Enlevez le canard (la saumure peut être réutilisée si elle est encore saturée de sel). Égouttez l'intérieur du canard. Suspendez-le dans un endroit frais et bien aéré de 24 à 48 heures pour que l'eau s'égoutte et s'évapore.

Amenez 14 tasses (3 1/2 L) d'eau à ébullition. Ajoutez le canard et faites mijoter pendant 20 minutes. Jetez l'eau en vous assurant de vider la volaille. Répétez cette opération avec de l'eau fraîche à chaque fois pour un total de cuisson de 40 minutes. Égouttez le canard et laissez-le refroidir complètement avant de le couper en minces portions. Un canard est suffisant pour deux ou trois occasions. Servez-le froid, bien disposé sur une petite assiette.

# 7

# La cuisine classique

*Si on ne connaît pas la mesure du pied d'un homme, mieux vaut ne
pas être cordonnier. Il en est de même pour les goûts des hommes.
Yva (un cuisinier renommé) connaissait mon goût mieux que moi.
Tous les goûts des hommes sont semblables; nous ne sommes pas des
chiens ou des chevaux. Sinon, comment Yva serait-il devenu
renommé?*

MENCIUS

Il y a un "ordre" à suivre dans le monde de la gastronomie. Cet
ordre apparaît simplement. Le goût et la forme proviennent du fait que
l'on suit certaines étapes dans la préparation des mets. Souvent on compo-
sera un repas de plats dont chacun sera délicieux en lui-même mais dont
l'ensemble aura l'effet d'un salmigondis. C'est dû principalement à un
mauvais agencement des ingrédients et des plats. La différence entre ce
fatras et quelque chose de mieux est une question de goût et de forme. Un
restaurateur chinois de Californie avait un jour baptisé un des plats du
menu "Divers, avec du riz frit" (*The New Yorker*, novembre 1962),
curieuse de définition du chop suey. Peut-être était-il plus conscient de la
forme que ses collègues et assez reconnu pour passer outre. Par sa forme,
nous entendons la réalisation d'un thème, consistant dans la confection
des plats et des menus. C'est un des plaisirs de la gastronomie.

La cuisine classique est un résumé de la gastronomie, un rassemblement des meilleures idées en cuisine. Elle prend forme à partir de ces
éléments. C'est la cuisine du choix, non de la nécessité, reflétant une
dépense généreuse de temps, de travail, de réflexion et d'argent. Le grand
festin est le produit de la cuisine classique; on y trouve une collection des

bijoux de la gastronomie. Bien que la forme du menu puisse correspondre aux standards, ses choix originaux reflètent du goût. C'est là que le gastronome peut créer. À l'intérieur d'un cadre classique, il peut exercer son goût et varier les plats en se servant de diverses consignes de cuisine, dépassant parfois délibérément les limites de celles-ci. Un grand festin est une question de style, de forme et de rythme.

> *Quatre ou huit hors-d'oeuvre. Ils doivent être amusants.*
> *Un plat frit. Délicat, sans os.*
> *Une soupe riche, onctueuse, concentrée.*
> *Peuvent suivre les ailerons de requin.*
> *La volaille, préparée de façon inhabituelle.*
> *Pour se reposer, un sauté intéressant mais simple.*
> *Une seconde soupe complètement différente de la première.*
> *Un aliment à texture.*
> *Un légume préparé de façon originale.*
> *Un canard rôti ou du cochon de lait.*
> *Une troisième soupe, différente des deux premières.*
> *Un poisson entier.*

C'est à l'hôte d'y mettre une élégance réservée, de la valeur, une simplicité délibérée ou un étalage de fioritures, ou dignité et grandeur, ou encore tout ce qu'il y a de convenable et de beau. Ces questions de goût ne se développent ni spontanément, ni par intuition ou contrainte, mais par discipline. Il ne serait pas de bon ton, même si c'est élégant, de dépenser une grosse somme d'argent pour la préparation d'un semblant de repas rustique, ou que le chef et ses assistants passent des jours de travail à faire du tape-à-l'oeil, ou d'être si perverti dans les choix que ceux-ci n'attirent l'attention que sur le goût personnel du cuisinier. Pourtant ces choses arrivent dans notre vie quotidienne.

## 冷 *Hors-d'oeuvre*

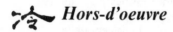 *Cinq choix de styles variés: lamelles d'agar-agar et de navet; canard laqué; crevettes au vin; oeufs frais et vieux; rognons blanchis*

Les hors-d'oeuvre doivent donner le ton au dîner, comme s'il s'agissait de l'ouverture d'un opéra. Il y a divers styles de hors-d'oeuvre; en voici des exemples:

**EXAGÉRÉMENT SIMPLE:**
*Escargots trempés (93)*
   *Tofu spongieux (102)*
      *Porc croustillant*
         *Gingembre frais mariné*

**COMPLAISANCE TARABISCOTÉE:**
(extrait des hors-d'oeuvre de Li Hung Chang)
*Palme de canard enveloppée de caviar de crabe*
   *Testicules de poulet*
      *Petits oiseaux frits*
         *Crevettes sautées avec du poulet*

**ÉLÉGANCE POLIE:**
*Lamelles d'agar-agar et navet (120)*
   *Canard laqué (121)*
      *Crevettes au vin (122)*
         *Fleurs de radis (28)*

**SIMPLICITÉ RUSTIQUE:**
*Oeufs en conserve*
   *Gelée de pied de porc (103)*
      *Canard traité au sel (119)*
         *Poivrons rôtis (67)*

**LE MEILLEUR CHOIX:**
*Oeufs frais et vieux (123)*
   *Rognons blanchis (124)*
      *Jambon végétarien (37)*
         *Méduse (44)*

Les hors-d'oeuvre doivent être soignés. Il est préférable de servir chacun des hors-d'oeuvre dans des assiettes séparées, chacune contenant un seul élément. Beaucoup de gens aiment garnir les plats avec du persil et des légumes coupés en forme d'oiseau, de poisson, de chauve-souris, etc., ou même préparer des paniers d'aliments à motifs floraux. Toutes ces pratiques sont acceptables, dans une certaine mesure, si le reste du repas est dans le même style. La pire offense serait de commencer dans un style tarabiscoté pour soudain changer de style au milieu du repas, par exemple passer à un style pseudo-rustique. Il est préférable de ne pas trop mettre les hors-d'oeuvre en vedette, en prenant soin qu'ils soient savoureux et qu'ils aient bonne apparence. Dans l'agencement des couleurs et des saveurs, une bonne formule consiste à mélanger des ingrédients semblables mais non identiques, hommage subtil au convive, du fait que de tels plats exigent un certain discernement.

## 120. Lamelles d'agar-agar et de navet (菜 燕 蘿 葡 絲)

1/2 oz (15 g) d'agar-agar*
4 oz (125 g) de navet
1 c. à soupe de vinaigre blanc
2 c. à café de sucre

1/4 de c. à café de glutamate
de monosodium
1 c. à soupe d'huile
1/2 c. à café d'huile de sésame
1/2 c. à café de sel

Coupez l'agar-agar en bâtonnets de 1 pouce (3 cm) et faites-les tremper dans l'eau froide pendant environ une demi-heure jusqu'à se qu'ils soient ramollis. Réservez. Pelez le navet et tranchez-le en lamelles de même dimension que l'agar-agar. Faites blanchir le navet dans 6 tasses (1 1/2 L) d'eau bouillante de 3 à 5 minutes, puis rincez-le à l'eau froide et égouttez-le bien. Mélangez les autres ingrédients pour faire une sauce. Égouttez l'agar-agar en le secouant bien. Incorporez-le à la sauce de même que les lamelles de navet. Servez froid.

Les hors-d'oeuvre doivent être attrayants. N'utilisez que la poitrine du canard laqué et coupez-la en tranches nettes. Disposez les tranches en un petit monticule bien ordonné. Dans la recette suivante, le canard rôti est littéralement peint avec une sauce épicée. Les saveurs se combinent au cours des quelques heures où il repose. La glaçure tient bien et son apparence est élégante.

## 121. Canard laqué (糖 醬 鴨)

1 canard de 5 lb (environ 2 kg)
5 c. à soupe de sauce soya
1/2 tasse (125 mL) moins 2 c. à soupe de sherry sec
2 c. à soupe de sucre
1 c. à café d'épices mélangées**

Nettoyez le canard, asséchez-le en l'essuyant et attachez-le fermement. Faites-le rôtir environ 1 1/2 heure dans un four à 350°F (175°C). Versez le liquide dans la cavité et laissez le gras s'égoutter.

Amenez les autres ingrédients à ébullition dans une casserole suffisamment grande pour recevoir le canard entier. Placez le canard rôti chaud dans la casserole et maintenez la sauce en constante ébullition. Utilisez un pinceau à pâtisserie pour badigeonner le canard avec la

---

* Algue japonaise (N.d.T.)

** Épices mélangées: 6 c. à soupe de fenouil, 3 c. à soupe de poivre sauvage et 1 c. à soupe d'étoile d'anis.

sauce à mesure qu'elle réduit, retournant le canard de sorte qu'il soit enrobé de tous côtés. Versez à l'aide d'une cuiller le liquide dans la cavité et faites-le ensuite sortir. Continuez de badigeonner le canard jusqu'à ce que le liquide épaississe. Coupez les cordes et enlevez-les. Réduisez la chaleur à feu doux et achevez l'enrobage du canard avec la sauce en vous assurant que sa coloration est égale. À mesure que la glace de viande épaissit, elle devient brillante. Transférez le canard sur une grille et laissez-le reposer au moins 4 heures. Servez-le émincé, froid.

Le goût des hors-d'oeuvre doit être précis. Ceci signifie que son goût doit être clair et bien défini mais pas trop insistant. Il doit ressembler à un épigramme, être piquant, amusant, léger et bref.

## *122. Crevettes au vin — Recettes de Yuan Mei ( 醉 蝦 )

*1/2 lb (250 g) de crevettes*
*Environ 3/4 de tasse (185 mL) de sherry sec*
*4 c. à café d'eau*
*4 c. à café de vinaigre blanc*
*8 c. à café de sauce soya légère*

Lavez les crevettes et enlevez-leur les pattes. Égouttez-les bien et recouvrez-les de sherry sec. Amenez à ébullition et faites pocher les crevettes pendant 3-4 minutes, en les remuant pour qu'elles cuisent également. Retirez les crevettes de la casserole et jetez le sherry. Mélangez les crevettes avec l'eau, le vinaigre et la sauce soya; laissez-les reposer de 1 à 4 heures. Décortiquez les crevettes. Disposez-les proprement dans une petite assiette. Il n'est pas nécessaire de les garnir.

Les hors-d'oeuvre doivent être intrigants, mais pas mystérieux au point que chaque élément devienne un sujet de discussion. Si on présente de nouvelles combinaisons mystérieuses, elle doivent être accompagnées de plats facilement identifiables. Ne servez pas quatre plats mystérieux en même temps, sinon une trop grande attention sera requise par la nourriture. La recette suivante est un puzzle ou jeu de patience pour gourmet. L'addition d'oeufs frais rehausse le velouté des oeufs en conserve.

## 123. Oeufs frais et vieux ( 皮 蛋 鮮 蛋 糕 )

*2 oeufs en conserve*
*2 oeufs frais*
*1 c. à soupe de bouillon de poulet*
*une pincée de sel*

*huile ou gras*
*2 c. à café de sauce soya*
*2 c. à café d'huile de sésame*
*1/2 c. à café de glutamate de monosodium*

La conservation des oeufs par la cendre alcaline fait tourner le blanc au brun et le jaune au vert. Ce changement de couleur est vraiment très beau.

Brisez doucement la coquille des oeufs en conserve et prélevez le blanc (brun) soigneusement; réservez. Pilez les jaunes (verts) et combinez-les aux oeufs frais, au bouillon de poulet et au sel. Graissez un bol et versez-y le mélange. Faites-le cuire à la vapeur pendant environ 20 minutes. Lorsqu'il est refroidi, détachez le mélange du bol, tranchez-le en deux et coupez chaque moitié en fines tranches. Émincez le blanc (brun) d'oeuf en conserve très finement et disposez-le autour des tranches. Mélangez la sauce soya, l'huile de sésame et le glutamate de monosodium et versez cette sauce soigneusement, sur les tranches uniquement. La sauce pénétrera graduellement dans l'oeuf.

Les hors-d'oeuvre doivent être légers. Dans le choix des ingrédients, on préférera les fruits de mer, les oeufs, les légumes et les parties de différentes viandes, aux viandes plus importantes telles que le poisson et la volaille. Mais c'est une question de goût. Dans la région de Chê-kiang—Chiang-su, le dîner commence avec une grande assiette de viandes assorties et de légumes marinés, coupés de façon géométrique. Nous croyons qu'il est préférable d'éviter ceci, car par la suite, le porc, le poulet et le canard réapparaissent. Il est plus astucieux d'éviter les grandes viandes au début du repas et de servir de petits plats simples, bien présentés, pas trop abondants; par exemple, des rognons croustillants sur un lit de fèves germées croquantes.

Le rognon est fait de deux couches différentes de tissus. Le tissu extérieur est comestible, mais non l'intérieur. L'objectif visé en faisant cuire les rognons est de les rendre croquants, *tsuei*. Il se pose alors deux problèmes: la formation d'écume à l'intérieur des tranches, ce qui rend la texture grumeleuse, et la surcuisson. Le processus extraordinaire proposé ci-dessous résout ces deux problèmes, le sel servant à extraire l'écume et le vin servant à la solidifier. Le sel, le vin et l'écume disparaissent au cours d'ébouillantages répétés, ébouillantages qui font cuire les rognons.

## 124. Rognons blanchis (白 灼 腰 片)

*3/4 lb (375 g) de rognons*
*de porc (3 ou 4 rognons)*
*Sel*
*4 c. à soupe de sherry sec*

Sauce:

| | |
|---|---|
| *2 c. à soupe de vin* | *1/2 c. à café de glutamate* |
| *2 c. à café d'huile* | *de monosodium* |
| *1/2 c. à café d'huile de sésame* | *1/4 de c. à café de sucre* |
| *1/2 c. à café de sel* | |

Lavez les rognons et saupoudrez-les de sel. Enlevez les membranes. Rincez les rognons. Séparez-les en grandes tranches en évitant le coeur coriace. Rincez et égouttez les tranches très soigneusement. Placez les tranches l'une à côté de l'autre en une seule couche sur une planche à dépecer. Avec le couperet, pratiquez des incisions peu profondes, retournez la planche d'un quart de tour et pratiquez des incisions dans l'autre sens, formant une grille de losanges d'un côté des tranches. Placez toutes les tranches ainsi préparées dans une tasse à mesurer en pyrex de 4 tasses (1 L). Vous aurez en quantité 1 tasse de tranches; ajoutez le sherry et 1 cuiller à café de sel et mélangez légèrement avec des bâtonnets. Laissez les rognons reposer dans ce mélange pendant environ 5 minutes, temps durant lequel une grande quantité d'écume sera extraite des tranches.

Pendant ce temps, amenez 16 tasses (4 L) d'eau à ébullition. Servez-vous d'une grande passoire de tissu. Les tranches seront ébouillantées en cinq étapes et égouttées après chaque ébouillantage. Après l'égouttage, remettez les tranches dans la tasse à mesurer et ajoutez la portion suivante d'eau bouillante. La durée totale d'immersion dans l'eau bouillante est de 25 à 30 secondes.

| *Portion* | *Remplir jusqu'à* | *Comptez* |
|---|---|---|
| 1 | 4 tasses (1 L) | 5 |
| 2 | 4 tasses (1 L) | 5 |
| 3 | 2 tasses (500 mL) | 10 |
| 4 | 2 tasses (500 mL) | 10 |
| 5 | 4 tasses (1 L) | 15 |

Mélangez les ingrédients de la sauce jusqu'à ce qu'ils soient dissous. Mélangez légèrement la moitié de la sauce aux rognons et servez froid sur un lit de fèves germées blanchies (83) auxquelles vous aurez incorporé le reste de la sauce.

## *Plats principaux*

Le ton établi par les hors-d'oeuvre doit se poursuivre dans le reste du menu. Que retrouve-t-on dans la cuisine classique? Un certain nombre de goûts et de textures. Il faut comprendre que c'est là une synthèse de l'art culinaire chinois. La cuisine classique contient donc surtout des créations entières de texture et de saveur. Elle est constituée des raffinements de la cuisine, mais pas nécessairement de la meilleure façon. Tous les jeux de texture lui appartiennent. Les saveurs douces, moelleuses, fades, riches et compliquées sont mises en valeur par l'omission du salé, de l'aigre et du piquant. Les piments forts ne sont pas permis. La grossièreté est exclue. Les hachis et pâtes, les substances tendres et suaves qui glissent dans la gorge, ont la prépondérance. C'est le nec plus ultra en gastronomie, aussi éloigné de la cuisine primitive qu'on puisse l'imaginer. C'est pourquoi cette création de l'esprit est vue en gastronomie comme accédant aux niveaux les plus élevés de la cuisine.

En cuisine classique, aucun élément n'est servi de façon ordinaire. Chacun est le résultat d'une quantité peut-être exorbitante de travail et de réflexion. Considérant toutes ces choses, pourquoi tant de festins sont-ils tellement insatisfaisants? C'est parce qu'ils manquent de style, parce que l'hôte manque de goût. C'est une folie de prendre les choses les plus coûteuses et de les mettre ensemble sur un menu. Nous rencontrons ce phénomène si souvent que nous l'appelons "la coutume". Le menu est composé d'ailerons, de nids d'hirondelle, de canard et de pigeonneau *ad nauseam*. Il est possible de demeurer dans les limites de la cuisine classique et d'échapper à la vulgarité courante. L'art de composer un menu, l'art de dresser la table, n'est pas dans ce que vous mettez dessus, mais dans la façon de préparer le tout.

OPULENT:
(pour recevoir des dignitaires, des grands marchands et des parents riches)
*Ailerons de requin à la sauce au crabe (125)*
*La Famille heureuse (100)*
*Canard farci (127)*
*Poulet farci de nids d'hirondelles (126, 38)*
*Pâtisseries aux pêches (134)*

PSEUDO-RUSTIQUE
(convenant aux artistes, aux écrivains, aux gourmets)
*Soupe de poule noire avec des champignons noirs*
*Porc Tungpo, avec des brioches (8, 51)*
*Ragoût de chou Soochow (99)*
*Canard cuit à la vapeur de vin (128)*
*Nids d'hirondelle sucrés (39)*

RECHERCHÉ:
(pour l'amusement des grands cuisiniers et des invités distingués)
*Bêche-de-mer Gourmet (130)*
  *Canard croquant épicé avec des brioches (35, 53)*
   *Nids d'hirondelle avec des fèves germées (129)*
    *Carpe au bouillon d'agneau (13)*
     *Champignons argentés au sirop de sucre (40)*

LE MEILLEUR:
(ni trop démonstratif ni trop simple, il convient dans toutes circonstances)
*Poulet velouté I (29)*
  *Boulettes de crevettes (131)*
   *Canard de Pékin (57)*
    *Boeuf minute (132)*
     *Poisson à la vapeur (133)*
      *Mousse de Pékin\**

## L'opulence: ailerons de requin à la sauce au crabe; canard farci; directives pour désosser une volaille

 Le concept d'opulence est très important en cuisine classique car il a toujours fait partie de l'art des cultures anciennes. Ce n'est qu'en Amérique que cette idée a été minimisée, on le voit par le type de voiture que les Américains conduisent. L'opulence, c'est la splendeur des palais européens, celle des grandes cathédrales: un ensemble de sentiments, de splendeur et de grandeur soutenus par ce que les gens ont de plus cher, l'argent. Le festin est une preuve d'estime envers les invités; celle-ci se manifeste par un hommage subtil à leurs goûts réels qui sont impondérables. Lorsque vous mangez une bouchée d'aileron de requin, vous pouvez presque "évaluer" le repas tout entier. Il n'y a pas de plus grande satisfaction que de savoir que votre hôte a dépensé beaucoup d'argent pour vous.

 Dans la cuisine la plus coûteuse, les ailerons de requin sont blanchis à quelques reprises dans l'eau, puis cuits plusieurs fois dans du bouillon de poulet qu'on jette à chaque cuisson. Cette méthode a pour but de remplacer l'eau des ailerons par du bouillon. De cette façon, chaque fibre est savoureuse parce qu'elle est imprégnée de bouillon. Les ailerons qui par eux-mêmes sont à peu près sans goût acquièrent ainsi une saveur riche qui ne sera pas atténuée par les autres ingrédients. Yuan Mei pensait que

---

\* Purée de marron recouverte de crème fouettée.

la cuisson des ailerons avec du crabe était "vile et vulgaire à l'extrême". Néanmoins, c'est une pratique courante de combiner les ailerons à la chair ou aux oeufs du crabe pour que le mélange soit onctueux et d'apparence doré. Il y en a qui renoncent toujours à la splendeur pour feindre la simplicité. Ça fait du bien d'être vulgaire de temps en temps.

### 125. Ailerons de requin à la sauce au crabe ( 蟹 肉 扒 翅 )

1/2 lb (250 g) d'ailerons de requin séchés
Environ 1 3/4 tasse (375 mL) de velouté (16)
1 c. à soupe de fécule de maïs
3/4 de tasse (175 mL, 170 g) de chair de crabe

1 c. à café d'huile de sésame
1/2 c. à café de glutamate de monosodium
1/2 c. à café de sel
3 jaunes d'oeufs battus
2 oeufs entiers battus
5 c. à soupe d'huile

Préparez les ailerons de requin en suivant la recette 43. Servez-vous si possible du Velouté (16) pour la confection de ce plat. Sinon, utilisez le meilleur bouillon de poulet, poulet et canard ou poulet et jambon. C'est essentiel; autrement, vous feriez mieux de retirer le plat du menu. Placez les ailerons dans une assiette creuse et versez suffisamment de bouillon pour les garder mouillés. Couvrez l'assiette et faites cuire à la vapeur pendant environ 2 heures, jusqu'à ce que les ailerons soient tendres. Puis retirez le bouillon et épaississez-le avec la fécule de maïs dissoute dans un peu de bouillon. Remuez la fécule jusqu'à ce qu'elle soit lisse et chaude et versez-la sur les ailerons. Couvrez l'assiette et faites cuire à la vapeur pendant 5 minutes.

Pendant ce temps, enlevez les os transparents de la chair de crabe. Mélangez le crabe à l'huile de sésame, au glutamate de monosodium, au sel et aux oeufs battus. Faites chauffer l'huile dans un wo et faites sauter le crabe et les oeufs jusqu'à consistance crémeuse. Renversez les ailerons dans une assiette et faites un puits au centre. Remplissez le puits avec le mélange aux oeufs et au crabe en laissant quelques ailerons visibles autour de l'assiette.

Le concept d'opulence ne repose pas seulement sur le coût du festin mais dans les saveurs riches et débordantes de la nourriture. On peut jouir de l'opulence sans contrainte, avec un enthousiasme nullement intimidé. Un canard entier farci invite à la gourmandise. Sous sa forme originelle, la recette suivante ("canard aux huit joyaux") contenait cinq sortes de noix, des champignons et des graines de lotus, des *Euryale ferox* (sorte de lys d'eau), des *Coix lachrymae* (larmes de Job), des lys tigre, de même qu'une sorte de fève plate. On ajoutait ces ingrédients pour alléger un peu cette combinaison lourde et onctueuse, grâce à une sorte d'équilibre entre

194

les saveurs contradictoires. Pour des raisons pratiques, nous les avons laissés de côté. L'essentiel dans ce plat, c'est que la saveur du gras de canard pénètre le riz glutineux et que ce dernier, absorbant toute la saveur, prend une consistance riche et douce. Un autre nom pour désigner le riz glutineux est le riz collant ou encore mieux, le "riz de glouton". Il faut d'abord désosser le canard.

## 126. Comment désosser une volaille
（怎 樣 去 掉 骨 頭）

Ce procédé est assez simple et demande environ 20 minutes. La seule différence entre le désossage du canard et du poulet est l'extraction des os de la cuisse. Ceux du canard sont bien fixés à l'intérieur du corps; on les enlève par l'intérieur. Ceux du poulet sont plus éloignés du corps et on les retire par l'extérieur, après les pilons.

1) *L'épine dorsale:* Placez le canard sur la poitrine. Enlevez la peau qui recouvre l'épine en coupant avec des ciseaux, commençant par les bouts et en allant vers le centre. Lorsque l'épine a été libérée de la peau et de l'os, glissez la main entre les deux pour libérer la peau des membranes filamenteuses.

2) *Les ailes:* Retournez le canard sur le dos. Coupez les bouts d'aile. Pliez les ailes vers l'extérieur pour briser la jointure. L'os simple est enlevé plus tard. L'os double reste dans l'aile.

3) *Les cuisses:* Déchirez la peau au tibia et coupez à travers tous les tendons, libérant ainsi le pilon. Tirez l'os vers vous et en même temps tirez la peau et la chair du pilon vers l'arrière avec l'autre main, exposant ainsi la jointure. Pliez le pilon vers l'arrière pour briser la jointure. Coupez l'os à la jointure. Enlevez l'os de la cuisse en incisant délicatement la chair immédiate en travaillant par l'intérieur du corps. Libérez l'os. Ne vous occupez pas des cartilages de la jointure que vous enlèverez plus tard.

4) *La poitrine:* L'arcade cartilagineuse du milieu de la poitrine est attachée à la peau. La chair qu'il y a de part et d'autre de l'arcade doit être dégagée de l'os avant de libérer soigneusement l'arcade de la peau.

La cavité du corps vers vous, insérez des ciseaux ou un couteau entre l'os de la poitrine et la chair, en travaillant toujours le tranchant contre l'os afin d'éviter de percer la peau. Lorsque la chair est à demi libérée, glissez la main entre la chair et l'os de la poitrine, dégageant la viande partout jusqu'au cou. Répétez la même opération de l'autre côté de l'os de la poitrine. Tournez le cou vers vous et coupez-le. Coupez soigneusement le long de l'arcade, libérant la peau du cartilage. Glissez les ciseaux dans la cavité et coupez les côtes de chaque côté. Enlevez l'os de la poitrine.

5) *Le dos:* Retournez le canard à l'envers et coupez pour libérer les os du dos de la chair. Incisez la chair le long de l'os simple dans les ailes et coupez pour libérer l'os aux deux bouts. Enlevez le bréchet (la fourche), les jointures cartilagineuses du genou et les autres morceaux d'os ou de cartilage que vous trouvez.

6) *Étapes finales:* Retournez le canard à l'endroit. Le canard entier est maintenant désossé à l'exception de l'os double de l'aile. Le canard désossé est farci, fermement bridé, remis dans sa forme et finalement blanchi pour fixer sa forme et extraire l'écume.

## 127. *Canard farci (* 糯 米 鴨 *)*

1 canard de 5 à 5 1/2 lb (2 kg)
10 champignons chinois séchés
5 c. à soupe de riz glutineux
(riz à grain court)
1 oignon vert très finement
émincé
3/4 de tasse (175, 170 g) de
pousses de bambou en dés

1 c. à café de sauce soya
1/4 de c. à café de sucre
Huile
1/3 de tasse (90 mL, 76 g) de
jambon cuit en dés
1/2 c. à café de sel

Désossez le canard tel qu'indiqué ci-avant. Faites tremper les champignons dans suffisamment d'eau pour les recouvrir. Lorsqu'ils sont ramollis, enlevez les tiges et coupez les têtes en dés. Lavez et égouttez le riz.

Faites sauter les champignons, l'oignon vert et les pousses de bambou avec la sauce soya, le sucre et une cuiller à soupe d'huile. Ajoutez le jambon et faites sauter encore quelques minutes, puis ajoutez le riz et mélangez bien. Mettez la farce dans le canard désossé. Le canard est ficelé ainsi (pas besoin d'aiguille, de fil ou de brochettes): amenez une jambe du canard par-dessus l'ouverture, et recouvrez-la de l'autre jambe. Collez les ailes sur le corps et repliez la peau du cou sous la carcasse. Ficelez fermement le canard vis-à-vis les ailes, au milieu et aux cuisses. Il ne perdra pas son contenu. Pétrissez la carcasse pour que la poitrine paraisse douce et dodue et que le canard ait une forme ovale régulière.

Amenez 12 tasses (3 litres) d'eau à ébullition. Faites blanchir le canard pendant 3 minutes, puis rincez-le à l'eau courante froide en frottant la peau pour la libérer de l'écume. Asséchez le canard et saupoudrez-le de sel. Placez-le la poitrine en bas sur une grille et faites-le cuire à la vapeur pendant 1 1/2 heure. Asséchez le canard en l'essuyant et faites-le frire dans un wo, dans environ 1 tasse d'huile, pendant environ 5 minutes, jusqu'à ce qu'il soit bruni également tout le tour. Enlevez les cordes. Placez le canard dans une assiette. Coupez la peau tout le tour avec des ciseaux, comme s'il s'agissait d'un melon, puis vers le milieu et du milieu vers le côté. La forme du canard se maintient après que la peau est coupée.

## La simplicité: canard cuit à la vapeur de vin

Au cours d'un festin, l'hôte peut s'écrier à plusieurs reprises: "Il n'y a rien à manger! Ce n'est qu'un repas familial." Il continue en dépréciant les talents de son cuisinier. "Il ne sait pas cuisiner; il ne sait faire que des nourritures grossières." Lorsqu'arrive à table un grand bol de canard, il dit: "Ce n'est qu'un petit canard cuit avec un peu de vin."

La recette suivante est une extraordinaire combinaison de canard et de vin, où chaque cuillerée de vin goûte le canard, et chaque bouchée de canard le vin. Le canard est cuit dans le vin de riz *Shaoshing* (de Chê-kiang), vin qui ressemble à du sherry sec, dans une casserole hermétiquement fermée placée dans l'eau bouillante; en d'autres termes, un bain-marie. Le point d'ébullition du vin est plus bas que celui de l'eau; aussi, après un certain temps, le vin commencera à bouillir. Pour cette raison, la casserole doit être hermétiquement fermée, afin d'en prévenir l'évaporation. Un autre point important est la clarification du bouillon. Toute trace de gras doit être enlevée de sorte que le bouillon ait la clarté du brandy. On doit enlever tous les os. Le vin provoque la séparation de la viande en fibres, de sorte que finalement le tout devient comme un bol de soupe aux nouilles, fait de minuscules fibres de canard dans un bouillon clair comme du cristal. Un petit bol de cette soupe suffirait à ressusciter un mort.

## 128. Canard à la vapeur de vin ( 酒 蒸 鴨 )

*1 canard de 5 à 5 1/2 lb (2 kg)*
*1/2 c. à café de poivre*
*2 1/2 c. à café de sel*
*5 tasses (1 1/4 L) ou 2 bouteilles de vin de riz*
*ou de sherry sec*

Nettoyez le canard et enlevez les bourrelets gras à l'intérieur. Essuyez le canard à l'intérieur et à l'extérieur. Frottez l'intérieur et l'extérieur avec le poivre et deux cuillers à café de sel. Laissez-le reposer de 4 à 16 heures (de préférence toute une nuit) au réfrigérateur. Jetez le liquide qui s'en est échappé.

Asséchez le canard en l'essuyant et placez-le dans une casserole ayant un bon couvercle. Si nécessaire, pliez le canard en deux en lui cassant l'épine dorsale, de sorte qu'il soit compact et complètement immergé dans le vin. Versez sur le canard 3 3/4 tasses de vin, réservant l'autre 1 1/4 tasse. Placez la casserole dans le bain-marie, et couvrez-la hermétiquement. Si le couvercle n'est pas assez hermétique, enveloppez-le de plusieurs épaisseurs de papier cellophane ou aluminium bien attaché avec de la corde. Ajoutez de l'eau pour que le liquide arrive à 2 pouces (5 cm) du bord de la casserole. Amenez l'eau à ébullition en gardant le couvercle sur la casserole. Laissez mijoter l'eau pendant 3 1/2 heures, en ajoutant de l'eau bouillante si nécessaire. Laissez reposer toute une nuit à la température de la pièce sans défaire la casserole contenant le canard.

La viande du canard s'est détachée de la peau, du gras et des os. La viande est fibreuse et rosâtre. Enlevez doucement la peau et tous les os. La viande tombe en fibres délicates; poussez-les de côté pour retirer chaque os et chaque petit morceau de peau. Râtissez doucement les fibres pour en dégager les petits morceaux de gras, d'os et de peau. Enlevez-les. Enlevez le gras flottant à la surface et écumez l'huile jusqu'à ce que le bouillon soit clairement visible sous une fine couche d'huile. Avec une louche, passez le liquide de surface à travers un tamis très fin ou une étamine recouvrant le fond d'une passoire grossière. Ramenez le bouillon dans la casserole. Râtissez encore doucement la viande du canard à la main ou avec des bâtonnets, de sorte que les petits morceaux de gras montent à la surface et puissent être enlevés. Cette étape est d'une d'importance capitale pour la qualité finale de la soupe. Ajoutez le reste du vin et le reste du sel. Refermez la casserole hermétiquement et amenez l'eau du bain-marie à ébullition. Faites mijoter de 1 à 1 1/2 heure. Servez dans la casserole.

## Des mets recherchés: nids d'hirondelles avec des fèves germées; bêche-de-mer Gourmet

La cuisine classique l'emporte généralement, en comparaison avec ce qui l'entoure. Il y entre beaucoup de réflexion, et on peut en tirer beaucoup de plaisir en retour. Nous pouvons retracer les courants de pensée, comme les canaux et sillons du cerveau humain, par pure aventure, tout comme l'oeil peut suivre avec joie les vagues et les courbes de l'architecture baroque. Il y a de l'amusement et du divertissement dans les plus profondes recherches de raffinement. Yuan Mei suggérait de combiner "le plus économique et le plus coûteux": une fantaisie d'homme riche. "Le mou avec le mou, le pâle avec le pâle", répétant cette idée de mettre ensemble des ingrédients semblables mais non identiques. Cela revenait en réalité à suspendre une babiole de deux sous à un support coûteux, pour obtenir quelques moments d'amusement.

### 129. Nids d'hirondelle avec des fèves germées
### (芽 菜 燕 窩 湯)

2 oz (60 g) de nids d'hirondelle
secs
1 1/2 lb (750 g) de fèves germées
3 1/2 tasses (875 mL) de bon
bouillon de poulet ou de jambon
1 c. à café de sauce soya légère

1/2 c. à café de glutamate
de monosodium
1/4 de c. à café de sel
8 c. à café de fécule de maïs
1/2 tasse (125 mL) de bouillon
froid

Faites ramollir et préparez les nids d'hirondelle en suivant la recette
38. Nettoyez les germes des racines et des fèves, n'en gardant que
les tiges. Faites-les blanchir pendant 1 minute dans l'eau bouillante,
égouttez-les et rincez-les à l'eau froide.

Amenez le bouillon à ébullition avec la sauce soya, le glutamate de
monosodium et le sel. Ajoutez les germes et les nids et faites mijoter
pendant 30 minutes. Faites dissoudre la fécule dans le bouillon froid
et incorporez-la à la soupe en remuant jusqu'à consistance épaisse
et lisse.

La bêche-de-mer dégénère facilement en un rien sans caractère.
Cette limace doit être revivifiée avec une grande quantité de petites crevettes. Dans la recette suivante, les crevettes sont bouillies et dégagent une
essence piquante surchargée, beaucoup trop forte en elle-même. Lorsqu'on
y fait cuire la bêche-de-mer, la combinaison est idéale. La combinaison du
fungus noir et du champignon noir avec la bêche-de-mer, également noire,
rappelle le "poulet endeuillé" de la cuisine française. Une recette de Yuan
Mei: "Tout sera noir."

### 130. Bêche-de-mer Gourmet (花 菇 海 参)

Bouillon:

3 oz (90 g) de crevettes séchées
1 c. à soupe d'huile de sésame
Sucre
6 petits oignons blancs
3 tranches de gingembre
6 tasses (1 1/2 L) de consommé
moitié poulet ou boeuf
moitié eau

1 c. à soupe de sauce soya
1/2 lb (250 g) de bêche-de-mer
séchée
1/2 tasse (125 mL, 114 g) de
champignons d'arbre noirs séchés
3/4 de tasse (175 mL, 170 g) de
champignons chinois noirs séchés

Préparez le bouillon: mettez les crevettes dans un bol à mesurer de
4 tasses (1 L), avec l'huile de sésame et deux cuillers à café de sucre.
Remplissez le bol d'eau bouillante jusqu'aux trois quarts et laissez
reposer pendant 10 minutes. Égouttez bien les crevettes, jetez le

liquide. Ce traitement extrait le goût de sel et de poisson des crevettes séchées. Mettez les crevettes rincées dans une casserole et faites-les mijoter avec les oignons, le gingembre, le consommé dilué, la sauce soya et 3/4 de cuiller à café de sel pendant 1 heure. Passez le bouillon, jetez le reste. Vous aurez environ 5 tasses (1,25 L) de bouillon.

Faites ramollir la bêche-de-mer tel qu'indiqué à la recette 41 et coupez-la en bouchées d'un demi-pouce (1 cm). Faites ramollir les champignons d'arbre tel qu'indiqué à la recette 40 jusqu'à ce qu'ils atteignent trois fois leur volume original. Mettez les autres champignons dans une tasse à mesurer et couvrez d'eau jusqu'à la marque 1 tasse (250 mL). Lorsqu'ils sont ramollis, enlevez les tiges.

Faites mijoter la bêche-de-mer et les champignons, dans l'eau de trempage des champignons ajoutée à du bouillon pour obtenir 4 tasses (1 L) de liquide, de 2 1/2 à 3 heures, en ajoutant plus de bouillon si nécessaire. La texture devrait être élastique et tendre. Le bouillon épaissit légèrement à mesure que la bêche-de-mer cuit.

## Ce qu'il y a de mieux: boulettes de crevettes; boeuf minute, poisson à la vapeur

Mais qu'est-ce qu'il y a de mieux? Nous disons que le meilleur n'est pas trop manifeste, même s'il est perceptible; pas ésotérique, mais bien vu; ni trop commun, ni vulgaire ni excessif, mais excellent dans son genre. Le goût de la nourriture n'a pas à être imposé à personne, sauf à ceux qui sont déjà en accord avec vous. Aussi le cuisinier ne devrait-il pas porter attention à son auditoire, mais s'en remettre uniquement à lui-même, ou à son patron. Le don du goût est quelque chose de trop rare et d'inexplicable, et de trop personnel pour être dispersé. Ceci étant dit, peut-être la chose la plus difficile en cuisine est-elle l'appréciation générale. Le meilleur est non seulement ce qui est excellent mais aussi ce qui peut facilement être reconnu comme tel. Car en cuisine, comme dans d'autres domaines, ce qu'il y a de mieux ne relève pas de l'exceptionnel, et ne sert pas à porter les talents de quelqu'un aux frontières de la reconnaissance commune. Les jeux de texture ne devraient pas se percevoir comme tels. S'il en était ainsi, le *popcorn* ne serait prisé que par les gastronomes, et ce n'est pas le cas; ni les *chips*, toutes en texture, ni la saucisse ou le pain ou les pommes. La recette suivante est un plat populaire et aussi un jeu de texture.

Afin d'obtenir la texture désirée, les fibres des crevettes doivent être détruites. On le fait en réduisant les fibres en pâte, en éminçant ou en grattant. Nous préférons émincer les crevettes, ce qui prend moins de temps, et le peu de fibres qui restent ne dérangent pas la texture. L'eau, la fécule de maïs et le blanc d'oeuf sont essentiels pour apporter la légèreté.

En fait, l'astuce pour réaliser les boulettes de viande consiste à y inclure de la "non-viande", et dans la confection des boulettes de crevettes, il s'agit d'ajouter beaucoup d'ingrédients qui ne sont pas des crevettes. À l'encontre d'une méthode occidentale commune, le blanc d'oeuf doit être battu sans qu'il fasse de bulles, de sorte qu'il est impossible de dire où finissent les crevettes et où commence l'oeuf. La préparation consiste à tout réduire en pâte. L'addition de gras de porc rend la texture plus glissante et douce, et il aide à garder les boulettes humides.

Servez ce plat avec une petite assiette de Mélange au poivre sauvage (36). Les boulettes sont meilleures faites à la main, comme les boulettes de poisson; le tube à pâtisserie est inutile. Avec un peu de pratique, des boulettes parfaites peuvent être confectionnées avec la pâte de crevette ou la pâte de poisson (31).

## *131. Boulettes de crevettes ( 炸 蝦 球 )

1 lb (500 g) de crevettes
1/4 lb (125 g) de gras de porc
3 à 4 c. à soupe
(45-60 mL) d'eau
1/2 c. à café de sel

1/2 c. à café de jus de gingembre
3 blancs d'oeuf
4 c. à soupe de fécule de maïs
Huile à friture
Mélange au poivre sauvage (36)

Décortiquez les crevettes, lavez-les et asséchez-les. Émincez le gras de porc très finement, ajoutez-le aux crevettes et émincez les deux ensemble en ajoutant graduellement l'eau, le sel et le jus de gingembre. Continuez à émincer en ajoutant les 3 blancs d'oeuf et les 4 cuillers à soupe de fécule de maïs une à une. Lorsque tous les ingrédients sont bien mélangés par éminçage, prenez une poignée de pâte et serrez-la entre le pouce et l'index pour faire tomber la boulette dans l'huile chaude. Faites tourner la boulette dans l'huile à l'aide d'une cuiller. Faites frire les boulettes pendant 3 minutes, jusqu'à coloration brun doré. À cause de leur teneur en gras et en humidité, ces boulettes prennent plus de temps à cuire que des crevettes nature. Lorsqu'elles sont bien dorées, l'intérieur est encore humide et tendre. Servez-les immédiatement avec une assiette de Mélange au poivre sauvage.

Un festin est comme une symphonie. Le rythme d'un grand festin vient des pauses. Une pause est une chose très importante et doit par elle-même être pleine de goût. Un festin, c'est comme une promenade dans les rues; lorsqu'on trouve un petit square tranquille, on s'arrête un moment pour se reposer. Voici un des moments les plus agréables.

Les petits plats qui servent à remplir ces pauses doivent être préparés très rapidement. L'une des meilleures méthodes est celle des "deux passes"; elle convient bien aux rognons, au porc, au boeuf ou aux fruits de mer. Les tranches de viande, passées rapidement à l'huile chaude, rejoignent directement la sauce qui mijote; on les remue deux ou trois fois et on les sert immédiatement. D'où le nom de la méthode qui demande plus de temps de description que d'exécution. Cette méthode requiert deux casseroles, une contenant déjà la sauce et une pour la première passe à l'huile.

## *132. Boeuf minute ( 抓 搶 牛 肉 片 )

*3/4 de lb (375 g) de steak de croupe ou de flanc*
*4 c. à café de sauce soya*
*1 c. à soupe de fécule de maïs*
*1 tasse (250 mL) d'huile*
*1/2 c. à café de vinaigre*

Sauce:

*1 c. à soupe de gingembre émincé*     *1 c. à café de sauce soya*
*2 c. à soupe de sherry sec*     *1 c. à café de sauce aux huîtres*
*2/3 de tasse (175 mL) de bouillon*     *1/4 de c. à café de sucre*
*2 c. à café de fécule de maïs*

Nettoyez le steak de tout gras solide et de toutes membranes, tendons ou ligaments. Faites de fines tranches contre le grain d'environ 1/2 x 1 1/2 pouce (1 x 5 cm) et enrobez-les avec la sauce soya et la fécule de maïs.

Mélangez les ingrédients de la sauce dans une casserole ou un wo. Amenez à ébullition et remuez le mélange jusqu'à consistance lisse. Faites chauffer l'huile dans un wo. Ayez à portée de la main une paire de bâtonnets et une cuiller trouée. Gardez la sauce à mijoter.

*Première passe:* Quand l'huile est très chaude, ajoutez les tranches de viande et remuez-les immédiatement avec les bâtonnets. Aussitôt qu'elles sont brunies (un peu plus de 30 secondes), enlevez-les avec les bâtonnets et la cuiller trouée et mettez-les directement dans la sauce.

*Deuxième passe:* Augmentez la chaleur et remuez les tranches dans la sauce. Après 10 secondes, ajoutez le vinaigre. Remuez les tranches encore un peu et servez aussitôt.

Le meilleur doit aussi convenir aux formes standard. Nous savons très bien que le goût des petites choses a ses charmes. "Lorsque j'étais enfant, a écrit quelqu'un, je me promenais dans le jardin et je me mettais des petites pierres dans la bouche comme si c'étaient des oeufs." Nous n'avons jamais cessé de faire ainsi, et ainsi nous avons fait beaucoup de découvertes. Mais l'important est de voir la forme entière de la chose, de réaliser suivant la forme standard, mais de le faire mieux que quiconque. Un poisson constitue la conclusion traditionnelle d'un grand banquet.

## 133. Poisson à la vapeur ( 清 蒸 魚 )

*1 poisson de 2 1/2 lb (1 kg) (brochet, carpe, perche, petit flétan)*
*3/4 de tasse plus 2 c. à soupe (205 mL) de bouillon de poulet*
*1 c. à soupe de fécule de maïs*
*1/2 c. à café de sucre*

*1/2 c. à café de sel*
*1 c. à soupe de vin*
*1 c. à café d'huile de sésame*
*1/4 de c. à café de glutamate de monosodium*

Nettoyez le poisson et enlevez toute trace de sang. Faites-le blanchir pendant 1 minute dans l'eau bouillante, puis rincez-le à l'eau courante et asséchez-le. Placez-le dans une assiette longue convenant à sa dimension; l'assiette doit être creuse pour contenir la sauce. Mélangez les autres ingrédients dans une casserole et faites-les cuire doucement jusqu'à épaississement. Versez cette sauce sur le poisson. Couvrez l'assiette de papier cellophane ou aluminium et faites cuire à la vapeur de 25 à 30 minutes. Servez immédiatement.

Il est plutôt amusant de penser à la forme standard, car le service du poisson (yü, 魚) à la fin signifie qu'il y en a encore plus (yu yü, 有餘). Dans les provinces intérieures où le poisson était rare, on terminait parfois les festins par la présentation d'un poisson en bois. Ceux qui connaissaient le langage de la nourriture y ont aussi glissé des jeux de mots.

# 8

# Un calendrier gastronomique

*Il lance ses filets vers la prise*
*au milieu du courant;*
*Elle jette sa ligne et elle attend.*
*À l'heure où ils échangeront la prise*
*du jour contre du vin,*
*Ils rament jusqu'à la maison*
*dans le sillage de la pluie*

CHANG CHUNSHOU

Le silence du paysage était brisé par les coups de rame et le calme s'évanouissait. Des voix humaines l'interrompaient. Les bruits de la vie animaient les carnavals, les restaurants, les temples. Certains hommes ont voulu écrire sur ce que les choses devaient être, mais on les a interrompus. Nous ne rendrions pas justice à la grande gastronomie chinoise si nous ne décrivions pas ce qu'elle était, et ce qu'elle devrait être.

La vie était un fouillis, mais il y avait de l'ordre dans ce fouillis. Les objets familiers avaient leur place.

La vie réelle était faite de choses concrètes, et non pas d'idées. Nous allions au marché, nous y achetions des oeufs, nous les sentions et nous les tenions entre le pouce et les doigts, nous mangions des nouilles frites sucrées coupées en "oeil d'éléphant" (losanges), nous pesions les poulets et les pigeonneaux qui gloussaient, nous étions indifférents à leur misère, nous mangions des gâteaux de blé enveloppés d'oeuf et d'oignon frit, et des nouilles vertes arrosées d'huile poivrée et de sauce forte. La vie était réelle.

Le passage du temps était marqué par les mariages, les naissances et les funérailles. Chaque chose avait sa place. Même si rien d'important n'arrivait, les jours étaient ponctués de blanc lors des funérailles, et de rouge lors des mariages et des naissances. Le chanvre et le tissu blanc des robes, et les gémissements des hommes et des femmes se mêlaient à la fumée des objets de papier multicolores qu'on brûlait en guise d'offrandes au mort. Qui d'entre nous déguisait réellement sa peine, et qui ne parvenait simplement pas à l'extérioriser? Nous étions intimidés par la photographie du défunt, placée directement à la tête de l'immense cercueil. Seule la joie des naissances et des mariages pouvait effacer ces horreurs. À cette époque, nous suivions des sentiers connus, et la roue du temps tournait bien. Lors de l'anniversaire du premier mois de naissance d'un bébé, on enveloppait de papier rouge deux, quatre ou huit dollars d'argent qu'on jetait sur l'enfant lorsqu'il était présenté. On distribuait huit ou seize oeufs cuits durs, teints en rouge, et il y en avait d'autres en pyramides dans des plats, à côté des bougies.

À cette époque, les grands mots "Bonheur" et "Longévité" étaient marqués en caractères dorés sur des banderoles rouges. Nous valorisions tellement la vie que plutôt que courte et douce, nous la voulions longue, même si elle était difficile. L'Immortel féérique apparaissait dans tous les dessins, barbu et voûté, tenant une pêche dans une main et un bâton dans l'autre. C'était bon de vieillir et de connaître un glorieux soixante-dixième, quatre-vingtième ou quatre-vingt-dixième anniversaire, avec tous ses petits-enfants rassemblés. On allumait par paires des chandelles rouges et dorées, grasses et grosses. Si la pièce était sans éclat, elle n'était pas lugubre avec tout ce rouge suspendu partout. Toutes les choses allaient par paires, et elles étaient rouges. Lors des anniversaires des vieillards, les jeunes enfants étaient amenés pour présenter leurs respects et recevoir des paquets de dollars. Sur les tables, il y avait des pyramides de nouilles fraîches surmontées de coupures de papier rouge, et le *paotse* fait en forme de pêche (à cause des pêches de longévité appelées *shoutao*); la surface des brioches était pâle et lisse, pommelée de rouge et armée de feuilles vertes. Toutes les brioches étaient placées en monceau près des chandelles. Sans cette pyramide de pâtisseries, il aurait manqué quelque chose.

### 134. *Paotse (pâtisseries en forme de pêches)* ( 壽 桃 )

*1 recette de pâte de base (47)*
*Colorant alimentaire vert, rouge et jaune*

Garniture:

*3/4 de tasse (175 mL, 170 g) de graines de sésame*
*1/2 tasse (125 mL, 114 g) de beurre d'arachides*
*3 c. à soupe de beurre*
*1 1/2 tasse (375 mL, 340 g) de sucre brun (cassonade)*

Préparez la pâte et gardez à part 3 cuillers à soupe de pâte non levée. Teignez cette partie en vert pour faire les feuilles; incorporez bien la couleur dans la pâte.

*Pour faire la garniture:* Faites griller doucement les graines de sésame dans une lourde poêle non graissée, jusqu'à coloration brun pâle, puis écrasez les graines pour en faire ressortir la saveur. Mélangez-les au beurre d'arachides, au beurre et au sucre brun.

*Pour faire les pêches:* Laissez lever la pâte tel qu'indiqué, puis rabaissez-la et roulez-la pour obtenir deux longs cylindres. Coupez chacun en douze morceaux. Roulez chaque morceaux pour obtenir un cercle. Placez une cuillèrée comble de garniture au centre et pincez les sept-huitièmes du contour du cercle pour faire des plis. Refermez la pâte sur la garniture en modelant la pâte en forme de pêche, laissant le bout de pâte non plié comme queue de la pêche.

*Pour colorer les pêches:* Trempez un pinceau à pâtisserie dans les colorants rouge et jaune et badigeonnez la pêche pour obtenir une coloration rosée. Mettez les pêches à lever sur des carrés de papier ciré ou aluminium.

*Par la suite, faites les feuilles:* Rabaissez la portion de pâte verte et roulez-la pour obtenir une abaisse ovale. Incisez la pâte dans le sens de la longueur en trois ou quatre endroits et pratiquez des incisions dans l'autre sens, parallèlement, pour obtenir des losanges. Faites 48 feuilles, mettez-les dans une assiette et placez-la au réfrigérateur pour que la pâte ne lève pas une seconde fois.

*Assemblage des pêches et des feuilles:* Quand les pêches sont levées (environ 30 minutes), mouillez le fond des feuilles avec un peu d'eau et placez-les sur le dessus de chaque pêche. Collez deux feuilles sur chaque pêche.

Faites cuire les pêches à la vapeur pendant 15 minutes et servez-les immédiatement; ou bien laissez-les refroidir et montez-les en pyramide sur un plat de service. Vous pouvez les réchauffer à la vapeur avant de les servir; même si elles deviennent dures lorsqu'elles sont froides, elles se ramollissent à la vapeur.

Les cuisiniers prenaient soin de ne jamais couper les nouilles, les jours d'anniversaire. À table, les invités devaient se lever pour les retirer du plat avec des bâtonnets. Les nouilles avaient parfois la moitié de la taille d'un convive, et il fallait une grande respiration pour les avaler. Plus longues étaient les nouilles, plus longue serait la vie. Ne parlons pas des sauces, des bouillons ou des soupes dans lesquels elles étaient présentées; ils étaient sans importance. Pour chaque convive, ce qui était important, c'était de manger les nouilles pour célébrer l'anniversaire.

On enveloppait des cadeaux dans du papier rouge. Ça pouvait être un poulet cuit entier, ou un fruit en saison, ou une friandise importée. On présentait habituellement le cadeau dans un panier; on donnait un pourboire au serviteur et un cadeau en retour, "au poids du panier". Les fêtes étaient un moyen d'équilibrer les richesses; les parents pauvres venaient participer à un grand festin et la branche riche de la famille dépensait beaucoup d'argent pour célébrer l'événement. Les serviteurs recevaient un salaire supplémentaire les jours de fête; le montant était proportionnel à la richesse de la famille. On attendait des riches qu'ils soient généreux; aussi les cadeaux arrivaient-ils par pleins paniers et tout enveloppés en rouge. Inconscients du passage du temps, nous allions à petite allure, la même d'un bout de l'année à l'autre.

À l'arrivée du printemps, la température se réchauffait vers la fête de Chingming (清 明) et en avril, un jour était prévu pour la visite des tombes. Il y avait peu de cimetières comme tels, et les tombes étaient placées dans des endroits choisis à volonté, sans s'occuper de la configuration des arbres, des rivières et des champs. Les champs de riz qui appartenaient à des familles privées étaient parsemés de monticules funéraires. Le jour précédant Chingming, on ne servait que de la nourriture froide. On n'allumait pas les foyers. Les offrandes étaient composées de pousses de bambou cuites et de poisson bouilli. Dans les rues, on vendait des beignets et des racines de lotus cuites. La visite des tombeaux était plutôt comme un pique-nique solennel. On apportait la nourriture aux tombeaux; on y allait en bateau ou à pied. Il y a longtemps, une femme et son mari avaient deux visites à faire; la veille de Chingming la visite des tombes de la famille de la fille et le lendemain, celle de la famille du mari. Les tombes étaient balayées et les inscriptions dans la pierre, effacées par les éléments au cours de l'année, étaient à nouveau remplies d'une pâte d'encre rouge. On présentait la nourriture, disposée avec la symétrie ordonnée qu'on observait en ces occasions sérieuses, et alors, les parents la mangeaient. Ceci marquait l'arrivée du printemps.

Les grenouilles avaient commencé à croasser et on ne pouvait être sûr s'il allait pleuvoir ou non. À la fin d'avril, le thé était à son meilleur et c'était un prétexte pour aller dans les montagnes pour la journée. Les montagnes étaient pleines de visiteurs. Les connaisseurs de thé étaient dégoûtés de voir tant de monde. Ils préféraient siroter le thé, préparé avec l'eau de la montagne, dans le grand silence des hauteurs. C'était difficile à obtenir. "Le secret d'un bon thé est dans l'eau qui doit venir d'une source. Comment peut-on obtenir une bonne eau dans une maison ordinaire? Par un livreur spécial, ou en emmagasinant de l'eau le printemps ou l'eau de neige. Quand l'eau est nouvelle elle est dure. L'eau vieillie est douce. Peut-être le meilleur thé au monde se trouve-t-il au sommet du mont Wuyi. Il est presque incolore. La réception ne devrait pas réunir trop de monde, sinon elle commence à ressembler à Lungching (une maison de thé renommée), avant Chingming. Si les feuilles sont très frisées, la saveur sera atténuée. Et alors, vous devez utiliser beaucoup de feuilles. Le meilleur moment est avant la pluie, lorsque tout est vert jade. Recueillez environ quatre onces de thé de chaque sachet de papier, mettez-les dans un incubateur à cendre pendant dix jours. Quand vous changez les cendres, couvrez le thé avec du papier. Lorsque vous êtes prêt à infuser le thé, amenez l'eau à ébullition sur un feu doux. Ne faites pas trop bouillir, sinon l'eau changera de saveur (le meilleur point d'ébullition est celui où il se forme de fines bulles appelées "oeils-de-crabe" sur les parois de la casserole). Buvez-en une tasse immédiatement, puis couvrez le pot. La saveur changera encore.'' (Yuan Mei) La dégustation du thé est du même ordre que celle de la nourriture; les saveurs, multiples et complexes, sont d'un intérêt spécial pour le connaisseur.

Au printemps et au début de l'été, on recueillait les eaux de pluie pour le thé. On installait de grandes cruches dans la cour, on entendait avec plaisir les *plop plop* de la pluie qui s'accumulait. Elle se garderait longtemps sans se gâter, mais on avait rarement le temps d'attendre si longtemps. "Le ciel s'éclaircit après la pluie et la mousse est humide. Les cruches sont pleines d'eau de pluie, et juste comme le thé est prêt, les invités arrivent." (Ku Tieh Ching)

On ramassait le thé frais, et lors de ces échanges bizarres de cadeaux presque ou complètement identiques, les familles se présentaient leur thé l'une à l'autre. Les feuilles de thé séchées, trempées et égouttées, sont excellentes sautées avec des crevettes (26). Yuan Mei faisait cuire du jambon avec des feuilles de thé. Le canard salé cuit à la vapeur qu'on fait fumer au-dessus de coupures de bois de camphre et de feuilles de thé, frit ensuite, acquiert un goût très doux (Szu-ch-uana); les oeufs cuits durs, écaillés et trempés dans du thé fort, prennent une belle apparence marbrée et une saveur intéressante; les oeufs frais battus avec un peu d'eau sont excellents cuits à la vapeur du thé ou avec des loriots émincés (Yuan Mei).

À mesure que la température se réchauffe, on suspendra dans certaines maisons paysannes des épées rouillées, des branches de pêcher, des épines et des tresses d'ail pour éloigner les esprits du mal. Les enfants portaient des sachets d'encens autour de leur cou. Les insectes commençaient à apparaître aux fenêtres et dans les fissures. On prenait un vin contenant du cinabre vermillon (sulfure de mercure, $Hgs$) et du réalgar orange ($As_2 S_2$) pour se nettoyer l'organisme. On finissait, le soir d'une chaude journée de printemps, le vin fait à la maison qui avait vieilli pendant l'hiver. Dans la tenue de maison économique, rien n'était gaspillé, et les lies qui étaient douces et non alcoolisées et qui devenaient rose-rouge en vieillissant, étaient utilisées en cuisine. La couleur rouge d'un grand nombre de plats du sud vient de la lie du vin dont la saveur douce et subtile améliore le goût des aliments fades. On faisait une sorte de pâté de chapon en scellant un chapon cuit à la vapeur entre deux couches de lie de vin mélangée avec du vin et du sel; à Swatow, un plat excellent est préparé avec la première tripe de la vache et de la lie de vin rouge.

Durant et après les pluies du printemps, les pousses sortent et le bambou pousse presque à vue d'oeil. On prenait les feuilles les plus larges et on les faisait sécher au soleil; on s'en servait comme cornets pour les beignets de riz glutineux (*tsungtse*, 粽子), fourrés de viande ou de pâte de fèves rouges. L'arrivée de ces pâtisseries coïncidait avec le carnaval du bateau du dragon, un exercice bruyant des bateaux décorés faisant la course sur la rivière. À l'origine, on offrait des sacrifices à Ch'ü Yuan, le poète antique, en jetant du riz dans la rivière. C'est demeuré un carnaval où on voit des pâtisseries détrempées partout, mais pas dans la rivière où elles sombreraient rapidement. Ces pâtisseries constituaient des petits paquets à offrir en cadeau. Dans la région de Soochow, les pâtisseries enveloppées de feuilles prenaient toutes sortes de formes de diverses dimensions, marteau, corne, marron, tube, chiffre 9 ou poinçon. Mais c'était généralement une pâtisserie rudimentaire, enveloppée pour qu'elle tienne ensemble et qu'elle ne colle à rien, et qu'on plongeait dans l'eau bouillante pour la réchauffer.

L'été avançait. Les pastèques, les gourdes et les courges mûrissaient dans les jardins, avec leurs immenses et absurdes prolongements recouvrant le sol. On évidait une pastèque, on y mettait un bouillon de poulet, du jambon et des champignons et on la faisait cuire à la vapeur. Le jus de la pastèque se mélangeait au bouillon, lui transmettant sa douceur. On coupait les pousses de bambou très tôt le matin avant qu'il fasse trop chaud, et on les faisait cuire pour le goûter. Les concombres arrachés à leurs plants étaient pelés et passaient directement du contenant à vapeur à la table.

Maintenant au sommet de l'été, les insectes stridulaient, muaient, laissant leurs chrysalides dans tous les coins du jardin ou sur les branches des arbres. Enfants, nous les croquions et les trouvions assez savoureuses. Quel confiseur aurait été capable d'arriver à autant de délicatesse de forme? Lorsque nous étions enfants, nous considérions presque tous les petits objets comme des jeux, particulièrement les insectes; nous gardions des vers à soie dans des boîtes d'allumettes, les tenant près de l'oreille pour écouter les petites créatures mâchouiller bruyamment plusieurs feuilles de mûrier chaque jour. Le plus brave parmi nous laissait un ver se promener sur sa langue pour le plaisir de la chose pendant que les autres le regardaient avec admiration. Nous faisions rôtir les vers à soie dans leur cocon et nous les ouvrions pour les regarder. Les prunes, les pêches et les fruits du gingko, du lichee et du mango — fruits dont on se souvient bien en hiver — faisaient ployer les branches; on les cueillait et on les salait rapidement, on les faisait sécher; c'était le *kiam-sng-ti* (dans le dialecte d'Amoy, 鹹 酸 甜), façon de conserver les fruits pour laquelle le sud semi-tropical était renommé. Pendant ce temps, nous engloutissions des fruits frais dont les parfums prononcés s'ajoutaient aux langueurs de l'été.

"Une chaude journée d'été, vous vous assoyez dans une chaise de rotin avec un bol de jus de prune froid à côté de vous et vous vous éventez paresseusement." Nous choisissions avec soin les prunes de Tientsin, les plus sucrées et les plus foncées, nous les faisions cuire avec du sucre et de la cannelle. Nous avions le temps de choisir entre plusieurs sortes de noix et une demi-douzaine de variétés d'olives. Enfants, nous passions le temps à regarder brûler les noyaux d'olives qui formaient des flammes bleues fourchues. Les adultes préféraient l'aigre et le salé au sucré, et le chaud au froid. Les friandises froides étaient pour les enfants: agar-agar dans une gélatine importée, nommée "poudre de verre"; racine de lotus adoucie au sirop. Les femmes s'assoyaient et s'éventaient, contentes d'elles. On confectionnait des friandises froides avec des fèves vertes bouillies et de la canne à sucre croquante et juteuse. Il n'y avait pas de réfrigérateur à la maison, mais on faisait une délicieuse friandise avec une algue japonaise importée, l'agar-agar, qui prenait en gelée à la température de la pièce. Sa texture gélatineuse et glissante était très prisée par les enfants.

## *135.  Agar-agar au sirop ( 燕 菜 )

*1/4 oz (8 g) d'agar-agar séché*
*3 tasses (750 mL) d'eau*
*3/4 de tasse (175 mL, 170 g) de sucre blanc*
*ou 4 c. à soupe de sucre candi*

Sirop:
*1 1/2 tasse (375 mL) plus 4 c. à soupe d'eau*
*2/3 de tasse (175 mL, 152 g) de sucre brun (cassonade)*

Coupez les bâtonnets d'agar-agar en longueurs d'un pouce (3 cm). Amenez l'eau et le sucre à ébullition. Ajoutez l'agar-agar et faites mijoter pendant 20 minutes, sans couvrir, jusqu'à ce que l'agar soit presque dissous, en remuant de temps en temps. Versez-le à travers une passoire dans une casserole et laissez-le refroidir à la température de la pièce. Coupez-le en losanges et servez-le dans le sirop froid, fait en amenant l'eau et le sucre brun à ébullition. Laissez refroidir et, si possible, réfrigérez le sirop et l'agar.

Les jours passaient tranquillement, avec de temps en temps un peu d'excitation. Si quelqu'un attrapait un coup de soleil, une tante était toujours prête à lui donner un traitement qui consistait à gratter le cou et la peau fragile des épaules avec un sou ou un dollar d'argent, de sorte que la victime hurlait et ainsi stimulée, oubliait vite ce qui lui arrivait. Un autre traitement consistait à tirer sur les muscles des épaules comme si on étirait une bande de caoutchouc. Le patient s'assoyait bien droit tout de suite. Une combinaison des deux traitements laissait à la victime des marques qui duraient des jours. Nous nous amusions de nos petites mésaventures et nous ne manquions jamais d'auditoire.

L'automne approchait et les gastronomes, ayant passé quelques semaines en montagne à goûter des mets végétariens, descendaient dans les terres basses où les crabes avaient commencé à envahir les étangs. On les aveuglait avec des lumières pendant la nuit; ils nageaient maladroitement vers la captivité et la table.

*La meilleure façon de manger les crabes, c'est de les faire bouillir nature dans l'eau salée ou l'eau de mer. Vous pouvez aussi les faire cuire à la vapeur mais ça les rend un peu trop fades. Pour la soupe, faites cuire le crabe dans son propre bouillon. Rappelez-vous de ne pas mettre de bouillon de poulet.*

YUAN MEI

*Chaque année, avant que n'arrive la saison du crabe, je commence à mettre de l'argent de côté. Les gens disent que les crabes sont toute ma vie et que mes réserves d'argent en sont la rançon. Du premier au dernier jour de la saison, je n'en manque pas un. Les gens savent que j'ai une faiblesse pour le crabe, et ils m'invitent. J'appelle septembre et octobre les mois du crabe. C'est vite fini et impossible à poursuivre. Je dis aux serviteurs de nettoyer les bouteilles et de brasser le vin, à la fois cru et clair, de sorte que je peux devenir éméché, et je les appelle vin de crabe et bière de crabe, et les bouteilles, bouteilles de crabe. J'avais aussi une servante que j'appelais la servante aux crabes, mais maintenant elle est morte. Son seul travail était le service du festin de crabes.*

LI LIWENG

Lorsque se terminait la saison du crabe, les gens avaient de la difficulté à se faire à l'idée de vivre sans ce mets. La recette suivante donne un plat excellent, mais c'est un faible substitut à la saveur concentrée des oeufs qu'on trouve dans les crabes des lacs de la région du Yang-tsê.

## 136. *Faux caviar de crabe* ( 賽 蟹 黃 )

*1/4 lb (125 g) de filets de sole ou de morue*
*6 jaunes d'oeuf*
*2 c. à soupe d'oignons verts émincés, partie blanche seulement*
*1 c. à café d'huile de sésame*

*1/4 de c. à café de glutamate de monosodium*
*1/4 de c. à café de sel*
*une pincée de poivre blanc*
*Huile à friture*
*5 c. à soupe de sauce soya*
*3 c. à soupe de vinaigre*

Faites cuire le poisson à la vapeur pendant 10 minutes et défaites doucement les flocons. Mélangez les jaunes d'oeuf avec l'oignon et l'huile de sésame, le glutamate de monosodium, le sel et le poivre. Ajoutez le poisson et mélangez bien. Faites frire le mélange par cuillerées à soupe en friture profonde jusqu'à ce que les côtés soient presque bruns ou rosâtre-dorés. L'huile moussera, mais on n'y peut rien. La texture doit être ferme. Servez chaud avec un plat d'accompagnement composé de la sauce soya et du vinaigre mélangés. C'est excellent avec du vin chaud.

L'arrivée de l'automne était marquée par des "orgies" de crabe, arrosées généreusement de vin. "Nous étions saouls vers le coucher du soleil et nous arrivions à la maison comme le soleil allait se lever." *Le livre du vin*, dynastie Sung)

> *À la troisième tasse, j'entre dans le* Grand Chemin;
> *Un plein gallon, la nature et moi ne formons qu'un...*
> *Mais ce que je ressens quand le vin possède mon âme*
> *Je ne le dirai jamais à ceux qui ne sont pas ivres.*

LI PO

*Lorsqu'un gentleman a pris un verre, il s'adoucit; quand il en a pris deux, il parle mais son discours est cultivé. Quand il en a pris trois, il est ivre et il se retire (*Le Livre du vin*). On boit quand on est heureux, on chante quand on est ivre, on dort quand on est fatigué (*Tung Cheng-feng*). Un homme sobre distingue le bien du mal et la bonne nourriture de la mauvaise. On dit que les subtilités de la saveur sont perdues si on parle. Mais si personne ne parle, comment ces ivrognes bruyants sauront-ils ce qu'ils mangent?*

YUAN MEI

D'autres sentaient qu'ils auraient à donner et à recevoir des gâteaux de lune. À la pleine lune, le crabe, les chrysanthèmes et le vin constituaient un hommage poétique; certains en faisaient un poème, d'autres des gâteaux en forme de lune. Une fois encore, les familles échangeaient des cadeaux presque identiques; il les achetaient dans des boutiques faisant sensiblement les mêmes gâteaux, et ils se les offraient. Les garnitures étaient faites de pâte de fèves rouges ou de graines de lotus concassées dans un oeuf de canard salé. Ces gâteaux étaient un peu comme le plum pudding et le gâteau aux fruits qui font leur apparition annuelle; ils sont souvent immangeables, lourds et détrempés. Récemment, on a introduit une note moderne en présentant ces gâteaux de lune en emballages-cadeaux, alors que la fée traditionnelle des soies flottantes apparaissait à cheval sur un missile en direction de la pleine lune. Mais la célébration de la mi-automne (*chung ch'iu*, 中秋 ) serait incomplète sans des piles de ces lourdes délicatesses.

Le huitième jour du douzième mois (vers le 14 janvier de notre calendrier), on faisait une friandise spéciale appelée *lapacho* ( 臘 八 粥 ). Dans sa forme la plus simple, elle était composée de huit ingrédients, mais elle pouvait en compter jusqu'à soixante-quatre. C'était une soupe sucrée composée de graines de Larmes de Job, de fèves rouges, vertes et jaunes, de dattes rouges et brunes, de graines de lotus, de marrons, d'amandes et d'arachides, de graines de pastèque décortiquées, de longan séché, de noix, de raisins et de lichees séchés, le tout cuit avec du riz glutineux et servi chaud.

La meilleure époque était le Carnaval de la Nouvelle Année, qui durait deux semaines. C'était une fête générale pour tout le monde. Les serviteurs, qui n'avaient aucun congé durant l'année, pouvaient prendre quelques jours de congé pour aller visiter leurs parents. D'autres préféraient rester, recueillant les pourboires de la vague de courtisans et des invités qui jouaient et laissaient une partie de leurs gains *pour le personnel*. La joie de la Nouvelle Année venait de nombreuses directions. Les créanciers tentaient de recouvrer leurs créances, les débiteurs de régler leurs comptes de quelque façon. Les gouvernantes de certaines maisons étaient payées à la Nouvelle Année. Les enfants recevaient de nouveaux vêtements, spécialement le Jour de l'An, et certains d'entre eux s'alliaient aux serviteurs dans l'espoir de recevoir des paquets rouges d'argent; ils comptaient le nombre de visiteurs, évaluant habilement leur générosité. Les maîtresses de maison n'étaient pas obligées de cuisiner et, en réalité, c'était courir après la mauvaise chance que de le faire. Pour cette raison, on entamait la préparation des repas des jours de congés un mois avant, afin que la maison soit bien pourvue de nourriture pour les premiers jours de la Nouvelle Année. On préparait de grands pots de *chiaotse* (54) qu'on gardait sans les faire cuire, congelés dans l'eau glacée. Les restaurants et les boutiques de boucherie préparaient des poulets de ferme, des canards et des porcs entiers dans des bassins de sauce soya, et il les suspendaient à égoutter; leurs jus se perdaient à moitié. Les femmes se rassemblaient pour confectionner les petites boulettes de farine de riz glutineux, et elles discutaient de la fête prochaine, en prenant soin de ne dire que de bonnes choses pendant qu'elles roulaient entre leurs paumes la pâte destinée aux beignets. Le plaisir de la Nouvelle Année s'étendait pendant plus d'un mois si on avait du *nienkao* sucré près de la cuisine, et il y avait de fortes chances que ce gâteau lourd, cuit à la vapeur, composé de sucre brun et de riz glutineux soit encore là. Ses qualités de conservation étaient remarquables. On trouvait les *nienkao* en diverses dimensions; on étampait un mot de bonne chance sur le dessus et on les échangeait durant les fêtes. Coupés en tranches et frits dans l'huile, ils devenaient croûtés, et même délectables. Leur texture quelque peu élastique et caoutchouteuse était peu altérée par le temps; ils semblaient indestructibles et on n'aurait pu les jeter sans scrupules. Les autres cadeaux: poisson frais, jarrets de porc, poulets froids et tangerines, symboles de bonne chance, disparaissaient rapidement dans les gosiers, mais nous aurions du *nienkao* pendant longtemps.

Le matin du Jour de l'An (vers le 5 février), on ne balayait pas, on n'allumait pas les foyers, on ne tirait pas l'eau, ces activités attirant la malchance. On allumait des chandelles odorantes, chacun mettait ses nouveaux vêtements encore un peu raides parce qu'ils n'avaient pas encore été lavés, et on recevait les visiteurs avec des visages souriants. Les maîtresses de maison s'installaient devant la table de mahjong, refusant de bouger et disant aux gens de se servir eux-mêmes de nourriture froide. Les cliquetis du mahjong se mêlaient aux explosions constantes des pétards, dont la fumée sulfureuse se mêlait à la lumière dansante des bougies. Les enfants gambadaient, pour une fois à l'abri du regard de leur mère, et ils allaient à la foire avec leur père. Les dévots choisissaient d'aller au temple, interrogeant leur bonne fortune pour la nouvelle année en tirant un bâtonnet d'un grand paquet. Les bâtonnets étaient fuselés; chacun portait un message codé. Une légère saillie d'un bâtonnet dans le ballot faisait qu'on se bousculait et qu'il arrivait que le ballot tombe sur le sol. Le message était traduit à peu de frais par un homme assis dans un isoloir. Le temple existait à l'année longue, mais au Nouvel An, la foire s'installait à proximité de sorte que les gens participant aux deux activités se mêlaient, et il était impossible de dire qui était qui.

Les diseurs de bonne aventure côtoyaient les physionomistes et ces derniers se tenaient près du square où les jongleurs, les acrobates, les avaleurs d'épées, les magiciens, les broyeurs, les entraîneurs d'animaux et les conteurs d'histoire amusaient les gens. On écoutait les légendes, racontées au rythme du poisson de bois, le *pipa* et le *huchin*. On avait les yeux comme des billes en regardant le magicien faire apparaître un bol de nouilles fumantes de derrière une couverture; on regardait en louchant dans le Miroir Étranger, une sorte de visionneuse, voyant les images grossies d'objets, plus anciens, semblait-il, que celles des contes de fées et des sages. Les fermiers achetaient les images du fermier et du boeuf, de même que des animaux de sucre pour leurs enfants. Les boutiques de vin et de thé étaient encombrées. Pour faire quelques sous, les pauvres remplissaient les narguilés. Dans les lacs, les gens jetaient des morceaux de pain aux tortues et aux poissons, ou ils les nourrissaient de morceaux d'orange. Cela se poursuivait jusqu'au seizième jour du mois; alors les étudiants revenaient à leurs livres; les fermiers et les artisans retournaient au travail; les femmes retournaient à leur cuisine et le chef à son couperet, à sa planche à dépecer et à ses bouteilles de sauces. Tout avait repris sa place.

# Glossaire des méthodes de cuisson

## Les sautés

Sauté simple ( 炒 ): on prépare un wo ou une poêle à frire en y faisant chauffer quelques cuillers à soupe d'huile. On ajoute les ingrédients, en dés, en lamelles ou en tranches, on remue, on assaisonne et on mélange rapidement.

*Exemples:* Porc sauté (11); pousses de bambou avec de la moutarde marinée (12)

Sauté fini en sauce ( 燴 ): on ajoute une sauce au sauté simple avant que les ingrédients soient complètement cuits.

*Exemples:* Foie sauté (110); chou à saveur de poulet (104)

Sauté à feu très vif ( 爆 ): les ingrédients sont sautés à feu très vif pendant très peu de temps.

*Exemples:* Dés de poulet en sauce (68); poulet au piment rouge (69)

Sauté sec ( 乾 燒 ou 乾 炒): on ajoute un liquide à un sauté simple avant que les ingrédients soient complètement cuits. Le liquide est absorbé par les ingrédients et il s'évapore, de sorte que le plat paraît sans sauce.

*Exemples:* Bambou sauté (10); champignons sautés (97); poulet épicé à la tangerine (62); tofu spongieux (102)

## Cuisson en ragoût et braisage

Braisage ( 燜 ): on fait d'abord brunir la viande pour ensuite la faire cuire avec les assaisonnements et un peu de liquide.

*Exemples:* Poulet au citron (96); morceaux de poulet braisés (108)

Cuisson en ragoût ( 煨 ): on fait cuire la viande sans l'avoir fait d'abord brunir, dans une quantité modérée de liquide.

*Exemples:* Poulet 4-4-4-4 (105); boeuf Yuan Mei (7)

Cuisson en ragoût II ( 燉 ): on fait cuire la viande dans une grande quantité de liquide jusqu'à ce qu'elle soit très tendre.

*Exemples:* Canard à la vapeur de vin (128); jarrets et nouilles transparentes (91)

## Friture

Friture à la poêle ( 煎 ): les ingrédients sont frits dans peu d'huile ou de gras.

*Exemples:* Poisson frit (109); tofu frit (45)

Friture profonde ( 炸 ): les ingrédients sont plongés dans beaucoup d'huile.

Exemples: Poulet en 8 (114); canard épicé croustillant (35); tranches frites (61); boulettes de crevettes (131)

Méthode des deux passes ( 抓 搶 ): on enrobe l'ingrédient de fécule de maïs et d'assaisonnement, on le passe en friture profonde puis on le met directement dans la sauce mijotante où il finit de cuire.

*Exemples:* Lamelles d'agneau sautées (60); boeuf minute (132); crevettes entières (25); filets de poisson à la sauce au vinaigre (59)

## Rôtissage

Rôtissage simple ( 烤 ): on fait rôtir la viande sans l'arroser.

*Exemple:* Canard de Pékin (57)

Rôtissage avec sauce ( 燒 ): on badigeonne constamment la viande avec de la sauce au cours du rôtissage.

*Exemple:* Canard laqué (121)

## Trempage, blanchissage, pochage et ébouillantage

Trempage ( 灼 ): on jette les ingrédients tranchés finement ou incisés dans une grande quantité d'eau bouillante à laquelle on peut avoir ajouté de l'oignon vert, du gingembre et un peu de vinaigre. On retire l'ingrédient en moins de 5 secondes.

*Exemple:* Escargots trempés (93)

Blanchissage ( 浸 ): on plonge les légumes dans une grande quantité d'eau bouillante, on remue et on les enlève aussitôt qu'ils sont devenus vert foncé, ou qu'ils ont perdu leur goût acre (de 30 secondes à 2 minutes, selon l'âge et la sorte de légume). Après les avoir égouttés, on rince immédiatement les légumes à l'eau froide, jusqu'à ce qu'ils soient froids au toucher. Cette étape fixe la couleur et la texture.

*Exemples:* Verdure blanchie à la sauce aux huîtres (94); fèves germées blanchies (83)

Pochage ( 川 ): on place l'ingrédient dans une grande quantité d'eau bouillante que l'on garde à mijoter jusqu'à ce que l'ingrédient soit cuit.

*Exemple:* Carpe au bouillon d'agneau (13)

Ébouillantage suivi d'un refroidissage lent ( 燙 ): c'est la méthode cantonaise pour faire cuire le poulet et les pigeonneaux. On ébouillante la viande en la plongeant dans une grande quantité de bouillon bouillant ou de sauce assaisonnée. On augmente la chaleur puis on ferme le feu. La viande cuit pendant que le liquide se refroidit lentement.

*Exemples:* Poulet bruni (95); poulet nature (3); foies de poulet à la sauce brune (78)

## Cuisson à la vapeur

Cuisson à la vapeur simple ( 蒸 ): l'ingrédient est cuit par les vapeurs de l'eau bouillante.

*Exemples:* Concombres à la vapeur (107); brioches nature (48); poisson à la vapeur (133)

Cuisson à la vapeur, avec sauce ( 扒 ): l'ingrédient cuit à la vapeur est combiné à une sauce faite séparément.

*Exemple:* Ailerons de requin à la sauce au crabe (125)

## Termes pour les soupes

Soupe claire (清 湯): fond ou consommé dont vous pouvez voir le fond.

*Exemple:* Champignons au bouillon (98)

Veloutés (奶 湯): ils sont de deux types; ceux auxquels on a ajouté du lait et ceux qui se font par extraction du gras de l'ingrédient, obtenant ainsi une consistance "laiteuse".

*Exemples:* Têtes de poisson en casserole (9); velouté (16); soupe au canard (58)

Demi-soupe ou potage (湯 菜): l'autre "moitié" du plat est constituée d'ingrédients solides. On mange les deux substances ensemble à la cuiller.

*Exemples:* Épinards au velouté (20); la Famille heureuse (100); carpe au bouillon d'agneau (13)

Purée ( 羹 ): soupes faites d'ingrédients finement émincés. On peut la faire à partir de chair de crabe, de légumes ou de tofu; ou bien de fruits et de noix. Ces derniers sont sucrés.

# Table d'équivalences

| Ingrédient | Poids | Volume mesuré en | Volume équivalent ou nombre de morceaux |
|---|---|---|---|
| Agar-agar, sec | 1/4 oz (8 g) | bâtonnets d'un pouce (3 cm) sec | 1/2 tasse (125 mL, 114 g) |
| | | ramolli | 7/8 de tasse (230 mL, 200 g) |
| | | gelée | 3 tasses (750 mL, 680 g) |
| Pousses de bambou | 1/2 lb (250 g) | dés finement coupés | 1 1/2 tasse (375 mL, 340 g) |
| | | lamelles | 1 3/4 tasse (435 mL, 400 g) |
| Tofu frais | 4 oz (125 g) | bouchées | 2/3 de tasse (185 mL, 150 g) |
| | | lamelles (pressées) | 1/2 tasse (125 mL, 113 g) |
| Tofu en feuilles | 2 oz (60 g) | | 3 feuilles |
| Tofu fermenté | 2 oz (60 g) | carrés égouttés | 1/3 de tasse (90 mL, 75 g) |
| Fèves germées | 1 lb (500 g) | germes entiers | 6 tasses (1,5 L, 1,4 kg) |
| | | tiges seulement | 1 2/3 tasse (425 mL, 380 g) |
| Haricots verts | 1 lb (500 g) | bouts cuits de 1 1/2 pouce (5 cm) | 2 tasses (500 mL, 454 g) |
| Bêche-de-mer, séchée | 1/2 lb (250 g) | bouchées de 1/2 pouce (1 cm), ramollies | 2 1/2 tasses (625 mL, 570 g) |
| Boeuf frais | 1/2 lb (250 g) | tranches | 1 1/2 tasse (375 mL, 340 g) |
| Nids d'hirondelle, secs | 2 oz (60 g) | flocons secs | 1 1/2 tasse (375 mL, 340 g) |
| Chou chinois | 1/2 lb (250 g) | flocons ramollis | 2 1/2 tasses (625 mL, 570 g) |
| Sucre candi | 1 oz (30 g) | hachis fin | 2 tasses (500 mL, 454 g) |
| Carottes | 4 oz (125 g) | petits morceaux | environ une cuiller à soupe |
| | | lamelles | 1 tasse (250 mL, 227 g) |
| Poitrine de poulet | 1 lb (500 g) | dés, sans peau ni os, finement émincés | 1 tasse (250 mL, 227 g) |
| Abats de poulet | 1 lb (500 g) | lobes | 2/3 de tasse (185 mL, 150 g) |
| Cuisses de poulet | 1 lb (500 g) | | 1 tasse (250 mL, 227 g) |
| Ailes ou foies de poulet | 1 lb (500 g) | | une paire |
| Crabe | 6 oz (185 g) | flocons | environ 10 morceaux |
| Filets de poisson | 1/4 lb (125 g) | flocons cuits | 1 tasse (250 mL, 227 g) |
| | | | 1/2 tasse (125 mL, 114 g) |

| Ingrédient | Poids | Volume mesuré en | Volume équivalent ou nombre de morceaux |
|---|---|---|---|
| Yu-to, sec | 1 oz (8 g) | bouchées de 1/2 pouce (1 cm) | 2 tasses (500 mL, 454 g) |
| | | ramollies | |
| Farine, nature | 4 1/2 on (140 g) | farine tamisée | 1 tasse (250 mL, 227g) |
| Jambon | 2 oz (60 g) | dés | 1/3 de tasse (90 mL, 75 g) |
| Rognons (de porc) | 1/4 lb (125 g) | tranches fines | 1/3 de tasse (90 mL, 75 g) |
| Ragoût d'agneau | 1 lb (500 g) | bouchées désossées | 2 tasses (500 mL, 454 g) |
| Agneau, longe | 1/2 lb (250 g) | en lamelles | 1 1/2 tasse (375 mL, 340 g) |
| Foie de porc ou de boeuf | 3/4 lb (375 g) | tranches de 1/2 pouce (1 cm) | 2 tasses (500 mL, 454 g) |
| Longan | 5 1/2 oz (170 g) | noix cuites égouttées | 2/3 de tasse (185 mL, 150 g) |
| Champignons chinois séchés | 2 1/2 oz (75 g) | entiers séchés (environ 12) | 3/4 de tasse (185 mL, 170 g) |
| | | ramollis et préparés | 1 tasse (250 mL, 227 g) |
| Verdure de moutarde marinée | 1/2 lb (250 g) | hachée | 1 1/2 tasse (375 mL, 340 g) |
| | | tranches | 2 tasses (500 mL, 454 g) |
| Nouilles sèches | 3/4 lb (375 g) | pâtes cuites, égouttées | 5 1/2 tasses (1,4 L, 1,2 kg) |
| Nouilles fraîches | 1 lb (500 g) | pâtes cuites, égouttées | 5 1/2 tasses (1,4 L, 1,2 kg) |
| Nouilles sèches transparentes | 1/4 lb (125 g) | pâtes non cuites, ramollies | 2 1/2 tasses (625 mL, 570 g) |
| Persil chinois | 4 oz (125 g) | tiges comestibles | 3 tasses (750 mL, 680 g) |
| | 1 oz (30 g) | flocons séchés | 1 tasse (250 mL, 227 g) |
| Arachides | 3 oz (90 g) | état écaillé | 1/2 tasse (125 mL, 114 g) |
| Pieds de porc | 3 lb (1 kg 1/2) | | 3 pieds |
| Brochet, entier | 2 1/2 lb (1 kg) | chair crue | 2 1/4 tasses (585 mL, 510 g) |
| Porc, maigre | 1/2 lb (250 g) | lamelles | 1 1/3 tasse (340 mL, 350 g) |
| Porc, travers, côtes courtes | 1 lb (500 g) | morceaux de 1 1/2 pouce (5 cm) | 2 tasses (500 mL, 454 g) |
| Crevettes | 1/2 lb (250 g) | groupes de 8 à 12, entières et décortiquées | 1 tasse (250 mL, 227 g) |
| | | dés | 3/4 de tasse (185 mL, 170 g) |

| Ingrédient | Poids | Volume mesuré en | Volume équivalent ou nombre de morceaux |
|---|---|---|---|
| Radis | 1/2 lb (250 g) | nature, nettoyés | 1 2/3 tasse (435 mL, 380 g) |
| Riz, nature | 12 oz (375 g) | grains, non cuits | 2 tasses (500 mL, 454 g) |
| | | cuits | 6 tasses (1,5 L, 1,4 kg) |
| Riz glutineux | 3 1/2 oz (105 g) | grains, non cuits | 1/2 tasse (125 mL, 114 g) |
| | | grains non cuits, ramollis | 1 tasse (250 mL, 227 g) |
| Sel (gros sel) | 1 lb (500 g) | cristaux secs | 3 1/2 tasses (875 mL, 795 g) |
| Algue, pourpre | 1 oz (30 g) | feuilles sèches | environ 4 feuilles |
| Graines de sésame | 4 oz (125 g) | graines | 3/4 de tasse (185 mL, 170 g) |
| Ailerons de requin, séchés | 4 oz (125 g) | ailerons ramollis, non cuits | 2 tasses (500 mL, 454 g) |
| Crevettes séchées | 3 oz (90 g) | | 1 tasse (250 mL, 227 g) |
| Épinards | 1/4 lb (125 g) | feuilles seulement | 2 tasses (500 mL, 454 g) |
| Oignons verts | 2 oz (60 g) | lamelles fines | 1 tasse (250 mL, 227 g) |
| Escargots, entiers | 1 lb (500 g) | fines tranches | 1/2 tasse (125 mL, 114 g) |
| Pois mange-tout | 5 oz (160 g) | gousses | 1 tasse (250 mL, 227 g) |
| Sucre brun | 5 oz (160 g) | granules fermement tassées | 3/4 de tasse (185 mL, 170 g) |
| Champignons d'arbre, séchés | 1/4 oz (8 g) | flocons secs | 1/4 de tasse (65 mL, 60 g) |
| | | flocons ramollis | environ 1 tasse (250 mL, 227 g) |
| Tripes de porc | 1 lb (500 g) | | 1 tripe |
| Navets | 1/2 lb (250 g) | lamelles | 2 tasses (500 mL, 454 g) |
| Châtaignes | 4 oz (125 g) | lamelles fines | 3/4 de tasse (185 mL, 170 g) |
| Vermicelle, sec | 3 oz (90 g) | pâtes pré-bouillies, en filaments égouttés | 2 tasses (500 mL, 454 g) |

*Lithographié au Canada*
*sur les presses de*
*Métropole Litho Inc.*

# Ouvrages parus aux ÉDITIONS DE L'HOMME

· sans * pour l'Amérique du Nord seulement
* pour l'Europe et l'Amérique du Nord
** pour l'Europe seulement

## ALIMENTATION — SANTÉ

**Allergies, Les,** Dr Pierre Delorme
* **Cellulite, La,** Dr Jean-Paul Ostiguy
**Conseils de mon médecin de famille, Les,** Dr Maurice Lauzon
**Contrôler votre poids,** Dr Jean-Paul Ostiguy
**Diététique dans la vie quotidienne, La,** Louise Lambert-Lagacé
**Face-lifting par l'exercice, Le,** Senta Maria Rungé
* **Guérir ses maux de dos,** Dr Hamilton Hall

* **Maigrir en santé,** Denyse Hunter
* **Maigrir, un nouveau régime de vie,** Edwin Bayrd
**Massage, Le,** Byron Scott
**Médecine esthétique, La,** Dr Guylaine Lanctôt
* **Régime pour maigrir,** Marie-Josée Beaudoin
* **Sport-santé et nutrition,** Dr Jean-Paul Ostiguy
* **Vivre jeune,** Myra Waldo

## ART CULINAIRE

**Agneau, L',** Jehane Benoit
**Art d'apprêter les restes, L',** Suzanne Lapointe
* **Art de la cuisine chinoise, L',** Stella Chan
**Art de la table, L',** Marguerite du Coffre
**Boîte à lunch, La,** Louise Lambert-Lagacé
**Bonne table, La,** Juliette Huot
**Brasserie la Mère Clavet vous présente ses recettes, La,** Léo Godon
**Canapés et amuse-gueule**
**101 omelettes,** Claude Marycette
**Cocktails de Jacques Normand, Les,** Jacques Normand
**Confitures, Les,** Misette Godard
* **Congélation des aliments, La,** Suzanne Lapointe
* **Conserves, Les,** Soeur Berthe
* **Cuisine au wok, La,** Charmaine Solomon
**Cuisine chinoise, La,** Lizette Gervais
**Cuisine de Maman Lapointe, La,** Suzanne Lapointe
**Cuisine de Pol Martin, La,** Pol Martin
**Cuisine des 4 saisons, La,** Hélène Durand-LaRoche

* **Cuisine du monde entier, La,** Jehane Benoit
**Cuisine en fête, La,** Juliette Lassonde
**Cuisine facile aux micro-ondes,** Pauline Saint-Amour
* **Cuisine micro-ondes, La,** Jehane Benoit
**Desserts diététiques,** Claude Poliquin
**Du potager à la table,** Paul Pouliot, Pol Martin
**En cuisinant de 5 à 6,** Juliette Huot
* **Faire son pain soi-même,** Janice Murray Gill
* **Fèves, haricots et autres légumineuses,** Tess Mallos
**Fondue et barbecue**
* **Fondues et flambées de Maman Lapointe,** S. et L. Lapointe
**Fruits, Les,** John Goode
**Gastronomie au Québec, La,** Abel Benquet
**Grande cuisine au Pernod, La,** Suzanne Lapointe
**Grillades, Les**
* **Guide complet du barman, Le,** Jacques Normand
**Hors-d'oeuvre, salades et buffets froids,** Louis Dubois

1

# DOCUMENTS — BIOGRAPHIES

Provencher, le dernier des coureurs de bois, Paul Provencher
Réal Caouette, Marcel Huguet
Révolte contre le monde moderne, Julius Evola
Struma, Le, Michel Solomon
Temps des fêtes au Québec, Le, Raymond Montpetit
Terrorisme québécois, Le, Dr Gustave Morf

* Treizième chandelle, La, T. Lobsang Rampa
Troisième voie, La, Me Emile Colas
Trois vies de Pearson, Les, J.-M. Poliquin, J.R. Beal
Trudeau, le paradoxe, Anthony Westell
Vizzini, Sal Vizzini
Vrai visage de Duplessis, Le, Pierre Laporte

## ENCYCLOPÉDIES

Encyclopédie de la chasse au Québec, Bernard Leiffet
Encyclopédie de la maison québécoise, M. Lessard, H. Marquis
* Encyclopédie de la santé de l'enfant, L', Richard I. Feinbloom
Encyclopédie des antiquités du Québec, M. Lessard, H. Marquis

Encyclopédie des oiseaux du Québec, W. Earl Godfrey
Encyclopédie du jardinier horticulteur, W.H. Perron
Encyclopédie du Québec, vol. I, Louis Landry
Encyclopédie du Québec, vol. II, Louis Landry

## ENFANCE ET MATERNITÉ

* Aider son enfant en maternelle et en 1ère année, Louise Pedneault-Pontbriand
* Aider votre enfant à lire et à écrire, Louise Doyon-Richard
Avoir un enfant après 35 ans, Isabelle Robert
* Comment avoir des enfants heureux, Jacob Azerrad
Comment amuser nos enfants, Louis Stanké
* Comment nourrir son enfant, Louise Lambert-Lagacé
* Découvrez votre enfant par ses jeux, Didier Calvet
Des enfants découvrent l'agriculture, Didier Calvet
* Développement psychomoteur du bébé, Le, Didier Calvet
* Douze premiers mois de mon enfant, Les, Frank Caplan
Droits des futurs parents, Les, Valmai Howe Elkins
* En attendant notre enfant, Yvette Pratte-Marchessault
Enfant unique, L', Ellen Peck
* Éveillez votre enfant par des contes, Didier Calvet

* Exercices et jeux pour enfants, Trude Sekely
Femme enceinte, La, Dr Robert A. Bradley
Futur père, Yvette Pratte-Marchessault
* Jouons avec les lettres, Louise Doyon-Richard
* Langage de votre enfant, Le, Claude Langevin
Maman et son nouveau-né, La, Trude Sekely
Merveilleuse histoire de la naissance, Dr Lionel Gendron
Pour bébé, le sein ou le biberon, Yvette Pratte-Marchessault
Pour vous future maman, Trude Sekely
* Préparez votre enfant à l'école, Louise Doyon-Richard
* Psychologie de l'enfant, La, Françoise Cholette-Pérusse
* Tout se joue avant la maternelle, Isuba Mansuka
* Trois premières années de mon enfant, Les, Dr Burton L. White
* Une naissance apprivoisée, Edith Fournier, Michel Moreau

## LANGUE

Améliorez votre français, Jacques Laurin

* Anglais par la méthode choc, L', Jean-Louis Morgan

Corrigeons nos anglicismes, Jacques Laurin

* J'apprends l'anglais, G. Silicani et J. Grisé-Allard

Notre français et ses pièges, Jacques Laurin

Petit dictionnaire du joual au français, Augustin Turennes

Verbes, Les, Jacques Laurin

# LITTÉRATURE

Adieu Québec, André Bruneau

Allocutaire, L', Gilbert Langlois

Arrivants, Les, collaboration

Berger, Les, Marcel Cabay-Marin

Bigaouette, Raymond Lévesque

Carnivores, Les, François Moreau

Carré St-Louis, Jean-Jules Richard

Centre-ville, Jean-Jules Richard

Chez les termites, Madeleine Ouellette-Michalska

Commettants de Caridad, Les, Yves Thériault

Danka, Marcel Godin

Débarque, La, Raymond Plante

Domaine Cassaubon, Le, Gilbert Langlois

Doux mal, Le, Andrée Maillet

D'un mur à l'autre, Paul-André Bibeau

Emprise, L', Gaétan Brulotte

Engrenage, L', Claudine Numainville

En hommage aux araignées, Esther Rochon

Faites de beaux rêves, Jacques Poulin

Fuite immobile, La, Gilles Archambault

J'parle tout seul quand Jean Narrache, Émile Coderre

Jeu des saisons, Le, Madeleine Ouellette-Michalska

Marche des grands cocus, La, Roger Fournier

Monde aime mieux..., Le, Clémence Desrochers

Mourir en automne, Claude DeCotret

N'Tsuk, Yves Thériault

Neuf jours de haine, Jean-Jules Richard

New medea, Monique Bosco

Outaragasipi, L', Claude Jasmin

Petite fleur du Vietnam, La, Clément Gaumont

Pièges, Jean-Jules Richard

Porte silence, Paul-André Bibeau

Requiem pour un père, François Moreau

Si tu savais..., Georges Dor

Tête blanche, Marie-Claire Blais

Trou, Le, Sylvain Chapdeleine

Visages de l'enfance, Les, Dominique Blondeau

# LIVRES PRATIQUES — LOISIRS

Améliorons notre bridge, Charles A. Durand

* Art du dressage de défense et d'attaque, L', Gilles Chartier

* Art du pliage du papier, L', Robert Harbin

* Baladi, Le, Micheline d'Astous

* Ballet-jazz, Le, Allen Dow et Mike Michaelson

* Belles danses, Les, Allen Dow et Mike Michaelson

Bien nourrir son chat, Christian d'Orangeville

Bien nourrir son chien, Christian d'Orangeville

Bonnes idées de maman Lapointe, Les, Lucette Lapointe

* Bridge, Le, Vivianne Beaulieu

Budget, Le, en collaboration

Choix de carrières, T. I, Guy Milot

Choix de carrières, T. II, Guy Milot

Choix de carrières, T. III, Guy Milot

Collectionner les timbres, Yves Taschereau

Comment acheter et vendre sa maison, Lucile Brisebois

Comment rédiger son curriculum vitae, Julie Brazeau

Comment tirer le maximum d'une mini-calculatrice, Henry Mullish

Conseils aux inventeurs, Raymond-A. Robic

Construire sa maison en bois rustique, D. Mann et R. Skinulis

Crochet jacquard, Le, Brigitte Thérien

Cuir, Le, L. St-Hilaire, W. Vogt

* Découvrir son ordinateur personnel, François Faguy

Dentelle, La, Andrée-Anne de Sève

Dentelle II, La, Andrée-Anne de Sève

Dictionnaire des affaires, Le, Wilfrid Lebel

4

# PHOTOGRAPHIE

5

## PLANTES ET JARDINAGE

## PSYCHOLOGIE

* Se connaître soi-même, Gérard Artaud
* Se contrôler par le biofeedback, Paul-tre Ligondé
* Se créer par la gestalt, Joseph Zinker
  Se guérir de la sottise, Lucien Auger
  S'entraider, Jacques Limoges
  Séparation du couple, La, Dr Robert S. Weiss
* Trouver la paix en soi et avec les autres, Dr Theodor Rubin

* Vaincre ses peurs, Lucien Auger
* Vivre avec sa tête ou avec son coeur, Lucien Auger
  Volonté, l'attention, la mémoire, La, Robert Tocquet
  Votre personnalité, caractère..., Yves Benoit Morin
* Vouloir c'est pouvoir, Raymond Hull
  Yoga, corps et pensée, Bruno Leclercq
  Yoga des sphères, Le, Bruno Leclercq

# SEXOLOGIE

* Avortement et contraception, Dr Henry Morgentaler
* Bien vivre sa ménopause, Dr Lionel Gendron
* Comment séduire les femmes, E. Weber, M. Cochran
* Comment séduire les hommes, Nicole Ariana
  Fais voir! W. McBride et Dr H.F.-Hardt
* Femme enceinte et la sexualité, La, Elizabeth Bing, Libby Colman
  Femme et le sexe, La, Dr Lionel Gendron
* Guide gynécologique de la femme moderne, Le, Dr Sheldon H. Sherry
  Helga, Eric F. Bender

Homme et l'art érotique, L', Dr Lionel Gendron
Maladies transmises sexuellement, Les, Dr Lionel Gendron
Qu'est-ce qu'un homme? Dr Lionel Gendron
Quel est votre quotient psycho-sexuel? Dr Lionel Gendron
* Sexe au féminin, Le, Carmen Kerr
  Sexualité, La, Dr Lionel Gendron
* Sexualité du jeune adolescent, La, Dr Lionel Gendron
  Sexualité dynamique, La, Dr Paul Lefort
* Ta première expérience sexuelle, Dr Lionel Gendron et A.-M. Ratelle
* Yoga sexe, S. Piuze et Dr L. Gendron

# SPORTS

ABC du hockey, L', Howie Meeker
* Aïkido — au-delà de l'agressivité, M. N.D. Villadorata et P. Grisard
  Apprenez à patiner, Gaston Marcotte
* Armes de chasse, Les, Charles Petit-Martinon
* Badminton, Le, Jean Corbeil
  Ballon sur glace, Le, Jean Corbeil
  Bicyclette, La, Jean Corbeil
* Canoé-kayak, Le, Wolf Ruck
* Carte et boussole, Björn Kjellström
  100 trucs de billard, Pierre Morin
  Chasse et gibier du Québec, Greg Guardo, Raymond Bergeron
  Chasseurs sachez chasser, Lucien B. Lapierre
* Comment se sortir du trou au golf, L. Brien et J. Barrette
* Comment vivre dans la nature, Bill Riviere
* Conditionnement physique, Le, Che-valier-Laferrière-Bergeron
* Corrigez vos défauts au golf, Yves Bergeron

Corrigez vos défauts au jogging, Yves Bergeron
Danse aérobique, La, Barbie Allen
* En forme après 50 ans, Trude Sekely
* En superforme par la méthode de la NASA, Dr Pierre Gravel
  Entraînement par les poids et hal-tères, Frank Ryan
  Équitation en plein air, L', Jean-Louis Chaumel
  Exercices pour rester jeune, Trude Sekely
* Exercices pour toi et moi, Joanne Dus-sault-Corbeil
  Femme et le karaté samouraï, La, Ro-ger Lesourd
  Guide du judo (technique debout), Le, Louis Arpin
* Guide du self-defense, Le, Louis Arpin
* Guide de survie de l'armée américaine, Le
  Guide du trappeur, Paul Provencher
  Initiation à la plongée sous-marine, René Goblot

Imprimé au Canada/Printed in Canada

2